CESAR PELLI
西萨·佩里

我将自己的建筑视为城市的一部分，在设计中，我努力使它们担负起更多的责任，为市民做出更大的贡献。

——西萨·佩里

建筑使我的生活更加丰富多彩，如果我退休了，就不可能获得这种感受。

建筑的美妙之处就在于，每一个项目都是全新的。

我必须在每一个项目中不断提升自己，这不是很美妙吗？

AND HENRY

我知道，从营销的角度看，拥有一种特立独行的风格对于我的实践是非常有益的，但是我做不到。

作为一名建筑师，我相信自己的责任就是为所需之地设计出最为合适的建筑。

每一个地方都有着独特的文化和功能，都需要我做出完美的解决方案。

图书在版编目（CIP）数据

西萨·佩里 /（美）迈克尔·J. 克罗斯比（Michael J.Crosbie）编；付云伍译. -- 桂林：广西师范大学出版社，2019.1
ISBN 978-7-5598-1038-0

Ⅰ. ①西… Ⅱ. ①迈… ②付… Ⅲ. ①建筑设计-作品集-阿根廷-现代 Ⅳ. ① U206

中国版本图书馆 CIP 数据核字（2018）第 155077 号

出 品 人：刘广汉
责任编辑：肖　莉
助理编辑：季　慧
装帧设计：吴　迪

广西师范大学出版社出版发行
（广西桂林市五里店路 9 号　　邮政编码：541004
网址：http://www.bbtpress.com）
出版人：张艺兵
全国新华书店经销
销售热线：021-65200318　021-31260822-898
恒美印务（广州）有限公司印刷
（广州市南沙区环市大道南路 334 号　邮政编码：511458）
开本：889mm×1194mm　　16 开
印张：43.75　　字数：700 千字
2019 年 1 月第 1 版　　2019 年 1 月第 1 次印刷
定价：680.00 元

[美] 迈克尔 · J. 克罗斯比（Michael J. Crosbie） 编
付云伍 译

CESAR PELLI

西萨 · 佩里

广西师范大学出版社
· 桂林 ·
images Publishing

目录

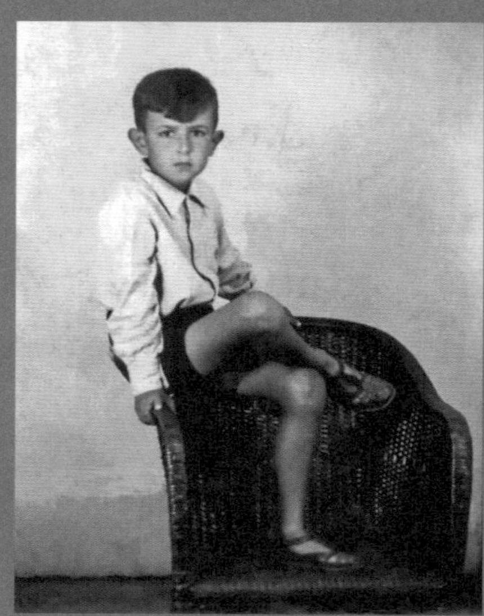

建筑人生

迈克尔·J. 克罗斯比

那是三月的一个清晨，在康涅狄格州的纽黑文市，佩里－克拉克－佩里建筑事务所的创始人和高级主管西萨·佩里先生坐在自己的小办公室内翻阅着信件。这是一个只有一层高的办公室，位于事务所前门的正上方。该事务所从 1977 年开始就设立在高街拐角处的教堂附近，正好位于鲁道夫大厅的小教堂下方。那里是耶鲁建筑学院的所在地，佩里曾在那里担任了七年的院长职务。

这间办公室足以展现他的非凡、出众，以及他对建筑领域的贡献。在办公室前面的墙壁上，排列着几十年内世界知名杂志的封面，展示了佩里及其作品的风采。各种设计的获奖证书也布满了墙壁，其中包括 1995 年获得的美国建筑师协会金奖，还有美国建筑师协会授予的 1989 年年度事务所大奖。1991 年，佩里跻身于美国十位最有影响力的在世建筑师行列。办公室里随处可见各种模型，是一个名副其实的纸板、木材和塑料模型的博物馆，这些模型都是过去半个多世纪内的标志性建筑：诸如国油双子塔、纽约世界金融中心、现代艺术博物馆大楼，以及大量的实验室、摩天大厦、机场和音乐厅等等。

消瘦高大的佩里从办公室里出来接见了我们，他身着黑色的裤子、深蓝色的毛背心和一件开领的白衬衫，显得整洁而保守。他优雅地向我们致以问候，在随后的交谈中不时发出欢快的笑声，并为每人的杯中倒满咖啡。对于佩里，建筑就如同呼吸一样重要，年逾九旬的他几乎每天都要来到办公室。他显然把那里的一切当作一种享受，以建筑师的身份感受快乐。佩里散发着男人轻松淡定的魅力，这极其符合他的工作和他的建筑生涯。所以，让我们开始吧。

西萨·佩里出生于 1926 年 10 月 12 日，成长于阿根廷西部图库曼省的省会圣米盖尔。佩里将自己描述为一个具有书呆子气的孩子，不太喜欢运动和竞争。但是与两个更年幼的孩子相比，父母却更加宠爱佩里。他的父母是出身贫寒的图库曼人，按照佩里的描述，他似乎继承了父母的一切。他的母亲是毕业于图库曼国立大学的首批女大学生之一，并以强烈的社会公益愿望投身于教育事业，佩里认为这是“一切的关键所在”。她成为一个积极进取的公立学校教师，教授地理和法语课程。

佩里的父亲没有上过大学，是当地一家报纸的记者（正是在报道当地女子篮球队的时候与未来的妻子相遇）。佩里回忆，他的父亲喜欢画画，喜欢用黏土制作雕刻，还喜欢木工。一次执政党的权力更迭让父亲失去了工作，佩里记得他在家做了很多工作，同时还要照

上图：西萨·佩里（中间）与图库曼的同班同学“高乔人”合照
下图：从左至右分别为西萨（中）与母亲和弟弟维克多，1939 年；西萨的父母，特蕾莎·B. 苏帕和维克多·V. 佩里，1925 年；西萨的母亲，1965 年

看他。佩里回忆说："他从创造和改变材料中获得了极大的乐趣，他还教授我如何使用工具"。他的母亲对教育事业的热情与父亲对手工艺的兴趣是相辅相成的。

建筑职业并不是佩里的必然选择，他的家族中从未有过建筑师，他所在的城市也没有出现过杰出的建筑师。当高中毕业后，佩里打算进入大学学习，但是他并没有打算离开图库曼。正当他思考未来的学习方向时（哲学是他的兴趣），他的父亲送给他一份图库曼国立大学开设的专业目录，其中包括建筑课程。"我从来没听说过建筑学"，佩里说到，"也从来不认识一位建筑师"。但是建筑课程中的绘画、艺术和历史知识对他具有极大的吸引力。当十六岁高中毕业后，佩里经过反复的思考认为，即使选择建筑被证明是一个错误，他仍然可以改变自己的主意，从而不会浪费太多的时间。

起初，这似乎是一条错误的道路。尽管佩里十分喜爱建筑史的课程，但是在设计工作室中进行的项目，与20世纪40年代图库曼的现实生活似乎毫不相关。所学的建筑课程也都是基于美术传统的，大量的时间都用于研究古典的柱式和古代的经典范例，需要精心创作平面图和外观立面，并运用墨水和水彩将它们表现出来。佩里回忆说："我们设计了庙宇、陶瓷和陵墓。虽然我很擅长这些，但是也产生了疑问，这些在毕业后到底能让我做些什么？"后来，学校的教职人员发生了变化，一位来自欧洲，并亲历过二战的年轻教授把课程的计划带入了新的方向。突然间，工作室中的设计任务也发生了变化。佩里笑着说："他们让我们设计一个公共汽车站，我认为这真是太棒了！因为这很符合实际，并且能在我的家乡投入使用。"佩里指出，这一项目的相关重点更多地放在了现代艺术与建筑之间的关联上（佩里喜欢分析马蒂斯的绘画作品），突出强调了材料的自然触感，鼓励天马行空的构思，并唤醒人们对建筑这一社会议题的认识。这为他的职业选择创造了一个令人兴奋、充满激情的环境氛围。佩里认为这是一生中的重要时刻，类似于扫罗（以色列的第一位君主）走上了通往大马士革的道路。佩里在描述这一职业如何为他敞开大门时说："建筑可以具有某种社会性的功能。对于你所居住和生活的地方，我们完全可以做些什么。我们能够从其他的艺术中学到很多，如果我们做得足够好，就可以达到艺术的境界，这一直是我的动力。"在佩里的整个职业生涯中，始终信奉建筑具有社会和公民范畴，以及建筑在塑造人们生活方式中具有重要的作用。佩里能够记起，正是当他将完成建筑学院的学业时，才意识到自己要投身于建筑事业，知道了自己为什么要成为一名建筑师。

THE BOTTOM LINE

MBA

Yale

Designed for Science

Musical Memories

When Cars Were Banned

佩里说："能为社会做一些事情，同时这些事情又具有艺术的属性，这种感受在我的一生中始终存在，从未改变。"于是，他做出了正确的决定。

毕业后，佩里在图库曼国立大学教授了两年的工作室设计课程，同时还参与了政府办公室的设计工作，以及为甘蔗工人建造廉价公共住房的工作。他还是一名自由职业者，设计了一些小型的私人住宅。在 1952 年，他获得机会进入美国伊利诺伊大学香槟分校的建筑学院，攻读研究生课程，并获得了每月 90 美元的助学金，该助学金是美国国务院为为期九个月的国际教育而设立的。佩里和他的妻子戴安娜·巴尔莫里一起搬到了美国，她也是一位曾在图库曼学习过的建筑师。从伊利诺伊大学毕业后，两份工作机会出现在他们面前：底特律的一家大型事务所提供了每小时 3.5 美元的报酬；而另一个机会是为密歇根州布鲁姆菲尔德山的埃罗·沙里宁的事务所工作，每小时的报酬是 2.5 美元。选择底特律的工作意味着要比沙里宁提供的机会获得高出百分之四十的收入，而当时的佩里、戴安娜以及他们的第一个儿子正生活在一个十分简陋的出租屋内，几乎没有任何的积蓄。但是，作为仍然在世的最伟大建筑师之一，佩里更看重工作中不可估量的无形价值，于是年轻的佩里带领全家来到了布鲁姆菲尔德山。佩里从未后悔做出这一选择。

1954 年，佩里开始与沙里宁进行建筑实践活动。在接下来的十年内（除了在 1960 年由于教学和竞标工作的原因短暂回到阿根廷八个月的时间），佩里参与了沙里宁领导的各种各样的标志性项目。其中最为引人瞩目的有纽约肯尼迪机场的环球航空公司（TWA）航站楼（佩里重点负责沿着力线塑造立柱）；耶鲁的莫尔斯和斯蒂尔斯寄宿学院（这也促成了佩里的首次东海岸之行）；还有美国驻伦敦的临时大使馆（根据佩里的说法，沙里宁将其视为一生中最重要的项目）。佩里认为他与沙里宁共事的时期更像是攻读研究生时的体验。通过合作共事，佩里对沙里宁在每一个具体项目中解决建筑问题的分析和设计方法留下了深刻的印象——正如沙里宁所说——"这就是工作的风格"。在佩里的记忆中，沙里宁与他的父亲完全不同，是一个寡言少语的人。沙里宁喜欢安静，性格内向，专注勤奋并且从不说笑。佩里说："沙里宁是一个与众不同的人，一个专注并具有难以置信的指导能力的人。他不太爱说话，你可以通过观察他的举止行为进行学习。他会坐在你的旁边，与你一起进行设计，你可以感受到他的敬业精神和专注的程度。"在沙里宁的事务所中，主要是基于物理模型进行设计工作。当佩里创建自己的事务

上图和中图：20 世纪 50 年代末期，佩里与埃罗·沙里宁进行环球航空公司航站楼的设计工作。
下图：20 世纪 50 年代，佩里与耶鲁的莫尔斯和斯蒂尔斯寄宿学院的外墙模型合影。

上图：1977 年美国顶级建筑师的聚会，从左至右：弗兰克·盖里、迈克尔·格雷夫斯、查尔斯·摩尔、西萨·佩里、菲利普·约翰逊、查尔斯·格瓦德梅、斯坦利·泰格尔曼、彼得·埃森曼、罗伯特·A. M. 斯特恩。
下图：西萨全家在 1977 年的合影。

所时，也采用了这一设计技术（尽管今天更多的模型都由计算机来制作，但是佩里仍然依靠这些实体模型进行设计）。

当沙里宁在 1961 年 9 月去世后，佩里一直在沙里宁的事务所工作到 1964 年。之后，他的事业进入飞速发展的阶段，曾在丹尼尔、曼恩、约翰逊和门登霍尔的事务所（DMJM）担任设计总监一职（他在那里工作了四年时间）。在随后的十年里，他又成为格伦联合事务所的设计合作伙伴（同时，在加州大学洛杉矶分校的教学经历使佩里踏入了学术领域）。沙里宁会把大量的时间花费在设计上，直到他认为设计是正确的（他曾经令人惊讶地废弃了客户批准的 TWA 航站楼设计方案，多花费了一年的时间进行重新设计），但是，DMJM 事务所和格伦事务所更为关注的是设计速度和满足预算的需求。佩里开发了一套快速分析设计问题的方法，通过与客户的交流沟通，能够在资金限制的范围内实现项目。佩里谈道："在 DMJM 事务所，我学到了设计的灵活性，你需要更快的速度，事务所会为你的设计分配一定的时间，这样才能使项目获得利润。"与注重工程学的 DMJM 事务所相比，格伦联合事务所更加重视建筑学原理，佩里在这里把兴趣放在了建筑设计上，以及在大型项目团队中运作的现代施工技术。格伦事务所还将他介绍给开发商共同工作，这种关系所具有的合作特性使他处理人际关系的技巧得到磨练，这对佩里后来运营自己的事务所大有帮助。此时的佩里已经具备了将客户当作潜在合作者的能力。他指出，最有成效的合作通常是与客户共同取得的。"他们具有清晰的思维，知道自己的需要，并能够建设性地参与合作，"佩里解释到，"他们组织良好，能够做出明确的答复和指示，他们还有合理的预算。他们会为你指明方向，但是不会牵引你前行。"佩里强调，善于合作的客户并不是创造伟大建筑所必需的关键因素，但是这却使建设过程为建筑师和客户带来了更多的回报和效益。最重要的也许是，当建设过程结束时，佩里希望客户能把建筑当成自己的，而不是建筑师的。

在加利福尼亚的岁月和经历，鼓舞佩里发展形成了一种建筑实践方法，叫做"可能的艺术"（在沙里宁的作品中也能发现这一倾向）。将建筑作为一种可能的艺术，意味着建筑师要接受在项目概要中面对的事实和局限，不要忽视它们，要尝试去改变或克服它们，这样才会取得真正符合现实需求的结果，从而去追求更伟大的目标（佩里曾经说过，没有一个建筑比它所在的地点更为重要，也没有一个建筑师比建筑更为重要，它的角色和作用与今天盛行的"标志性"风格建筑是对立的）。他将特定项目中的限制和制约条件视为建筑的"命脉"，这为着手进行的项目定义了一个"实践的中心"，指明了希望达到的效果的方向。佩里认为这会使建筑师的创造力具有更广阔的发挥空间。

佩里在加利福尼亚时期的杰出作品显示出两个重要的主题：将人员流动的主干线作为方案的动力进行组织和探索；将外部精致的玻璃罩面作为建筑结构和形式的纯粹表达方式。日落山公园的城市核心项目、美国通信卫星公司实验室还有维也纳联合国城的获胜方案(尽管没有被采用)，都是最有创造力的主干式结构方案。沿着山坡向下延伸的主干线构成了雄心勃勃的城市核心项目——名副其实的山顶城市。美国通信卫星公司的方案则可以在马里兰州的乡村环境中持续发展。在联合国城的设计中，佩里将一系列高度不同的大厦融入水平的几何形状主干结构，从而使联合国城更加错综复杂。作为组织元素的主干结构在佩里后期的作品中仍然不断出现，例如他在美国西部设计的私人住宅，还有华盛顿特区里根国家机场的北航站楼。

佩里很早就对约瑟夫·帕克斯顿 1851 年设计的伦敦水晶宫颇感兴趣，并一直保持着这一兴趣。他认为它是建筑史上关键的分水岭，在那之后，封闭式的大型空间结构从 20 世纪早期的建筑框架中分离出来。最终直接导致了诸如特利丹公司实验室、世纪城市医疗广场、圣贝纳迪诺市政厅和太平洋设计中心首期工程等项目的出现。在所有这些项目中，佩里将玻璃作为一种全封闭的同质材料，全部采用了玻璃罩面，从而取代了以结构系统实现建筑表现力的方法。这些带有狭窄的竖框、光滑的剖面的彩釉玻璃模糊了窗口和拱肩的界线，这种基本但是强有力的建筑造型使建筑显得卓越非凡（无论好坏，或是出自能力不足的建筑师之手），为 20 世纪 60 和 70 年代的玻璃幕墙建筑指出了明确的方向。

在加利福尼亚的全部作品中，两个晚期的项目尤为明显地表现了佩里根据特定的"场地环境"对其建筑进行调整的浓厚兴趣，体现出建筑在城市身份塑造中的作用。1972 年，在美国驻东京大使馆的设计中，佩里探索了高强度混凝土面板的使用，用它取代了玻璃作为封闭罩面的材料。这是因为国务院参照了当地传统的屏风结构，要求采用厚度 15 厘米（6 英寸）的混凝土外墙。在这一项目中，佩里为十多年之后的开创性项目指明了方向，例如莱斯大学的赫林大厅等等。为了创造采用玻璃进行封闭的空间作品（出于对帕克斯顿作品的兴趣），佩里在 1970 年设计了哥伦布市的大众购物中心，在 1975 年设计了尼亚加拉瀑布城的冬季花园。这些采用玻璃封闭的"巨大空间"，通过比例上的缩放，可以举办适合城市生活的各种庆典

上图和下右：西萨与合作伙伴和客户同四叶草大厦开发项目的模型合影
下左：西萨与身为合作伙伴的妻子戴安娜·巴尔莫里合影
对页上图：西萨与戴安娜
对页中图：与客户在格维尔兹住宅
对页下图：与客户谈论现代艺术博物馆项目

活动。这成为佩里后期作品中不断出现的主题，为市民创造了交流的空间。目前，处于建设之中的旧金山赛富时转运中心也体现出这种设计主题。

1977 年，当佩里担任耶鲁建筑学院的院长时，希望开拓出一种适宜的实践方法，使其成为建筑专业教师生命中的活力之源。

当佩里刚刚到达纽黑文时，获得了纽约现代艺术博物馆的扩建和改造项目以及现代艺术博物馆住宅大楼的设计任务。这就需要他创立一种实践方法去应对如此高端的项目。

佩里从加州带来了长期的合作伙伴弗雷德·克拉克，他与巴尔莫里和佩里成立了西萨·佩里事务所（CP & A）并成为其核心力量。在现代艺术博物馆的任务中，一个关键的策略就是与格伦联合事务所合作。后者派出了助理建筑师，负责技术和施工文档的工作，使佩里的事务所能够集中精力进行设计工作。在这一过程中，佩里与合作伙伴们共同开发的工作方法，对他们自己的建筑实践活动以及整个行业起到了深刻和广泛的影响作用。在这一过程中，设计事务所与提供技术和文档支持的事务所共同协作，成为事务所从事建筑实践活动的骨干结构，使 CP & A 事务所在不需要庞大员工队伍的情况下就可以承接大型的工程项目。这一结构在 CP & A 事务所以及后来的佩里－克拉克－佩里事务所（创立于 2000 年，总部设在纽约市，由西萨的儿子拉斐尔领导）收到了良好的效果。这种实践方法在过去十几年的时间里涉及更多的是项目文档和施工管理方面，在设计文档、沟通交流、细节开发、细化改进和后续跟进等方面收效甚佳，使工作的完成过程自然流畅。

佩里在一些建筑学院的任教期间，以及担任耶鲁建筑学院院长的七年期间所做的努力，始终影响着今天的建筑实践活动，尤其是项目的管理和推进工作。这种实践方式在结构类型上更像一个进行学术设计的工作室，而不是项目组装线的方式。目前大多数事务所采用的方法似乎都是从佩里的学术研究中自然演变而来。随着项目从概念到细节的制定过程进行，无需团队的变化，项目的管理和设计人员配置就可以保持连贯性和持续性。对于设计变更的应对和想法，可以进行集体研究，并鼓励年轻的团队成员提出批评意见和新的构思。最为关键的工作要点是，在一开始就要设定项目的各种目标，清晰地表达这些目标，并在项目的进程中去参考这些目标。这也是佩里跟沙里宁学到的另一项技能。他回忆，这种设计思想的产生是因

上左：西萨在施工现场参观
上右：西萨和儿子拉斐尔·佩里，2004 年
下图：西萨·佩里在上海，2010 年

为沙里宁认为自己在家中独自设计的草图没有通过集体讨论进行的设计更为理想。实际上，在实践过程中，佩里一直反对首先构画草图的倾向。佩里解释说："大多数的建筑师会首先拿起铅笔，但是对于我，会首先使用语言。我一直将建筑实践视为一种合作的行为，这是最基本的。我只在必需的时候才会绘制草图。我很欣赏年轻建筑师提出的建议，这些建议可以让设计方案更为灵活多样，从而更好地适应我们的建筑所在的地点和城市。"

创建一个"具有教学功能的办公室"的情怀始终是佩里实践活动的一部分。他认为，这不仅是他学术角色的延续，作为人类，这也触动了他的心灵深处。佩里在1991年的《年轻建筑师的观察》一书中写道："我对教学的热爱要早于对建筑的热爱。我相信，通过教学活动，他们不再会依赖自己的母亲。"当我要求佩里谈一下他在建筑生涯中从事过教学的地方时，他回应说："我不需要在建筑中教学，我可以在任何地方进行教学并对这种方式感到满意。我一生中的大部分时间都在教学，在这里我也可以教学，这也是我可以离开耶鲁建筑学院的原因。"这种教学就是他的实践活动。佩里解释说："培养年轻人成为优秀的建筑师是我的义务，我为此做好了准备，这也是我的责任。"正如佩里所认为的，学术培训的核心就是要为这些未来的建筑师灌输理想主义观念、使命感和社会意识。但是在实际上，为了表现得更像一个建筑师，要在学校中获得各种实践工具是很难实现的。这与学习游泳相似，"在学校内，你无法假装在水中畅游。"

本书汇集了大量范围广泛的精品项目，它们都是在50多年的实践过程中孕育而出的产品。这些标志性建筑反映了佩里在早期的建筑生涯中所提出的思想和兴趣。随着他成长为成熟的设计者，并与同事进行范围广泛的合作，其作品也更为丰富多样和精致完美。封闭的表面结构一直是他关注的焦点，尤其是现代艺术博物馆的住宅大楼，佩里在那里运用了闪亮的、极小的表面材质和柔和的色调，与曼哈顿市中心的环境产生共鸣。很多评论家，诸如约翰·帕斯蒂尔、加文·麦克雷－吉布森和历史学家李·爱德华·格雷曾经指出，玻璃图案具有一种拟人化的特色，这也是佩里在之后的摩天大厦项目中所追求的。

前面提到的莱斯大学赫林大厅就融入了佩里对现代建筑中较薄外部表面结构的兴趣，并体现了他在应对色彩、图案、材料和造型等元素时所具有的深刻责任感。尽管这不是历史主义者对20世纪80年代中期的任何建筑所采用的常见方式。佩里告诉我，莱斯大学的客户建议他参考拉尔夫·亚当斯·克拉姆在20世纪10年代设计的砖结构标志性建筑，设计出更具复兴主义风格的建筑作品。他基于自己对现代建筑的理解和独有的表达方式，满足了客户的要求，并通过校园的传统建筑产生了更为丰富的效果。在纽约的卡耐基音乐厅大厦，人们也能发现类似的实践方法。随着佩里转向采用具有各种精致表面装饰的不锈钢面板作为外部罩面材料，那些大厦与所在地点的环境氛围更加和谐一致——例如，伦敦金丝雀码头的第一加拿大广场大厦，呈现出灰色和蓝色；美国加州科斯塔梅萨的广场大厦，则呈现出柔和的黄色、粉色和紫色。当吉隆坡的国油双子塔建成时，其外部覆面变得更为生动，与当地的气候、该市以及马来西亚的民族文化和谐相融。（约瑟夫·乔瓦尼将其描述为"空间化"的外观立面。）

佩里其他的高层建筑也体现了他的另一种思路和方法，并以此对建筑所在的地点、历史和当地的环境进行调查研究。历史学家李·格雷在《模式与环境》一书中，以及后来文森特·斯库利在一篇关于2000年耶鲁建筑师作品展的论文中，都注意到正是佩里使20世纪70年代处于垂死状态的"高层"建筑类型得到了复兴，当时高层大厦的外观都极其单调乏味，平整的楼顶也平淡无奇。佩里通过振兴和重新使用"摩天大厦"这一更为古老的专业术语，使我们认识到这些创作旨在激发我们的灵感，就像大教堂在过去所产生的影响那样（至今仍然产生着影响）。佩里创建了一种新的鉴赏方法，用来评估诸如雷蒙德·胡德、威廉·范·艾伦、休·费里斯和埃罗·沙里宁等建筑师的作品（尤其是后者参加《芝加哥论坛报》建筑大赛的作品）。

他还在诸如西北大厦（现富国银行中心）、美国银行总部和赛富时大厦等项目中注入了伟大的抱负和浪漫主义气息。佩里指出，埃罗·沙里宁曾经说过，任何建筑师的终极建筑设计任务将是大教堂。今天，佩里设法通过摩天大厦的复兴，使其成为大教堂的替代品，发挥出同样的作用。

佩里认为，每一个建筑作品必须成为它所在的城镇或社区的重要组成部分，建筑师的责任就是为这些相关的环境设计建筑。这一说法的最佳范例就是佩里作品中大量的公共空间，无论项目的大小，他都会在项目中去创造公共空间。虽然一些这样的空间并不在客户的计划之内，但是佩里认为，除了建筑项目的功能需求之外，这些空间将有助于社区生活。纽约世界金融中心的冬季花园也许是佩里设计的最伟大的城市聚会场所（这里现称布鲁克菲尔德广场，拥有一个由佩里－克拉克－佩里事务所设计的玻璃入口大厅）。这一建筑元素是佩里后来在方案中加入的。它继承了哥伦布市大众购物中心和尼亚加拉瀑布城冬季花园的特点，也是后来出现的晶体结构大厅的鼻祖，其中包括美国银行大厦的创始人大厅、金丝雀码头东部和西部的冬季花园、日本的仓吉市下议院。这些都是非凡奇妙的人类活动中心，它们与佩里的全部作品有着“亲缘”关系。这些巨型大厅与佩里众多的表演艺术中心大厅有着千丝万缕的联系，例如代顿的舒斯特中心、科斯塔梅萨的塞格尔斯特罗姆音乐厅、麦迪逊的序曲艺术中心等等，全部展现出宏伟的气势和亲切友好的氛围。我会认为，即使是大阪国立现代艺术博物馆的入口、里根国家机场的北航站楼大厅（一个与纽约滨州车站和中央车站同样令人惊叹的空间），以及伦敦码头区的轻轨车站，都可以找到世界金融中心冬季花园的印记。

佩里在世界各地设计的城市和公共空间以及冬季花园，都体现了建筑师在都市环境中为市民创造休闲娱乐空间的激情和愿望。阿什特中心的汤姆森艺术广场就是这样的场所，它的设计适合迈阿密温和的气候，创造了一个户外公共空间的框架，成为连接比斯坎大道的桥梁，并形成了一个适合漫步和表演的场所。米兰的盖·奥兰蒂广场是另一个生机勃勃的公共空间实例，一系列的建筑、罩篷和水池环绕在它的四周。赛富时转运中心和赛富时大厦则有望成为一种新的公共空间类型，其公共空间沿着屋顶花园延伸跨越了旧金山市中心的四个街区。所有这些项目都肯定了城市空间的重要性，人们可以每天在那里举行各种喜庆的活动。

在佩里的大型公共空间作品中，核心的重要性包括：为适应大都市生活所做的开放和精心的构思，以及为城市提供的犹如礼品包装一样精心制作的玻璃外罩。这一理念在佩里的建筑生涯中一直不断地演化和完善，那些赋予他灵感的地点对此也起到了促进作用。在这部关于他的作品的书中，很多他自己的描述都直率地肯定了一点——建筑需要打动人心。虽然身为一个知识分子，但是佩里并没有将他的技艺理性化，而是冷静地将其抽象化，从而适应一些晦涩难懂的建筑工作事项。在他的方法中，主要目标是创造令居住者感到与众不同的建筑，这些建筑将是令人难忘的、有启发意义的、真诚的、精心建造的，但是最重要的是，它们是令人感动的。由于这些原因，佩里给人们留下了建筑现象论学家的深刻印象：他关心建筑如何被人们感知和体验（不仅是被建筑师），以及它们如何对人们产生影响。

这就是他对建筑的深刻思考。

佩里在谈到他体验和创造建筑的一生时说：“艺术的价值深入到你的内心，如果没有艺术，建筑就不会打动你。这是我所知的唯一衡量尺度。”什么样的地方能给佩里留下难以磨灭的印记？他说最能打动他的建筑是沙特尔大教堂。佩里解释说：“它的造型、空间、声效、窗口中所蕴含的艺术和雕塑等结合在一起，捕获了你的全部感官，让你觉得与建筑融为一体。它是最能打动我的杰出建筑。”

回忆沙特尔大教堂这样的精神圣地所带来的感动体验，是佩里不断激发自己创造力的一种方式。另一种方式则是城市所处的时代。佩里说：“我喜欢在不同的城市之间游走，几乎是任何的城市。”他列举了一些自己喜欢的城市：纽约、伦敦、布宜诺斯艾利斯、威尼斯等。但是，被佩里称为具有“野性”的地方，例如花园、森林和自然风光等也会令他感到无比兴奋。他对城市内外的自然环境的偏爱，就如同把建筑师的工作当作园丁的工作。这是佩里从埃罗·沙里宁身上学到的模式，而这也总结了佩里的信念：最好的建筑永远都看似自然融入所在之地。他以如下的方式描述了建筑师园丁的工作：“对于特定的地点，园丁要了解它的气候、土壤、光照等自然属性，还有每种植物的特性，从而使它们能够生长得最好。对于建筑而言，由于需求的不断变化，以及对场地的依附性，它们似乎更像是生长的树木，而不是死气沉沉的石块。”

好的园丁知道，自然是不能被强迫的，因此不会匆忙行事。最好的方法是顺应自然、精心侍弄。要想得到鲜花满园的结果，需要花费多年的悉心照料、施肥和修剪——需要这些细微的活动不断积累。对于佩里来说，这也是创造最好的建筑所需要的。

上图：西萨与全家，从左至右依次为戴安娜·巴尔默里、儿子丹尼斯·佩里、孙女艾丽丝、西萨、孙女达丽亚、儿子拉斐尔·佩里
下图：西萨·佩里与孙女在一起

Mimi Styne
274-8601

加州十年

约翰·帕斯蒂尔

一个多世纪以来，加利福尼亚一直对建筑师和设计师有着巨大的吸引力，一旦这些新人到达之后，总是会选择留在这里。伯纳德·梅贝克、格林兄弟、埃尔文·吉尔、R.M. 辛德勒、理查德·诺伊特拉、埃里希·门德尔松、约翰·劳特纳、查尔斯和雷·埃姆斯、维克多·格伦、安东尼·拉姆斯登、弗兰克·盖里和汤姆·梅恩都是最著名的永久移民。

如果当初选择留在这里，佩里也注定会出现在这些精英移民的行列之中。他从阿根廷移居美国之后，先后在伊利诺伊大学和沙里宁的事务所短暂停留。随后又于 1966 年搬到西海岸，先在 DJMM 事务所指导设计，后来又进入格伦联合事务所工作，它们是洛杉矶最大的两家建筑事务所。当时，加州严肃的现代设计主要以单户式住宅为主，而佩里对这种类型的建筑几乎毫无兴趣。他接受的委托主要以商业和机构的建筑为主。他将它们视为天赐良机，去探索内部人员的流通模式和当时最新的反射玻璃幕墙的视觉品质，力争做出平滑、紧凑和精细的效果。但是在 1977 年，完成了太平洋中心（他在当时实现的最佳设计）的设计之后，他做出了新的选择，用他自己的话说，就是要成为一名东海岸的建筑师。

显然，这一搬迁的决定取得了绝好的效果。在接下来的四十年时间里，佩里设计了一系列令人难忘的建筑精品：包括表演艺术中心、博物馆、机场、图书馆、教学楼，以及最引人注目的摩天大楼。他在东海岸的设计实践中创造了数十座最高和最精致的摩天大厦，其中包括曾经是世界最高建筑的马来西亚著名的双子塔，它具有伊斯兰风格的几何造型，也许是世界上最具文化敏感性和原创性的高层建筑。回顾起来，佩里在洛杉矶时期的职业生涯与后期的职业生涯相比，虽然略显平淡，但是，在这一时期却诞生了三个史诗级的设计。不幸的是，只有一个设计付诸实施。第一个设计可以回溯到 20 世纪 60 年代中期，也就是日落山公园城市核心项目。这是一个激动人心却又不失优雅的超大型混凝土结构建筑，在洛杉矶西部的圣莫尼卡山区为数千居民提供了居住之地。它的入口设在了顶部（那里集中了社交和商业空间，所有的汽车都停放在那里），多达 40 层的平台从上至下逐级延伸到崎岖的山坡上。实际上，它更像是一个建在崎岖起伏的地质结构上的单面摩天大楼。这一生动的构想令人叹为观止，赢得了《进步建筑》杂志颁发的设计一等奖。但是，这是一个以盈利为目的的项目（客户是一个小型的石油公司），因此出现了一些经济方面的问题。

在 1969 年的一次设计竞赛中，佩里为联合国设计了维也纳的联合国城，其办公室、礼堂和会议室的空间超过了 370 000 平方米，并与一条快速轨道干线相连。它不仅是一个建筑，还体现了水平和垂直定位的策略，以及大规模流通主干结构的扩展性。它的视觉效果也充满了动感十足的韵律，表现了综合建筑的独特风貌。在竞赛中，这个巨型建筑的设计从来自 50 多个国家的 280 个参赛作品中脱颖而出，获得了一等奖。但是，维也纳市政当局却蓄意阻挠该设计的建设实施，选择了来自当地的较差的设计方案进行建设。这一决定令建筑界失去了一个重要的标志性建筑。

1975 年在西好莱坞开放使用的太平洋设计中心，主要供内部装修和家具行业使用，也是佩里在洛杉矶时期最后创造的伟大作品。该建筑面积为 69 675 平方米，仿佛一个覆盖着深蓝色玻璃的庞然大物，从周围较低的建筑中拔地而起，以大胆和新奇的造型姿态展现了不断蔓延扩张的都市形象。它的落成引发了各种公众反响，很快人们就开始把它称作“蓝鲸”，尽管太平洋设计中心不被所有人接受，但是它最终还是获得了众多的好评。从那时起，佩里对太平洋设计中心进行了两次扩建，在 1988 年增加了一座绿色建筑，在 2004 年新建了一座红色建筑。这两个组成部分使项目原有的规模扩大了两倍以上，据说佩里还有进一步的扩建计划。

日落山公园

1965年，美国加利福尼亚州，圣莫尼卡

日落山公园的城市核心项目坐落在圣伊内兹山谷中一个突出的山坡上，拥有观赏太平洋海景的视野。倾斜的电梯网络为人们进入不同高度的层面提供了便利条件。整个项目拥有五十个层面，但是任何一处的结构都没有超过三层的高度。这是一个充满美感的革命性设计，突出了山谷的形式，保留了山谷茂盛的植被。

之所以采用这种设计，是因为这里有很多的裂缝，如果运用传统的挖填方法为独户住宅创建平台，会产生极其昂贵的费用。城市核心项目的建设成本并不高，其开发商日落石油本来准备继续开发该项目，但是由于在其他地产项目中的过度投资而导致了破产，因此这里的大部分土地变成了州立公园。该设计获得了《进步建筑》颁发的设计一等奖，这是我第一次发表的设计，也是第一次有机会表达自己的设计理念。在我的职业生涯中，这是一个重要的篇章。

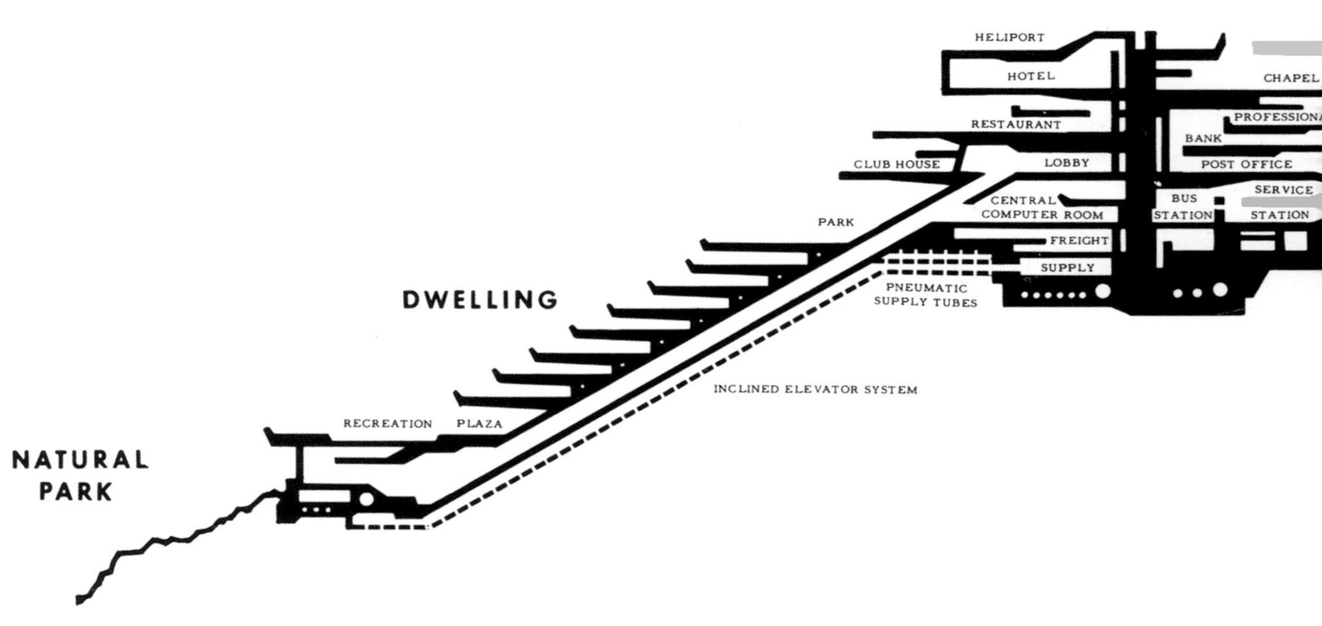
HELIPORT
HOTEL
CHAPEL
PROFESSIONA
RESTAURANT
BANK
CLUB HOUSE
LOBBY
POST OFFICE
SERVICE
STATION
BUS
STATION
CENTRAL
COMPUTER ROOM
PARK
FREIGHT
SUPPLY
PNEUMATIC
SUPPLY TUBES
DWELLING
INCLINED ELEVATOR SYSTEM
RECREATION PLAZA
NATURAL
PARK

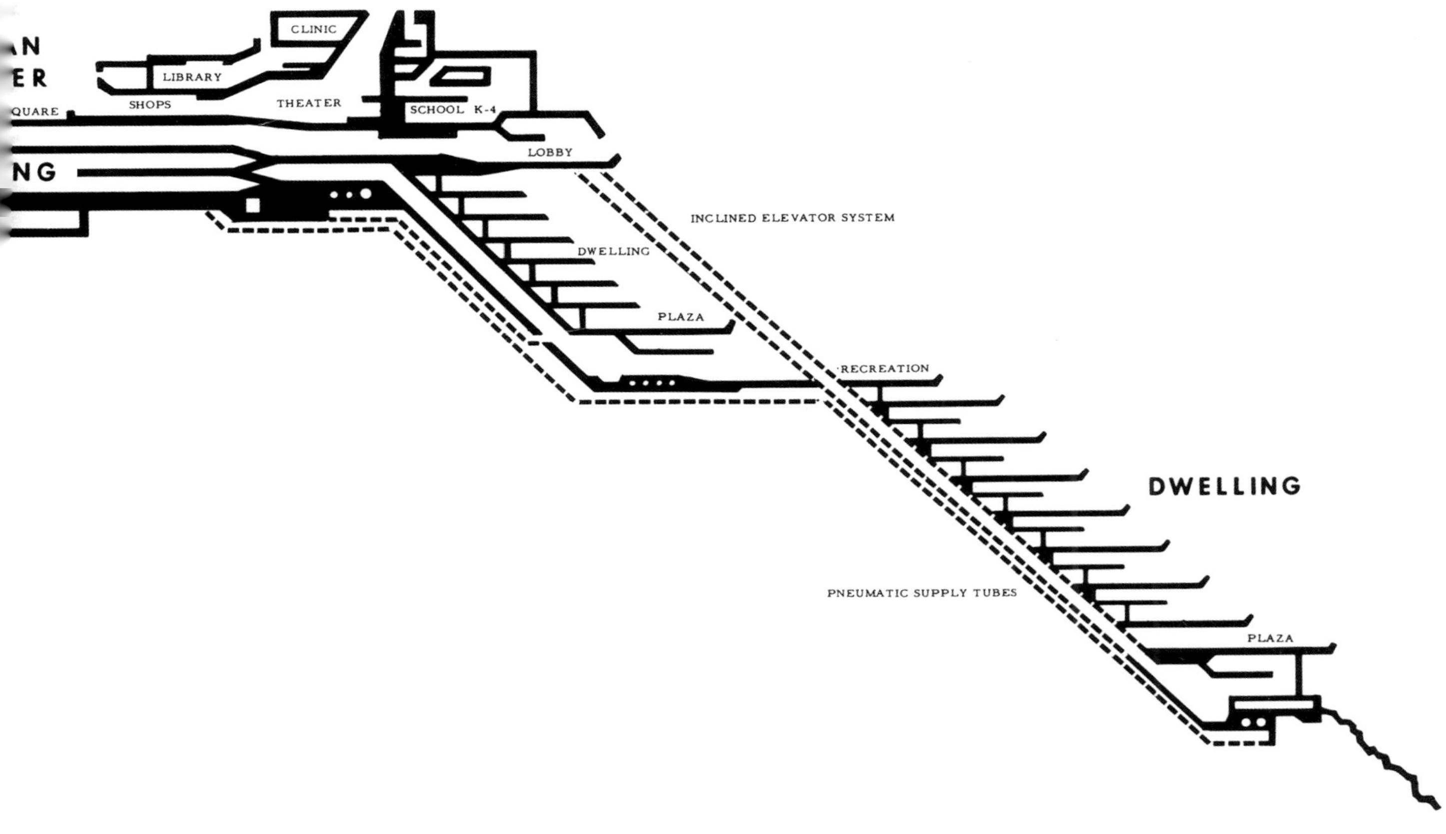

AN
ER
QUARE
SHOPS
LIBRARY
CLINIC
THEATER
SCHOOL K-4
LOBBY
NG
INCLINED ELEVATOR SYSTEM
DWELLING
PLAZA
RECREATION
DWELLING
PNEUMATIC SUPPLY TUBES
PLAZA

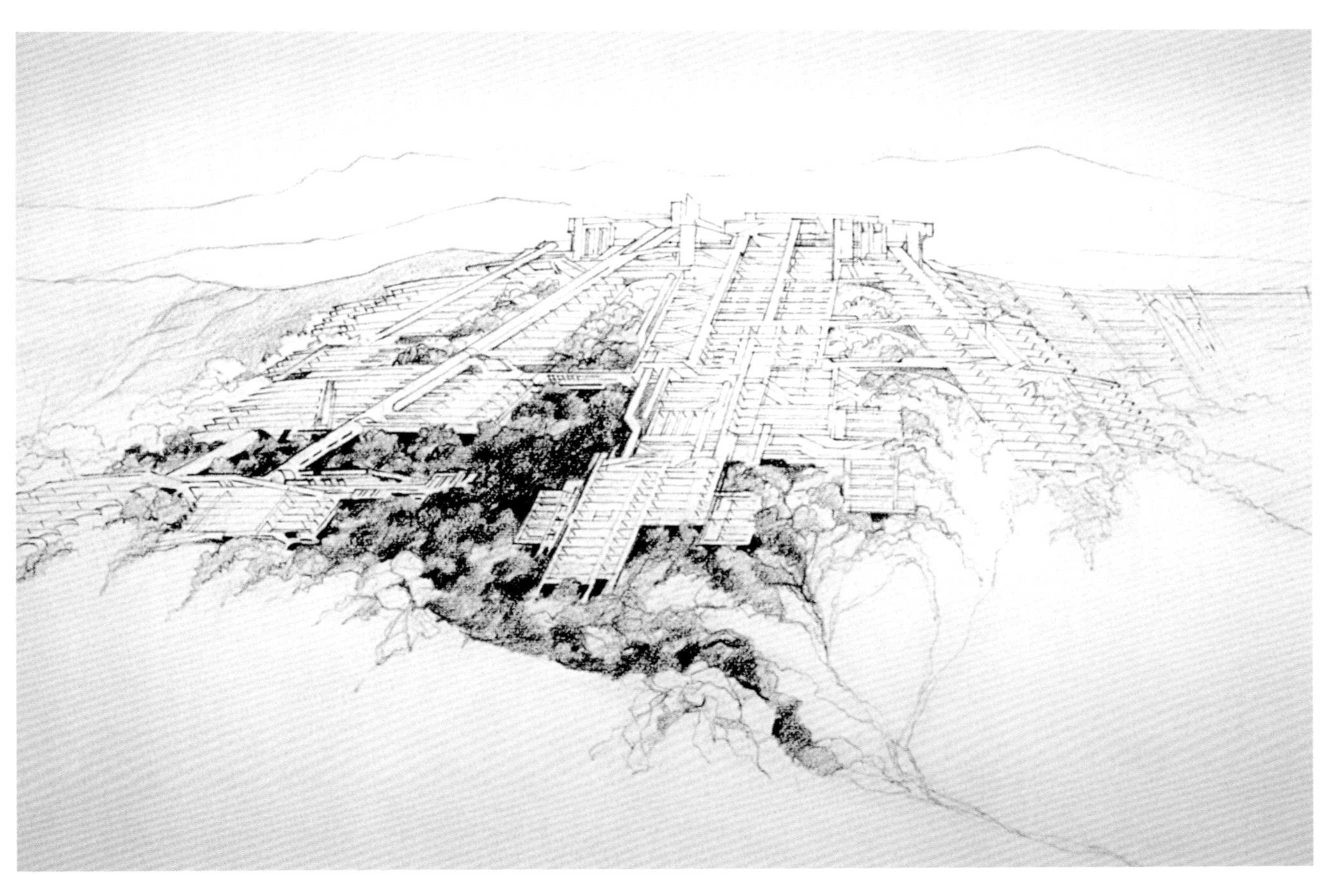

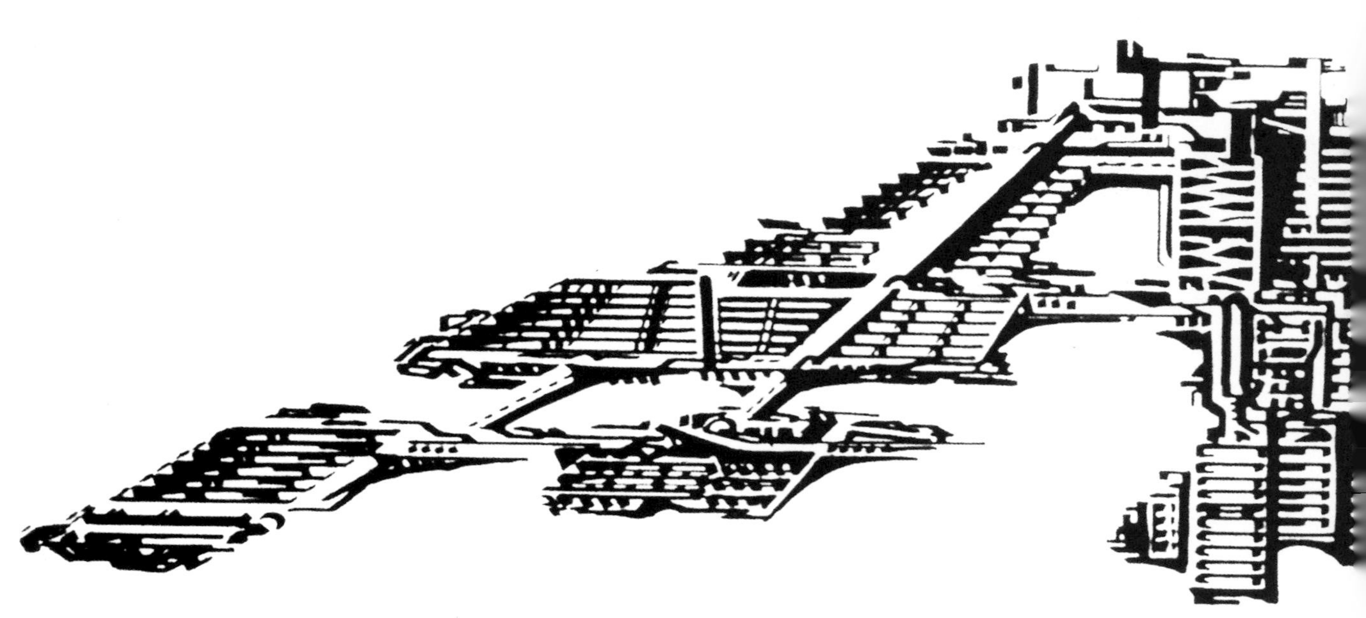

特利丹公司实验室

1966 年，美国加利福尼亚州，洛杉矶

我希望特利丹系统公司的大楼无论在功能上、还是在外观上都是非常先进的。当这个工厂在 20 世纪 60 年代建成时，正是粗犷主义厚重的混凝土建筑盛行时期，因此，这个建筑显得更加与众不同。

该方案遵循了工厂生产运营的活动路线：主循环系统。在这条主干线上，分布着不同的人员、物资和设施。这些流通的场所，也是所有人员最为繁忙、紧张的工作和生活空间，因此我将它们创建成这个综合建筑中最令人兴奋的地方：包括两层步行通道，在组装和实验室区域设置了连续不断的窗口，并在主庭院建造了大型的玻璃幕墙，对柑橘园起到了保护作用。

整个建筑的外部采用了玻璃和金属材料的罩面：青铜色的玻璃和灰棕色的金属形成了闪亮的表面，在橙树林的后面若隐若现。

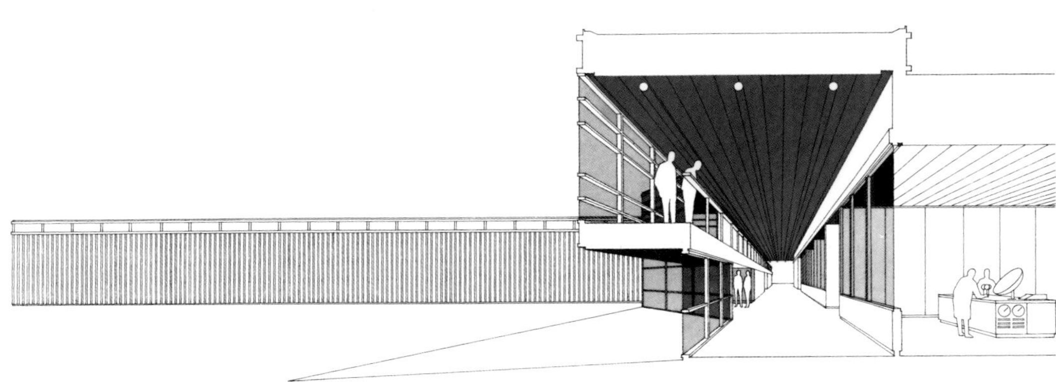

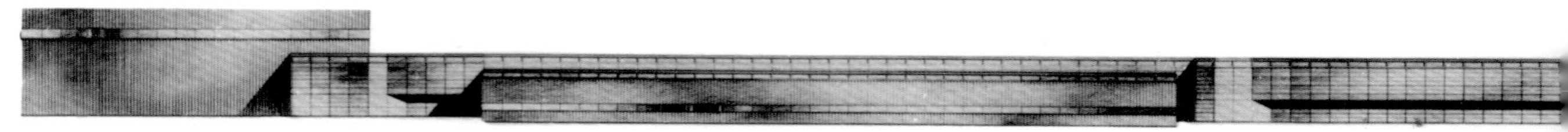

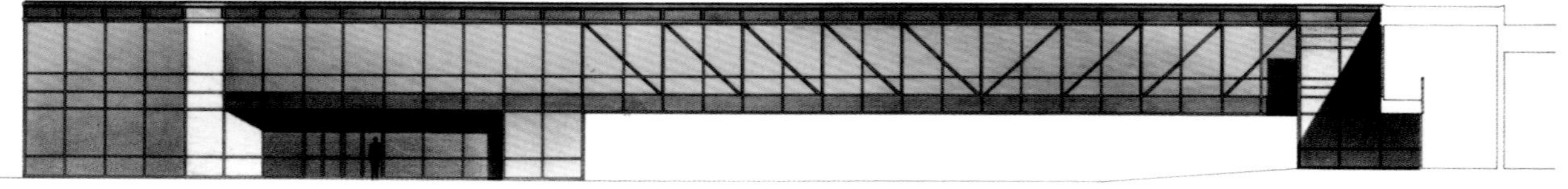

跨页：完整的南侧立面图
下图：天桥的立面细节图
对页：场地轴测图

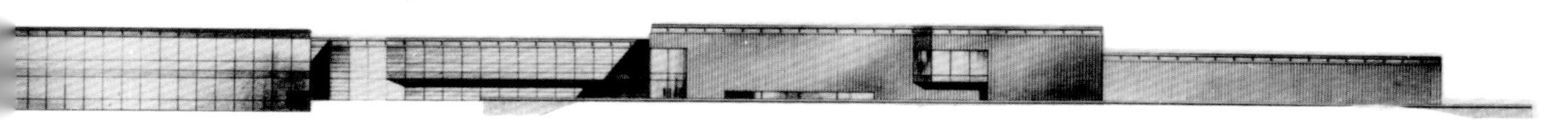

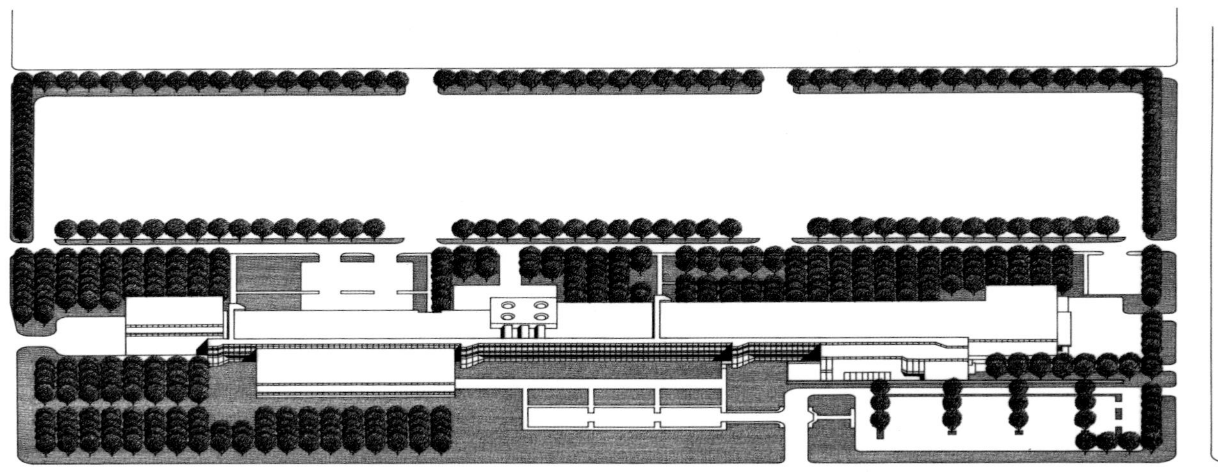

美国通信卫星公司实验室

1969 年，美国马里兰州，克拉克斯堡

在马里兰州蒙哥马利县一个占地 85 公顷的树林中，我设计了这个综合设施，它看上去就像一个被精心放置在自然环境中的人造金属物体，令人感到惊奇。在设计中，我采用了自己所喜爱的一些想法和方法：金属的表面、机械制造的外观和图解形式的线性平面布局。这种平面布局以中部的主干区域为核心，将不同的空间整合在一起。主干区域可以作为公共休息室和聚会的场所，具有极大的灵活性。

建筑的表面镶嵌着铝合金面板，并在建筑的边缘形成了曲线的造型，强调突出了这个落在草地上的物体带给人们的视觉感受。这是一个非常先进的设计，远远超出了它所处的时代。

1968 年，该项目获得了《进步建筑》杂志颁发的设计大奖。

我对组织创造一个建筑的理论颇感兴趣。通信卫星公司实验室的方案充分表达了我的信念：人们在建筑中如何活动，并享受在建筑中进行活动。这一切的关键都在于建筑的主干结构。

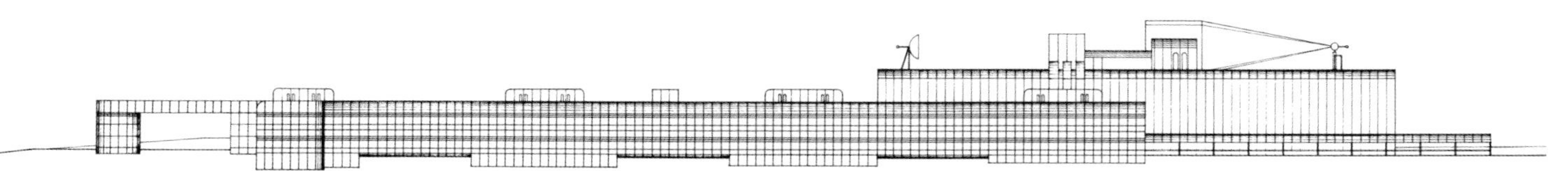

西侧立面图

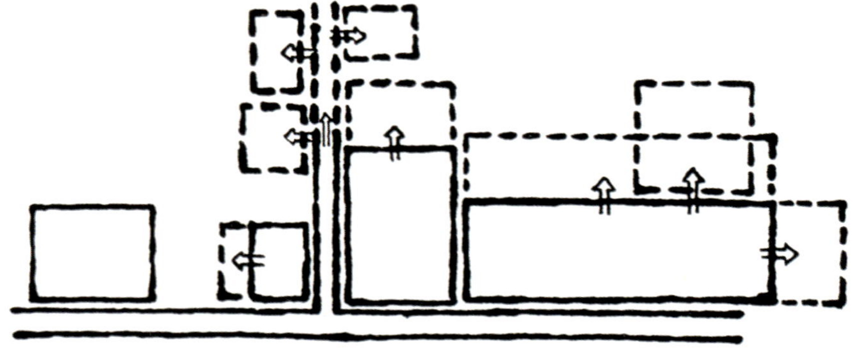

Undetermined growth

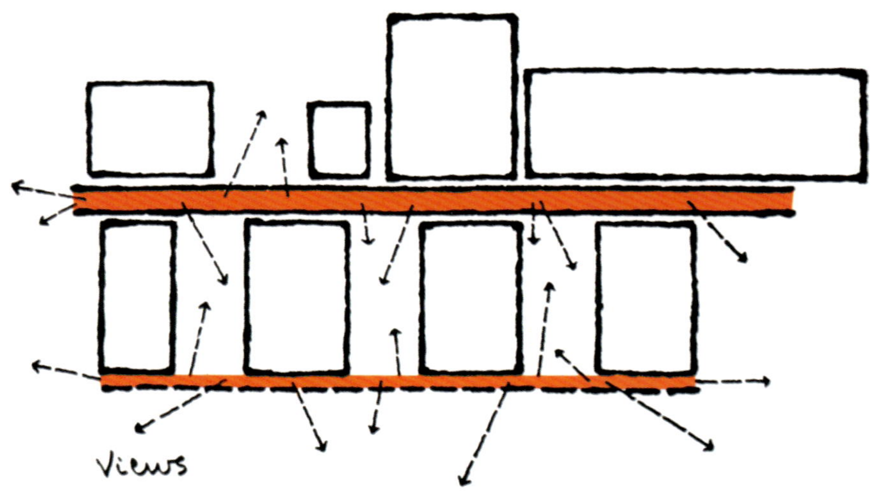

Views

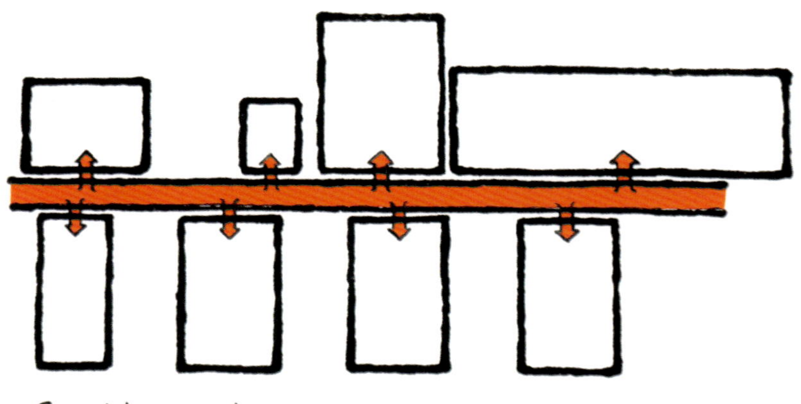

Corridor and Spaces

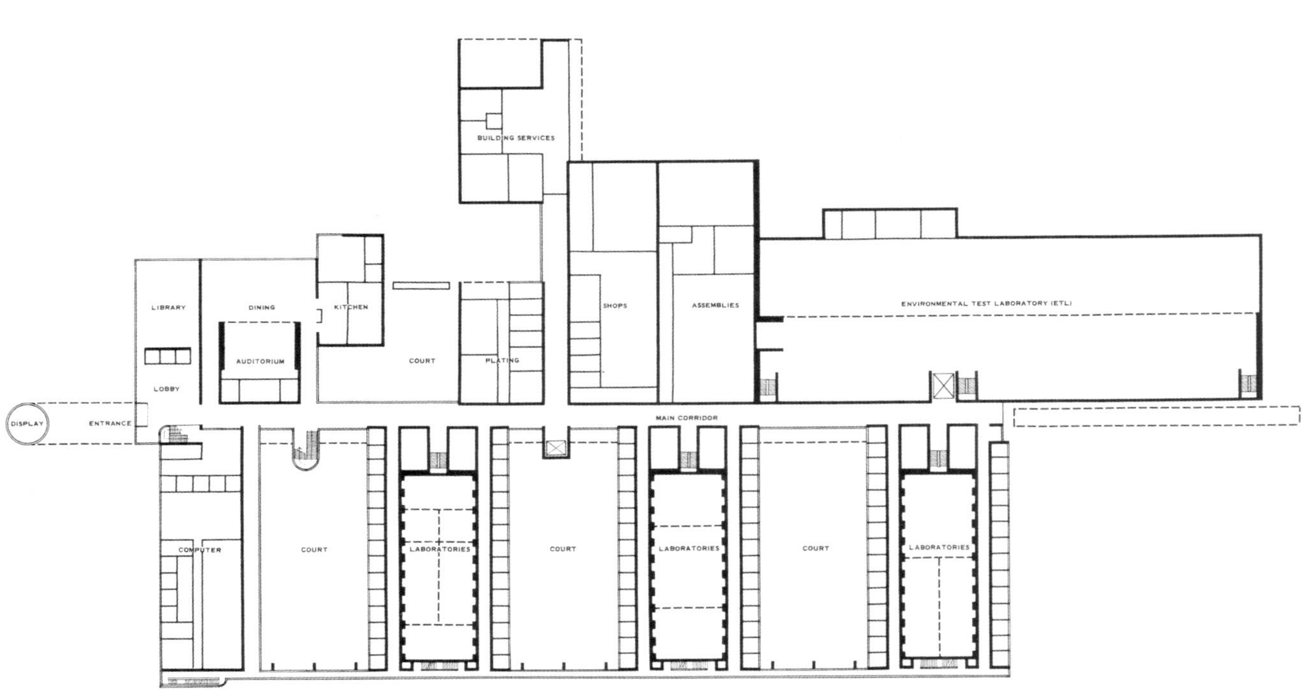
BUILDING SERVICES
LIBRARY
DINING
KITCHEN
AUDITORIUM
COURT
PLATING
SHOPS
ASSEMBLIES
ENVIRONMENTAL TEST LABORATORY (ETL)
LOBBY
DISPLAY
ENTRANCE
MAIN CORRIDOR
COMPUTER
COURT
LABORATORIES
COURT
LABORATORIES
COURT
LABORATORIES

一层平面图

上图：北侧立面图
下图：西侧立面图
对页：外部铝合金面板的细节，它们在建筑的边缘构成了曲线造型

库库伊花园

1969 年，美国夏威夷州，檀香山

库库伊花园是为克莱伦斯·金基金会设计的公共住房项目，赢得这一项目时，我是格伦联合事务所的设计合作伙伴。我发挥自己的想象力，努力使它成为最受欢迎、最迷人的住宅群。我希望这些住宅能给居住者带来幸福和尊严。

该项目是檀香山一个包括 820 套低成本公共住房的社区。步行街的某些部分被扩宽，形成庭院，并将外围的停车区域与中心的大型游乐场和公园连接在一起。高达三层的联排式住宅定义了街道的空间。每一排（还有街区和人字形区域）不只是由住宅构成，相反，它们包括了不同类型的建筑模块。每一个典型的模块包含三套住宅，其中下层是一个全宽度的住宅，上层是两个半宽度的复式住宅。这些住宅单元中没有走廊，每一个建筑模块有一部可供上层两个住宅共享的外部楼梯。该结构系统还包括中部高达 3.9 米的混凝土砌块墙，它们是由预制的混凝土板制成的。每一个建筑模块的宽度等于两个结构模块的宽度。

所有的单元都具有通透的朝向，大部分还拥有私家的户外空间，也就是下层单元的小院和上层单元的外廊（一种夏威夷风格的阳台）。这些住宅模块的数量，以及各种风格的结合刻画出街道景观的多样性。住宅外部的楼梯还沿着街道构成了小型的、半私密的空间。

通过设计，我们成功确保了该地区的活力和共性。

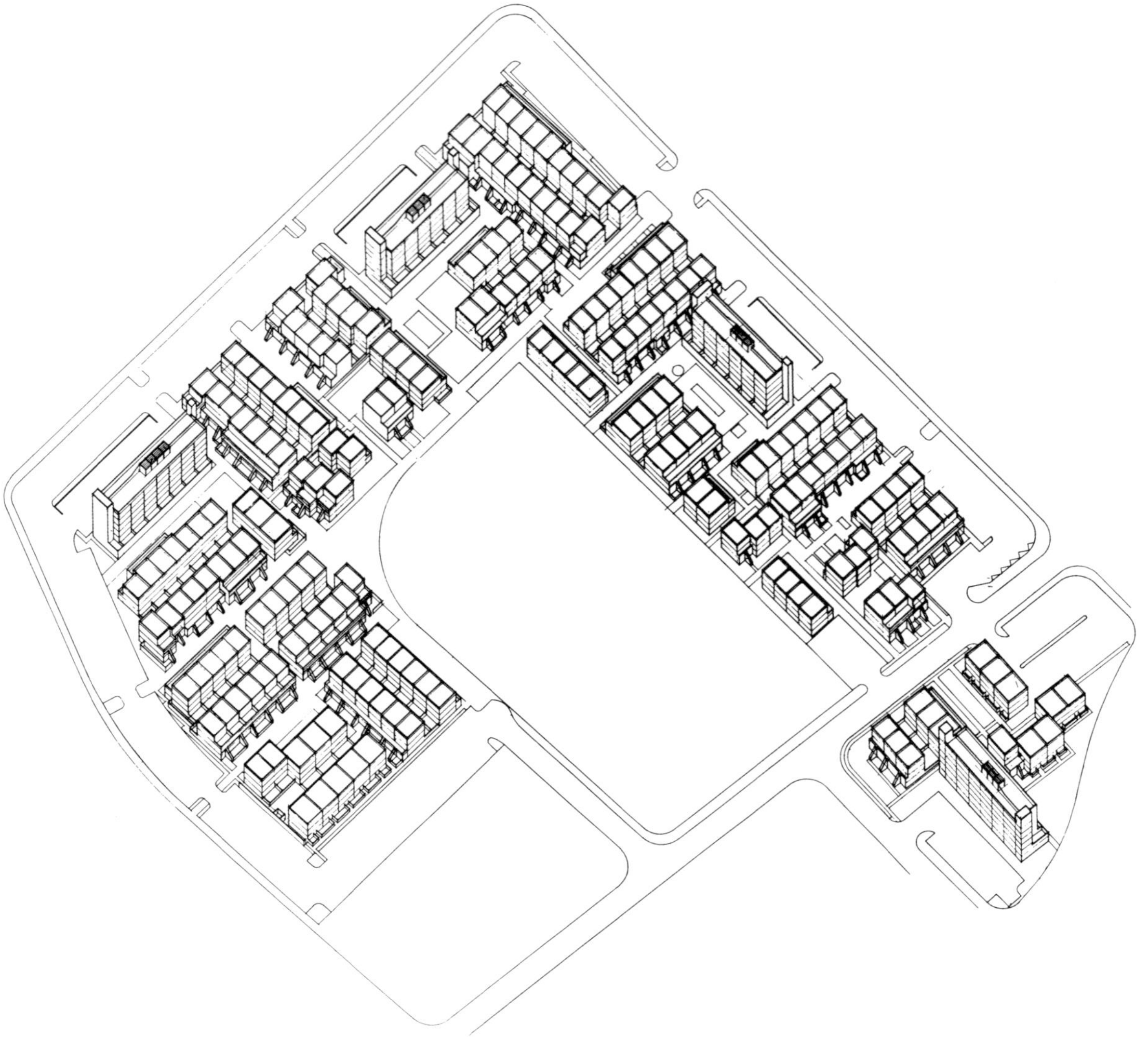

联合国城

1969 年，奥地利维也纳

在维也纳的联合国国际组织总部和会议中心项目的国际设计竞赛中，我领导的设计团队赢得了一等奖。但是这一设计并没有被奥地利方面选择进行建造。

尽管如此，这一项目的设计却得到了广泛的宣传和认可，这也是我职业生涯中一个重要的里程碑。因为这一设计，美国国务院委任我设计美国驻东京大使馆，也正是这一契机，使我在创立了自己的事务所之后，获得了很多日本的项目设计工作。

联合国城的设计适应了未来的变化和发展，在任何阶段都可以对总部进行扩建，它可以使维也纳的形象更加现代，更加鲜活，更加令人兴奋。

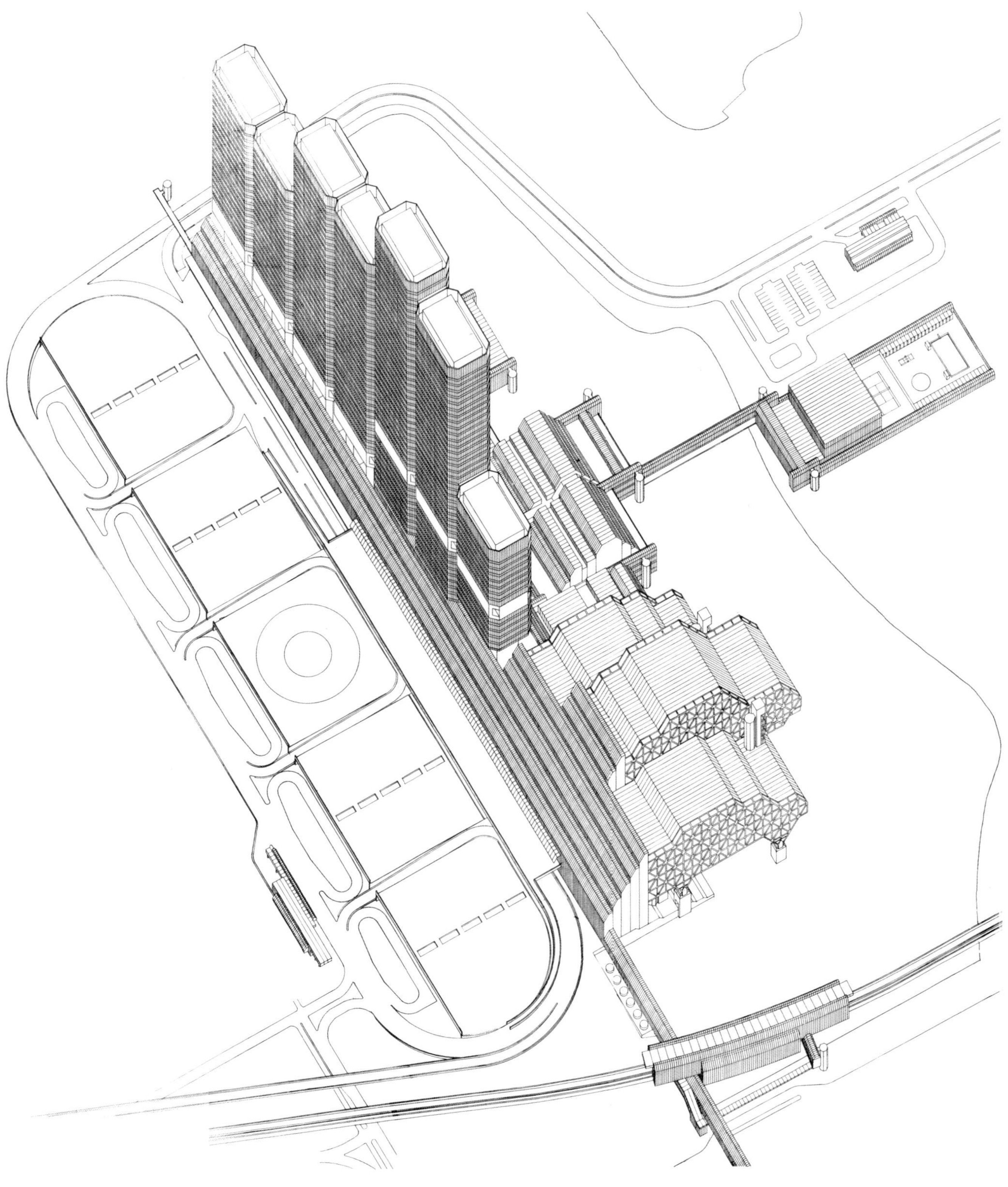

等角投影图

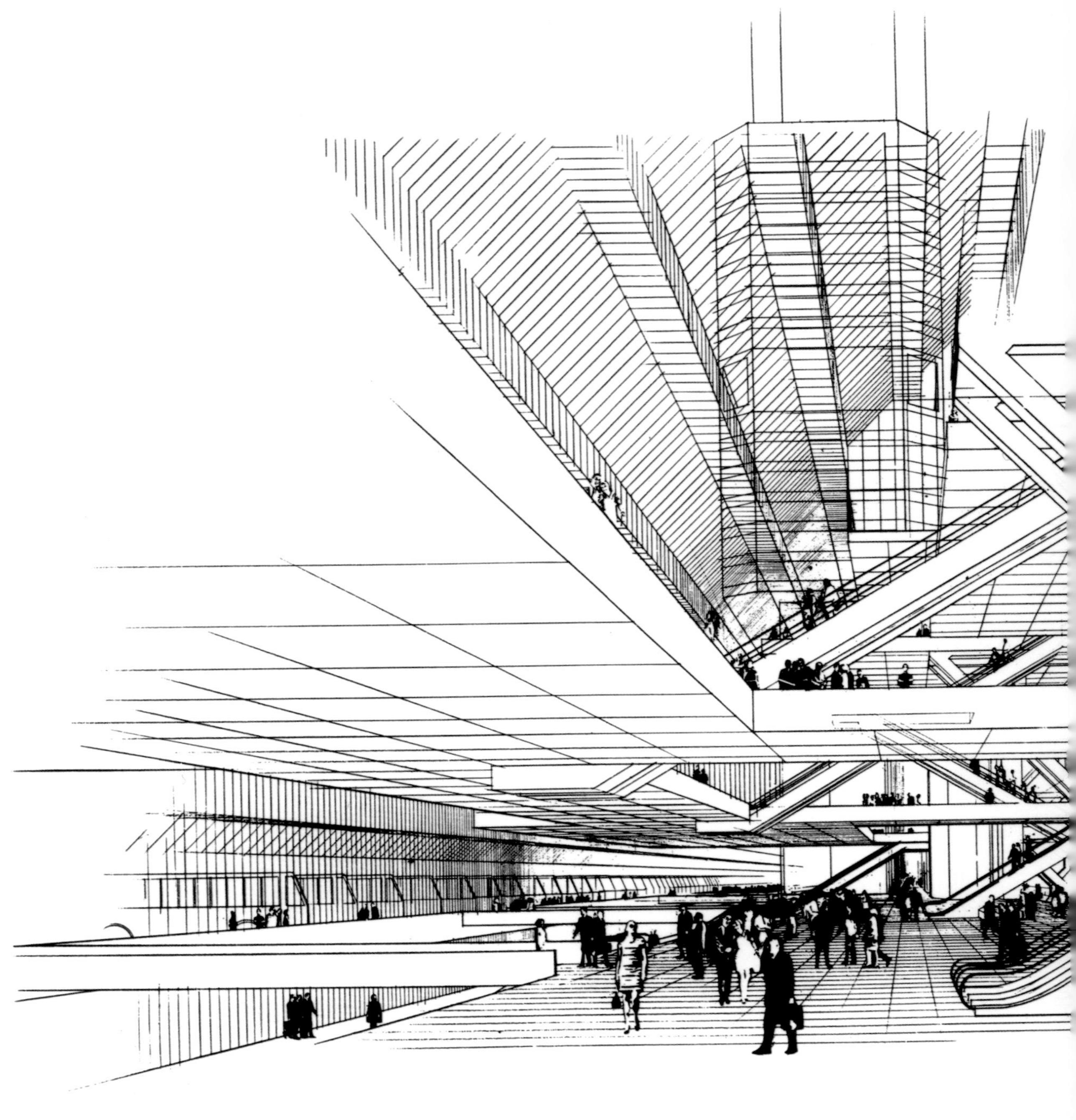

内部流通主干

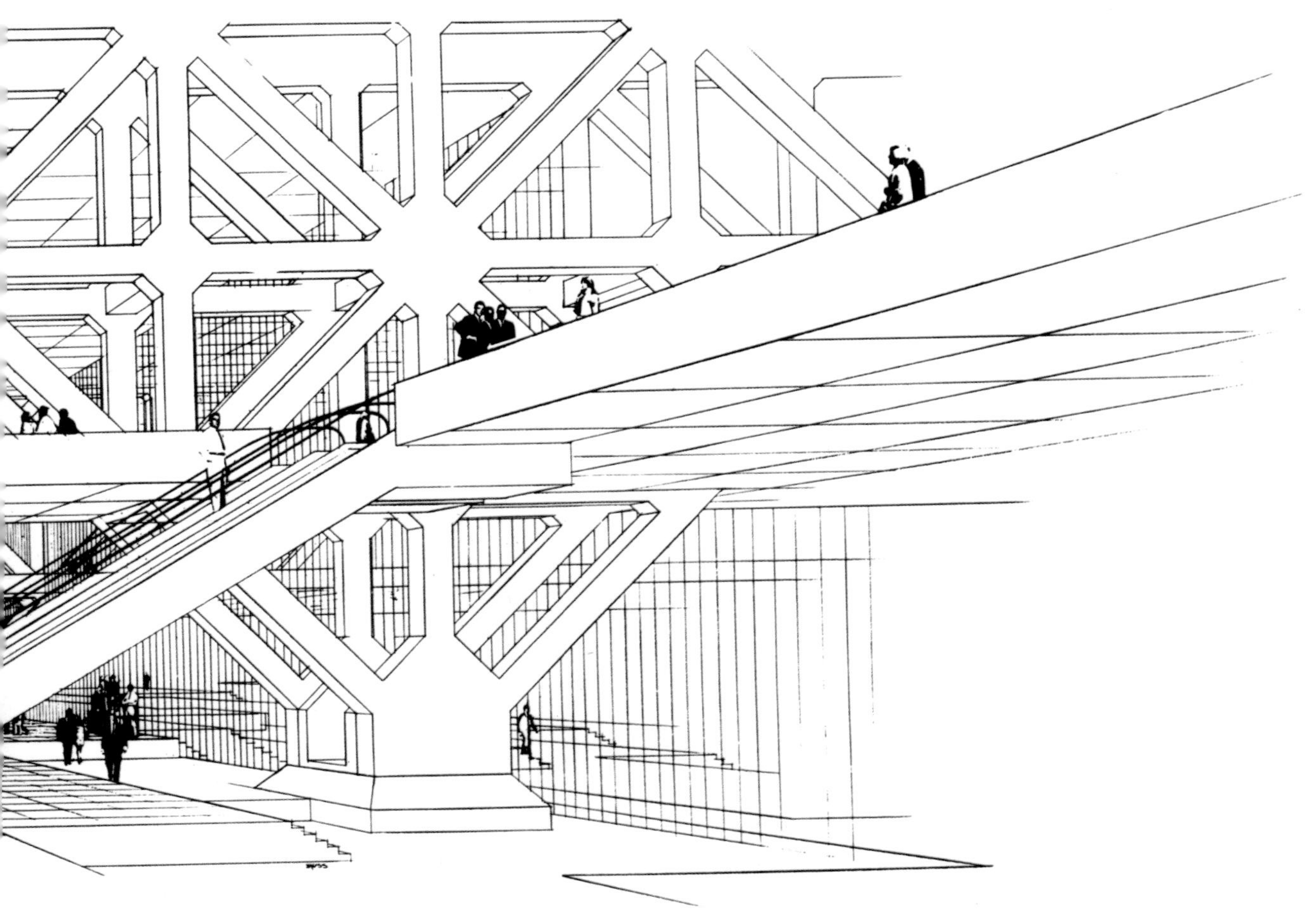

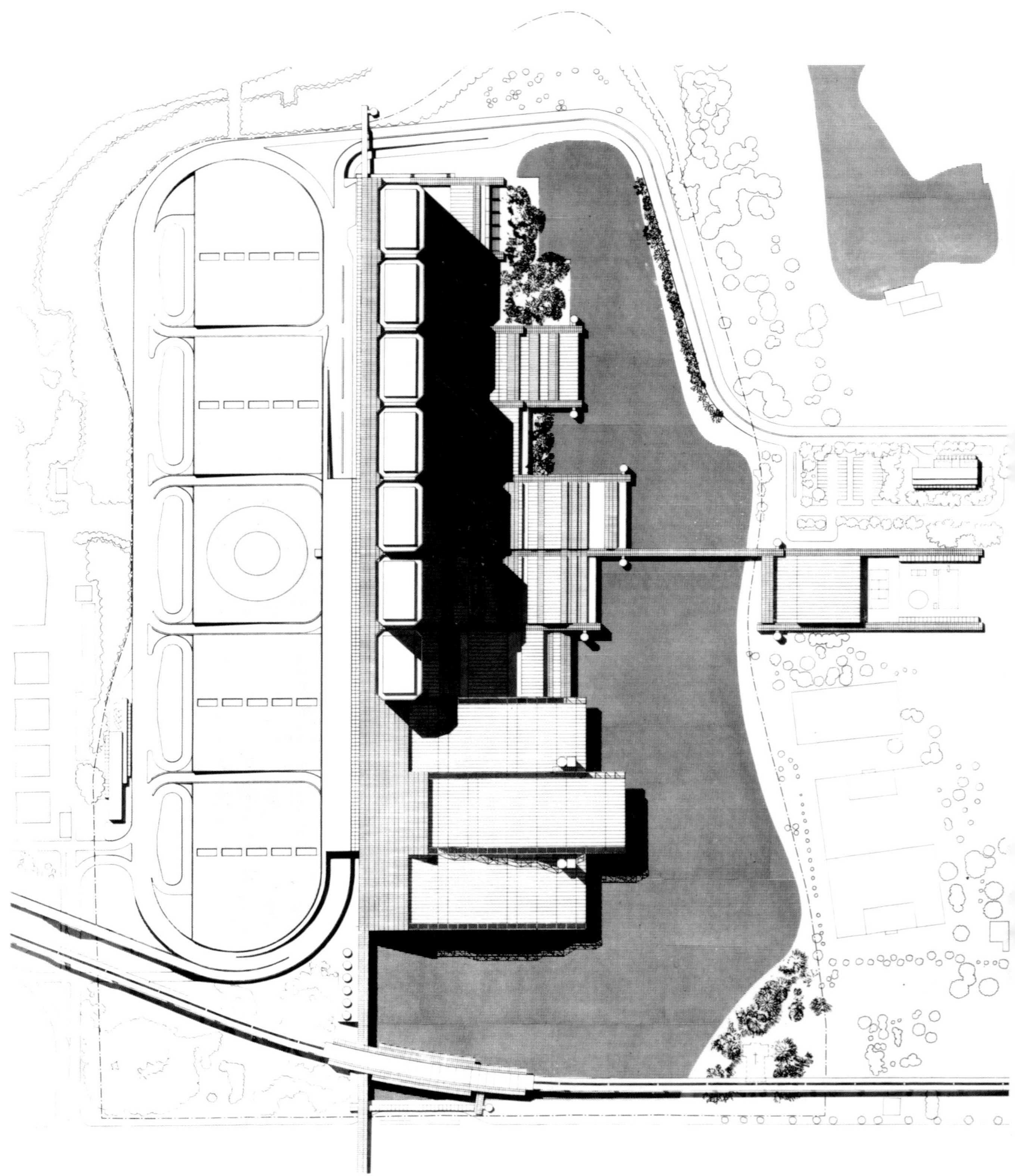

场地平面图

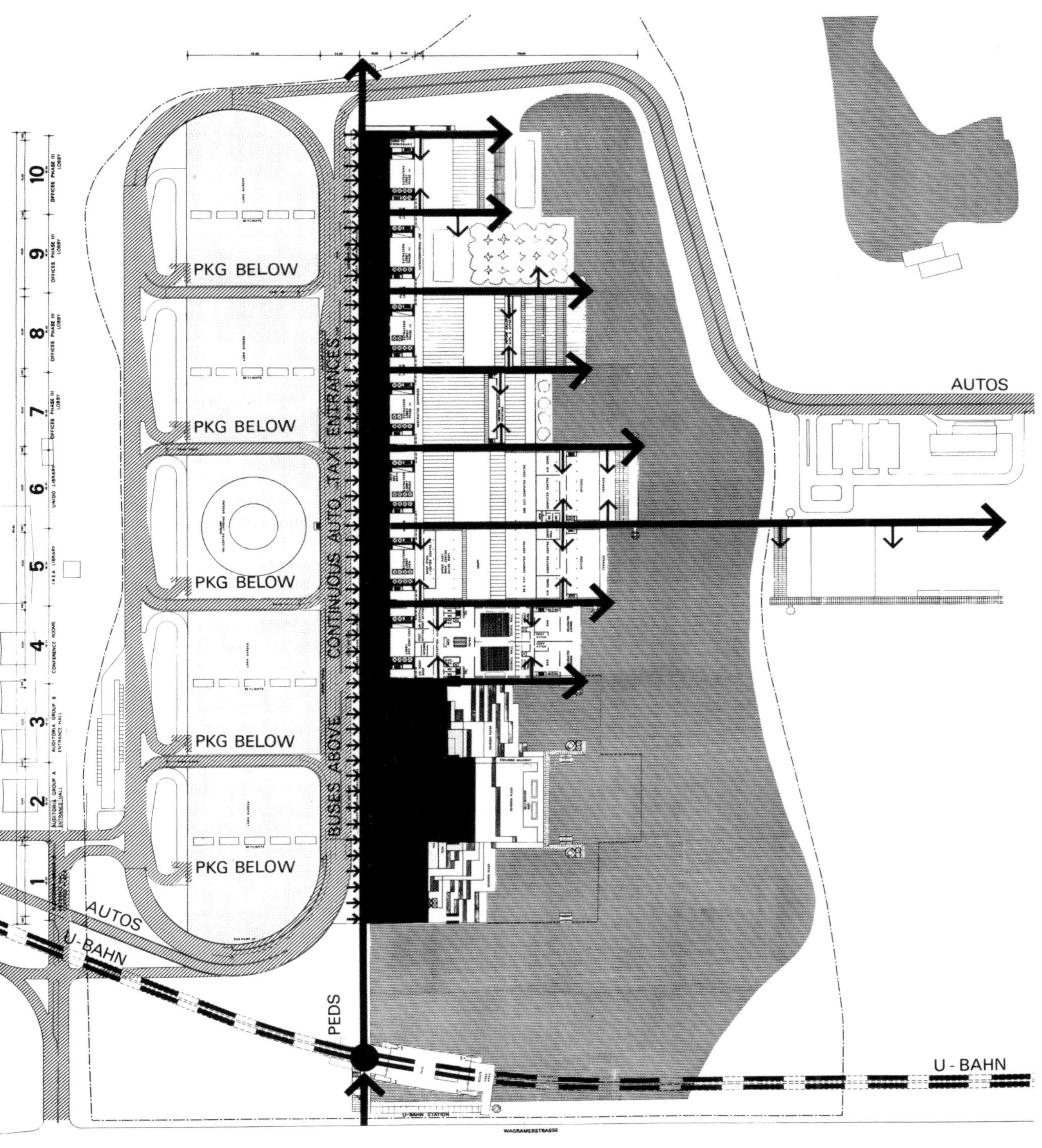

PKG BELOW
PKG BELOW
PKG BELOW
PKG BELOW
PKG BELOW
BUSES ABOVE CONTINUOUS AUTO TAXI ENTRANCES
AUTOS
AUTOS
U-BAHN
U - BAHN
PEDS
U-BAHN STATION
WAGRAMERSTRASSE

规划平面图

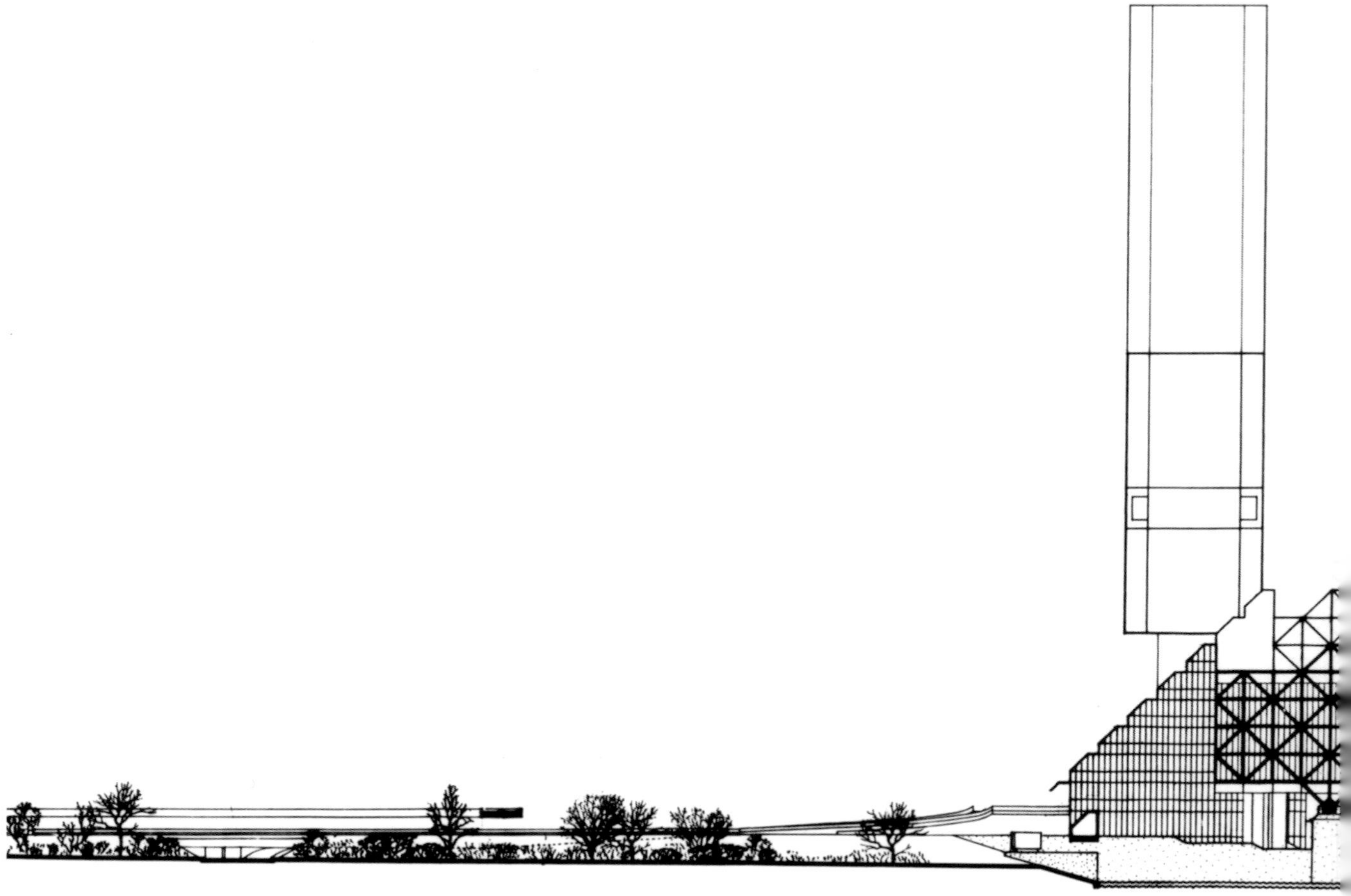

东南侧立面图

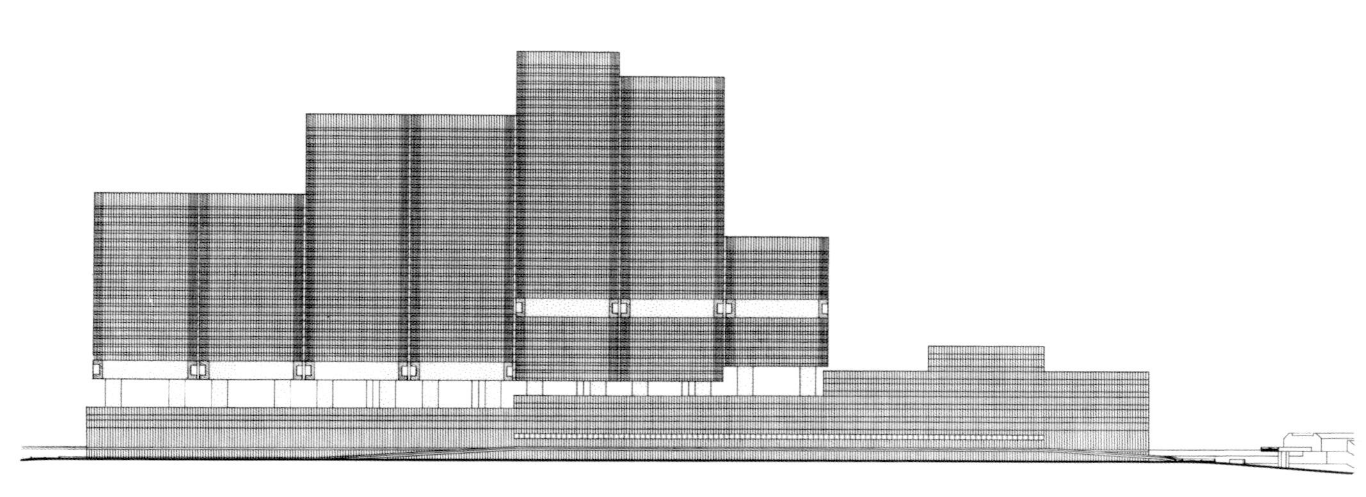

西南侧立面图

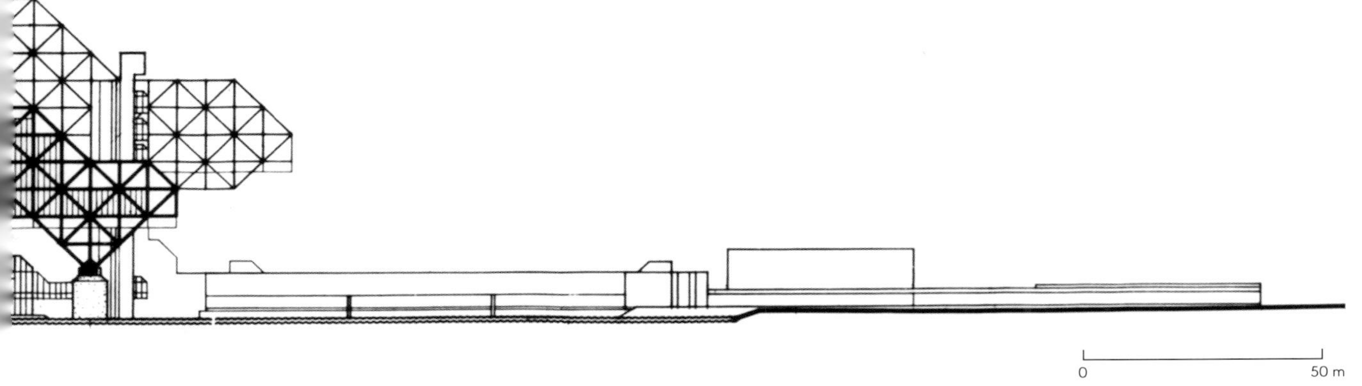

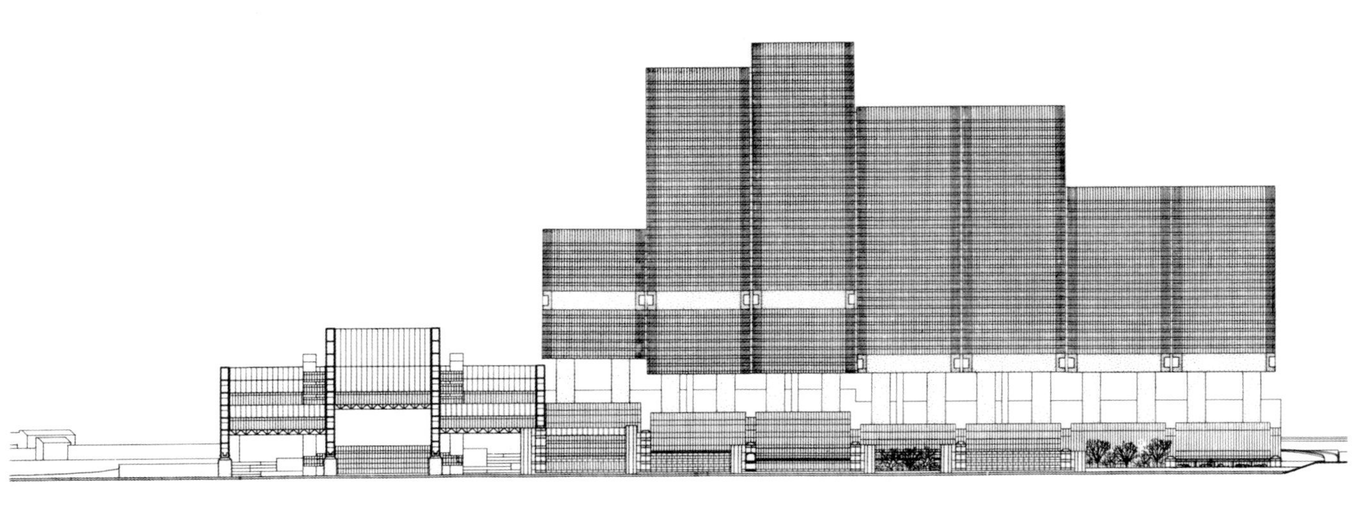

东北侧立面图

太平洋设计中心

1975、1988、2014 年，美国加利福尼亚州，洛杉矶和西好莱坞

1971 年，我设计了太平洋设计中心的第一个建筑，它被人们亲切地称为“蓝鲸”，并于 1975 年完工。我所构想的这个蓝色大楼是一个单一的独立结构建筑，为内部的设计业务提供了大量的陈列展室。这里采用的彩色陶瓷玻璃十分具有创意，通过这一创新的方法覆盖了大楼的外部表面，为整个中心增添了强劲有力的形象，令人过目难忘。今天，该中心已经发展成一个综合的建筑群体，包括很多为设计、娱乐和艺术行业设置的办公室。

在创立了自己的事务所之后，我又先后设计了这里的绿色大楼和红色大楼，并分别于 1988 年和 2014 年建成完工。三个建筑的外部表面都被轻盈、色彩亮丽的材料所覆盖，它们的表现力正是来自于这层外部表面。

蓝色大楼获得了美国建筑师协会南加州分会颁发的荣誉奖等奖项。

在项目的第二阶段，绿色大楼的设计包括了众多的展室和办公室、可容纳 1900 辆汽车的停车场、一个会议中心和礼堂以及一个公共广场。这一扩展规划还包括一个面积为 465 平方米的展厅（现在这里已经成为现代艺术博物馆的一个先导展地）。

红色大楼的完工使太平洋设计中心趋于完美。同时，洛杉矶县的这一区域也并入了北好莱坞地区。在三座建筑中，建在七层停车场之上的红色大楼最具有动感和活力，它由两座倾斜的、具有曲线造型的大厦构成。西面的大厦高达五层，并向内倾斜，与北面的好莱坞山相对。东面的大厦高达八层，也保持了同样的造型姿态，弯曲的造型一直向东延伸到最高点。

在红色大楼的第八层，位于两座大厦之间和停车场上方的位置有一个庭院，那里栽满了葱郁的棕榈树。这个户外空间为人们提供了观赏北面好莱坞山美景的视野，人们在这里还可以俯瞰南面的蓝色和绿色大楼以及公共广场。

Cesar Pelli

Cesar Pelli

我于 1971 年开始“蓝鲸”的设计工作，44 年之后红色大楼的完工使这一项目获得了圆满的成功。虽然那时的我已经不再是当初的设计师了，但是我依然信奉着同样的设计理念和观点。

在烈日照耀下，这些玻璃大部分是不透明的，通过调节自然光线的强度，
实现室内照明的平衡

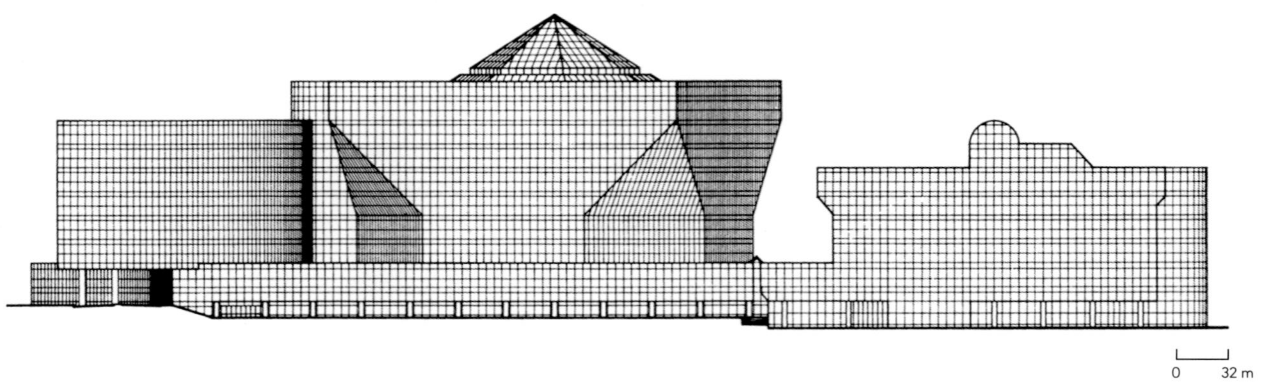

上图：西侧立面图
下图：南侧立面图
对页：在绿色大楼上可以俯瞰西面开放的广场

CONCERN II
Murray Feldman Gallery

开放的景观广场位于太平洋设计中心的核心位置，为公共和私人的聚会提供了理想的环境

最终完成的蓝色、绿色和红色大楼，其开发过程一共耗费了40多年的时间

PacificDesignCenter

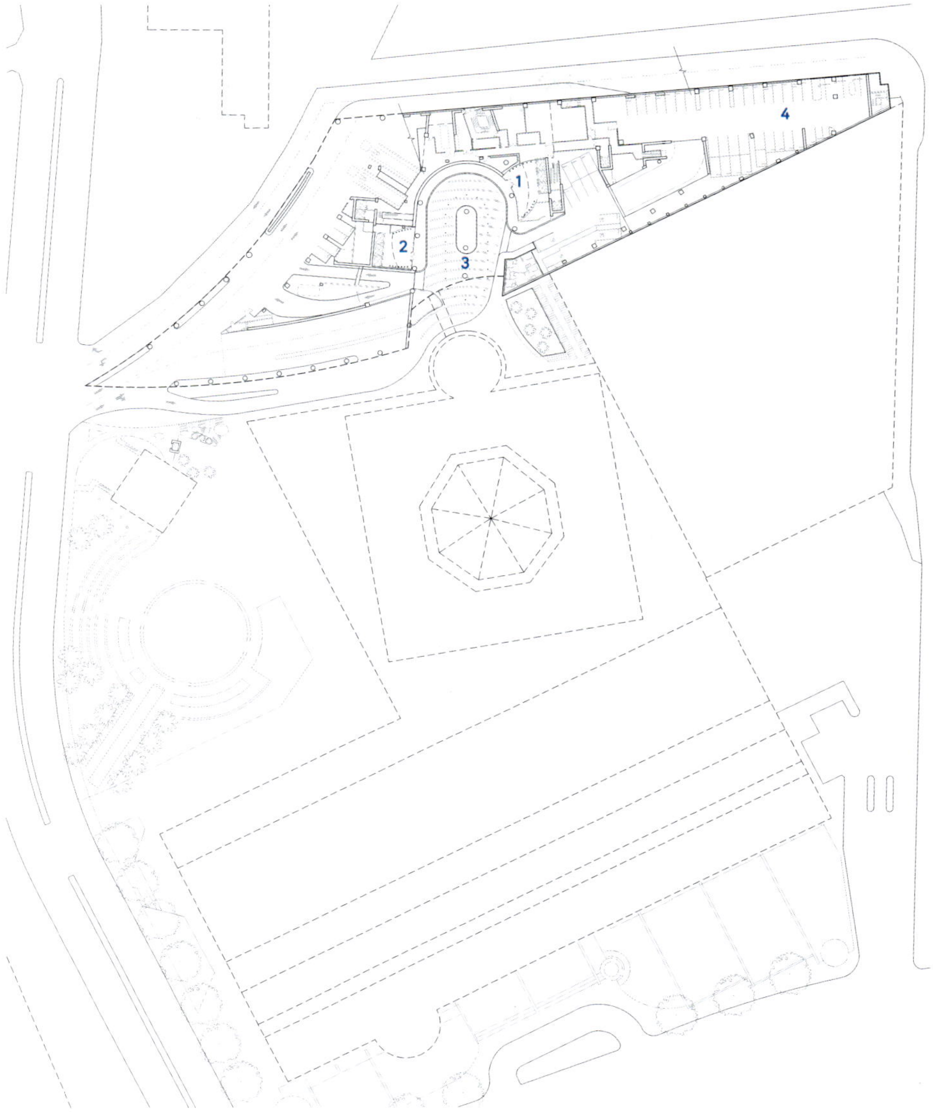

红色大楼的入口平面图

1. 东侧门厅
2. 西侧门厅
3. 汽车旅馆
4. 停车场

红色大楼的截面图

1. 行政办公室
2. 棕榈树庭院
3. 休息大厅
4. 汽车旅馆
5. 办公室
6. 空中大厅
7. 停车场
8. 屋顶露台

上图：鸟瞰完成后的建筑群，较低一端的是蓝色大楼，中间的是绿色大楼，接近照片顶部的是红色大楼

Pacific Design Center
PARKING

MOCA
AT THE PACIFIC DESIGN CENTER
Metro Local

San Bernardino City Hall
5

圣贝纳迪诺市政厅

1972 年，美国加利福尼亚州，圣贝纳迪诺

圣贝纳迪诺市政厅位于市中心一块面积为 38 公顷的重新开发区域的核心地带，我将该项目设想为一种精神的存在。坐落在城市广场的这座建筑包含了行政管理办公室和议会的会议厅。每一层的办公空间都沿着一条全长的走廊排列，具有服务功能的一侧暴露在南面的阳光之下，而办公室都设置在了北侧的阴面。在广场西端的下面，还设计了一个展览大厅。

这一项目是将玻璃外墙用作罩面的早期范例。整个建筑覆盖着灰棕色的玻璃，窗户的部位采用了透明的玻璃，拱肩部位则采用了不透明的玻璃。外墙面上小规模的网格图案将建筑包裹起来，并在建筑的下方，以非结构性的表面材料定义了一个可控的密闭空间。这种对建筑性质在建筑学上的解读，也是雕塑的一种形式。

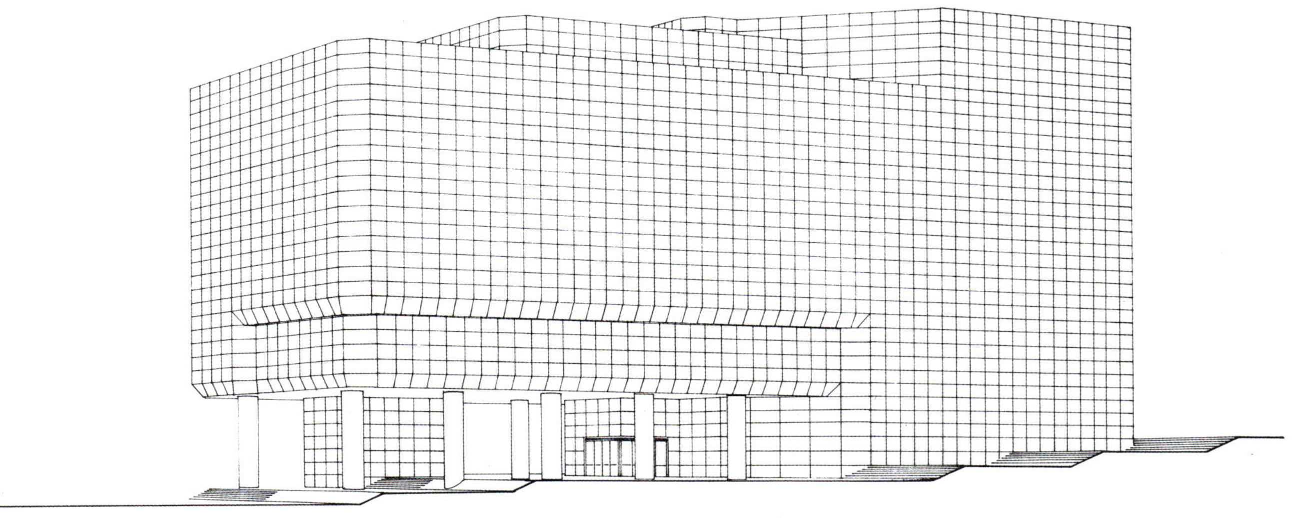

上图：北面的视角
左图和对页：市政厅整洁的玻璃罩面成为城市和公共集会的背景

上图：模型朝南的一侧
下图：南侧立面图

Exhibit Hall
San Bernardino

东京的美国大使馆

1975 年，日本东京

我设计的美国驻东京大使馆是一个优雅别致的建筑，既表现了美国向前发展的动力，也尊重了日本的美学传统。它的外墙采用了模块化的网格模式，与内部办公空间的模块化布局相辅相成。这种结构化网格在建筑的端部和地面层均可见到，它们在那里形成了一个入口门廊。幕墙是由精细刻画的混凝土面板制成，并采用坚硬的、经过喷漆绘制的瓷砖进行装饰，这为混凝土面板带来了新鲜亮丽的外观，也表现出罩面的薄度。

该建筑的设计满足了东京和加利福尼亚制定的地震安全规范，符合美国和日本对现代美学的追求目标。

大使馆的设计将混凝土面板和反光玻璃结合在一起，为外墙立面提供了不断变化的质感和反光效果

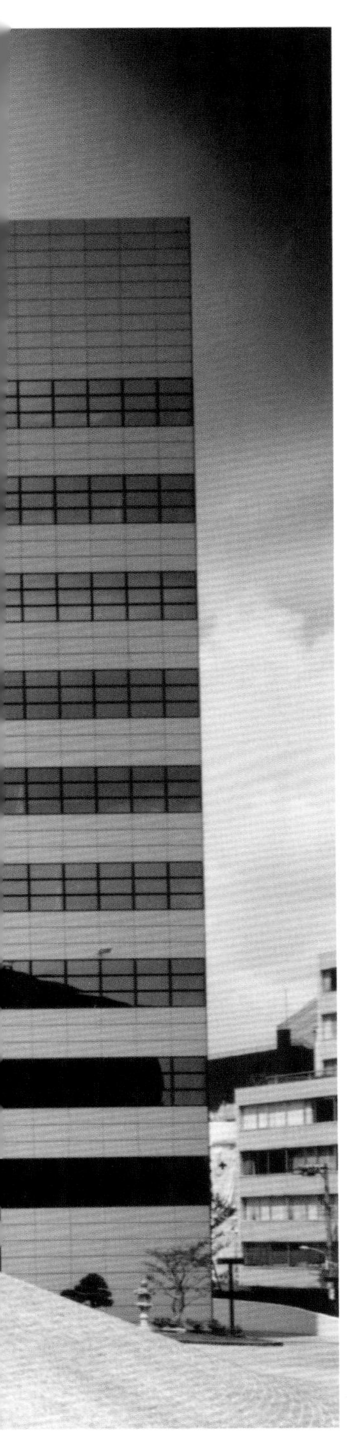

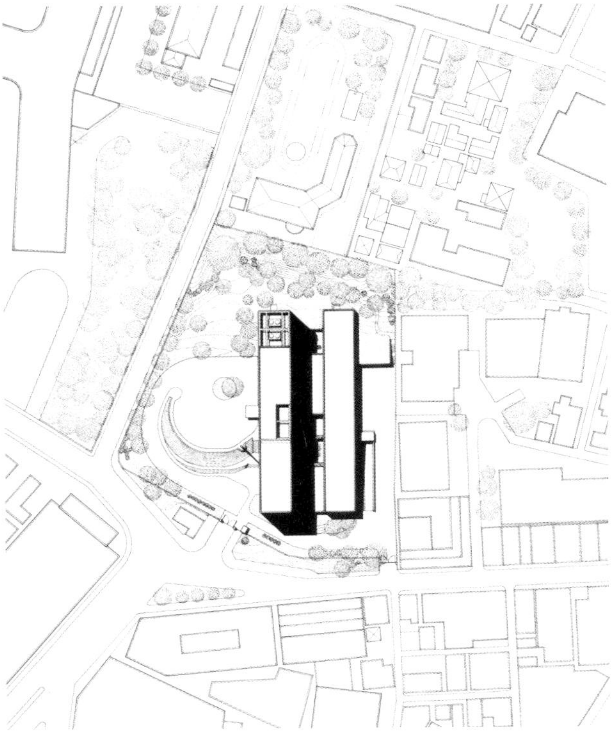

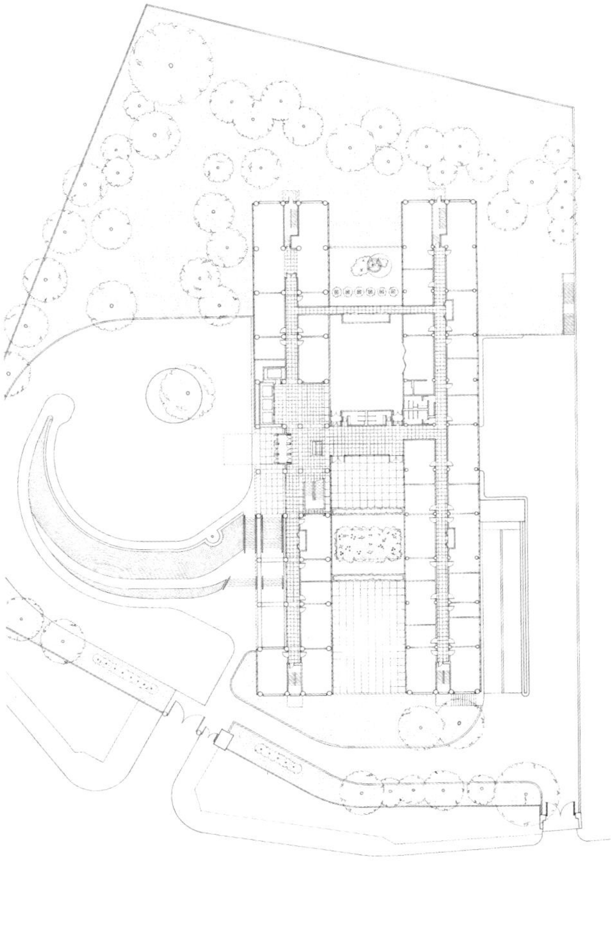

表面极薄的建筑外墙，就像一道屏风。我想要尊重日本建筑的精神。

双年展住宅

1976 年，意大利威尼斯双年展

该项目是为威尼斯双年展设计的一个抽象的、具有诗意、并刻意保持不完整状态的独户住宅。在设计中，只保留了最基本的组成部分：一个多功能的长廊、若干功能单一的房间，由覆盖着玻璃的墙壁定义的众多外部空间。

我所设想的双年展住宅是一个体现了流动或变化过程的建筑，为居住的人们以及住宅与周边环境之间的关系提供一系列可能的选择。正如这座建筑在基本结构上具有的不确定性，具有颜色渐变特性的玻璃幕墙，通过透明和反射的作用展现了全新的现实性，在视觉上创造了不断变化的景观。

在这一项目中，我探索了景观与纯粹的建筑形式所具有的艺术关系。在我的思维中，没有功能性的目标，只有美学带来的喜悦。

彩虹中心冬季花园

1977年，美国纽约州，尼亚加拉瀑布城

在我的构思中，彩虹中心冬季花园是该市主要的公共空间。它被保留了34年之久，是一个大型的公共空间，一个完全由钢材和玻璃构成的封闭空间。

这里的景观优美别致，地面上覆盖着藤蔓和灌木，棕榈树和阔叶常绿树木的高度达到了12米，还有很多瀑布水池。失去它令许多市民，尤其是我，感到悲伤。

我成长于充满文化氛围的环境中，那里有很多开放的空间、广场和社交场所。但是，在盎格鲁—萨克森人的国家里，受气候影响，它们并没有真正存在过。这就是为什么我的早期设计中几乎都是封闭空间的原因，这样可以免受天气的影响。

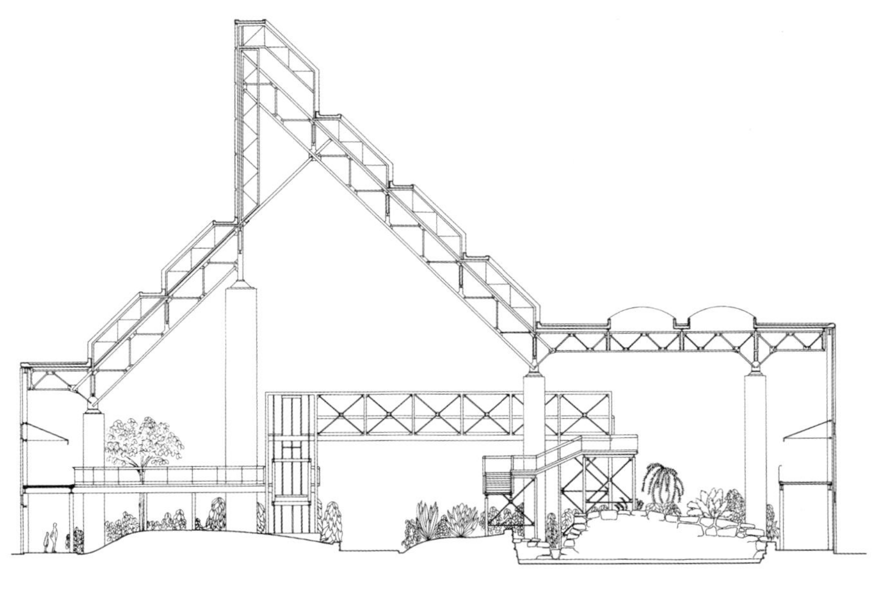

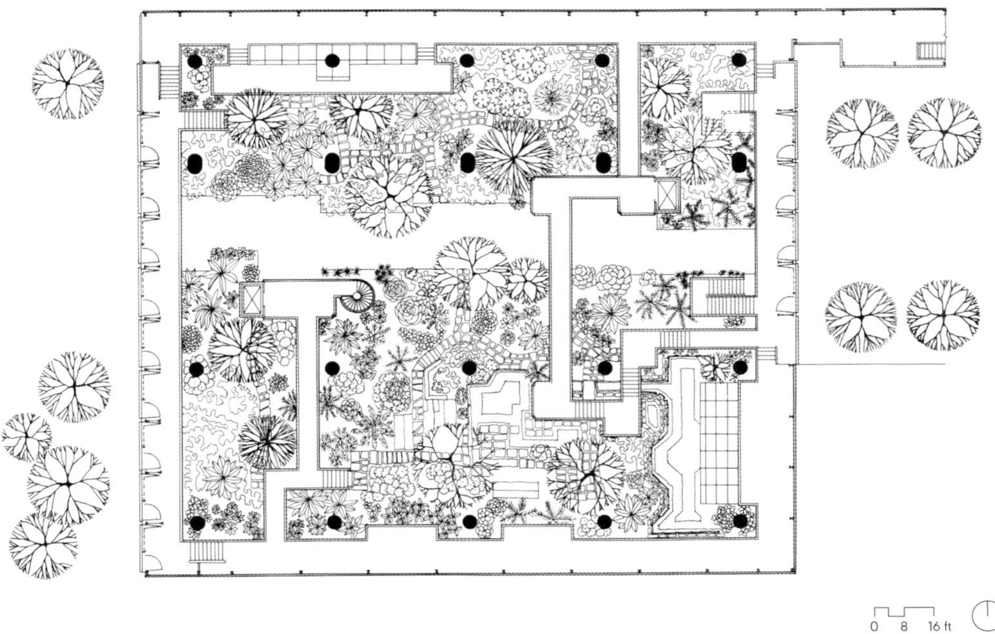

上图：东侧剖面图
下图：平面图

上图和对页：室内暖红色的钢结构与绿色的枝叶形成了鲜明的对比，显得生机盎然

赫林大厅

1984 年，美国得克萨斯州，休斯顿，莱斯大学

该建筑是为莱斯大学的杰西·H. 琼斯管理研究生院设计的，在校园的道路上塑造了一个开放的绿色空间。大厅在校园的中轴线上形成了绿色四边形的第三道墙。它由一系列移动的平行块状结构组成，并通过拱廊和走廊衔接在一起。赫林大厅的设计体现了对莱斯大学早期建筑的组织布局类型和狭窄比例的尊重。

赫林大厅还使莱斯大学早期建筑的风格得到了扩展，采用了更具表现力的墙壁、拱门和拱廊结构，在细节上还使用了砖拼图案、石灰石和陶土等结构，而不是只有承重作用的砌体结构。赫林大厅只能支持轻质的钢结构和砖镶面结构。在更早期的建筑中，带有石雕的入口大门是通过不同的层次来表现巨大的体量，而赫林大厅的入口层次划分则与薄壁结构相一致，对砖墙表面进行了切割和叠加。

1986 年，赫林大厅获得了美国建筑师协会授予的荣誉奖，以及美国砖块制造协会和康涅狄格州建筑师协会颁发的奖项。

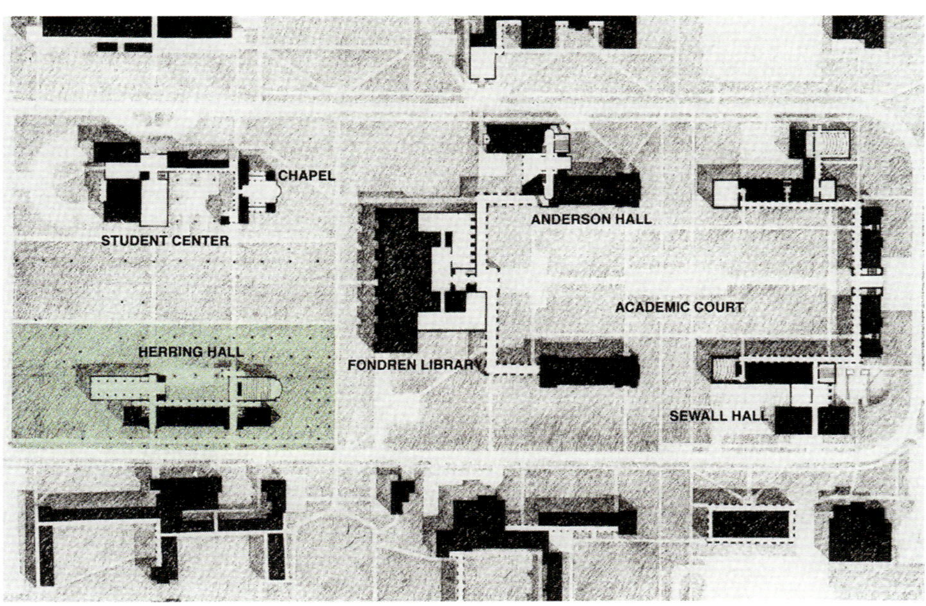
CHAPEL
STUDENT CENTER
ANDERSON HALL
ACADEMIC COURT
HERRING HALL
FONDREN LIBRARY
SEWALL HALL

外墙上薄薄的覆面使砖拼图案的转换显得十分自然协调

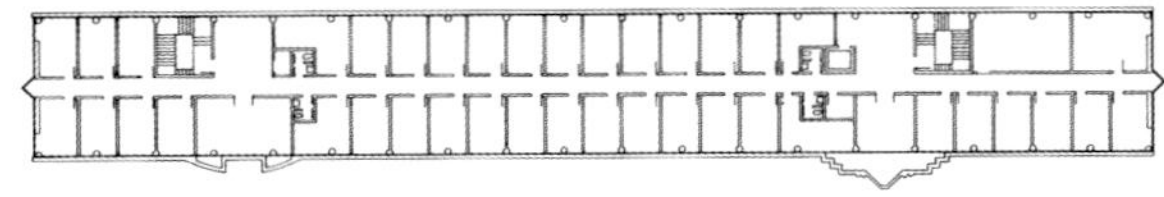

第三层平面图

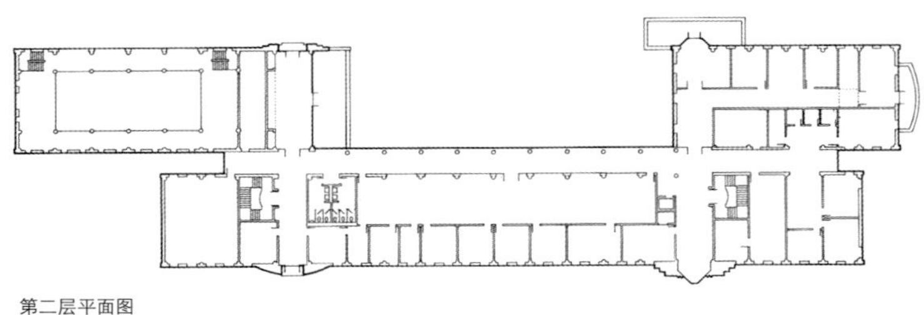

第二层平面图

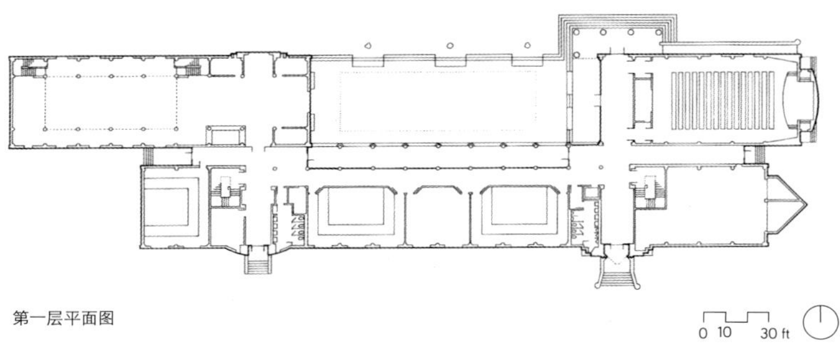

第一层平面图

莱斯大学希望新的建筑能与原有的环境和谐共存。我不相信后现代主义所关注的风格，我相信一种风格完全可以适应另一种环境，于是我将砖头作为一种饰面，使立柱呈现出金属和砖头各自参半的结构。由砖头构成的菱形图案反映了墙壁的薄度。

HERRING HALL

55

学徒的回顾

约翰·J. 卡斯巴利安

在1969年春天的莱斯大学校园内，当指定的时间刚刚过了几分钟，在建筑学院安德森大厅的公告栏上就公布了一份实习安排的结果。众多四年级的大学生正在那里焦急地等待着，想知道自己是否进入了名单。现在已经成为莱斯大学研究生课程特色的实习计划在当时尚未成熟，也不是强制性的，而且不对全体的学生开放。因此，只有20班一半的学生被安排参加这一计划——在美国或外国的一流建筑事务所进行为期一年的实习。我看到自己幸运地出现在名单当中，更让我兴高采烈的是，我被安排到洛杉矶的格伦联合事务所，在那里年轻的建筑师西萨·佩里刚刚被任命为主管设计工作的合伙人。

1969年6月末的一个星期一，是我来到格伦事务所的第一天。那里的设计活动异常丰富活跃：一组年轻的建筑师正在争先恐后地进行一项设计的收尾工作，那是为参加维也纳的联合国办公和会议中心竞赛而设计的参赛作品。一个高层建筑的巨大模型银光闪闪，在即将被包装和运输之前被频频拍照，我之前从未见过如此场面。与一群才华横溢、热情洋溢的建筑师在一起接受西萨·佩里的指导，就是我充满激情的实践之路的开端。

很快，西萨·佩里在办公室中表现出的亲和力、乐观向上的精神和饱满的热情让我感到震惊。从DMJM事务所来到格伦事务所之后，他便一直与一群年轻建筑师打成一片。在西萨·佩里的开放性和慷慨性的鼓舞下，亚瑟·戈尔丁和兰斯·伯德以及后来的弗雷德·克拉克等建筑师为建筑界做出了宝贵的贡献。

我记得在每周的会议上，项目团队都会展示大型的绘图并接受西萨的点评。这更像是一场学术会议。在我的脑海中，更加难以磨灭的记忆是，西萨使用美国三福彩色铅笔绘制巨大的立面图，在我们眼前描绘二维立面转变成生动的三维造型时阴影和色彩的微妙变化。尽管在早期的项目中，西萨·佩里似乎在建筑的外观和造型上进行了探索，但是他也总是考虑城市的环境以及建筑如何参与社区的社会活动。我参与的两个项目工作就是如此：圣贝纳迪诺市政厅，以及更为重要的印第安纳州哥伦布市的大众购物中心。后者在零售中心内进行了创新的空间设置，可以举行各种公众和娱乐活动。

18个月的实习经历对我的建筑生涯产生了最为重要的影响，西萨为我的专业和教学生涯奠定了基础，对此，我深表无限的感激。

ONE
WAY

对页：在哥伦布市的大众购物中心，西萨与雕塑家简·丁格利在这位艺术家的作品“混乱 1 号”前的合影

现代艺术博物馆扩建和住宅楼

1984 年，美国纽约州，纽约市

为了纪念建馆 50 周年，现代艺术博物馆（MoMA）着手进行一次重要的扩建，包括对现有空间的翻新、增加一个新的侧翼建筑，以及一座直接建在新展馆之上的 56 层住宅大楼。该项目使 MoMA 的展馆空间扩大了一倍以上，而博物馆住宅大楼是一个创收项目，可以补偿博物馆的运营费用。

采用玻璃进行封闭的花园大厅高达四层，人们在上面可以俯瞰翻新后的雕塑花园。在封闭大厅内乘坐一系列的自动扶梯上上下下，可以欣赏花园的美景，令人们感到乐趣无穷。

朝向第 53 大道的外观立面是由菲利普·古德温和爱德华·杜雷尔·斯通在 20 世纪 30 年代设计的，我也对此进行了重建。作为博物馆的象征，该外观立面仍然以入口为标志，并保持了与街区其他部分的历史关系。

在 MoMA 的设计中，我对多彩玻璃幕墙进行了探索，采用了具有 11 种深浅不同色调的陶瓷玻璃。整个立面在色彩、图案和规模上都和谐融入曼哈顿中部的都市环境之中。

当我刚刚担任耶鲁大学建筑学院院长一职，并计划将余生奉献给教育事业时，接受了这一项目的设计工作。这一机会是非同寻常的，为了设计这个项目，我不得不在纽黑文市设立了办公室，这里靠近耶鲁的建筑学院，我的实践工作仍然以这里为基地。新的职业生涯就这样意外地开始了，这是漫长而成功的实践道路。

1984 年，博物馆的扩建和改造项目获得了业主和大纽约经理协会颁发的修复和扩建奖。1985 年，该项目获得了城市土地学会颁发的奖项。1988 年，纽约州建筑师协会授予该项目杰出设计奖。

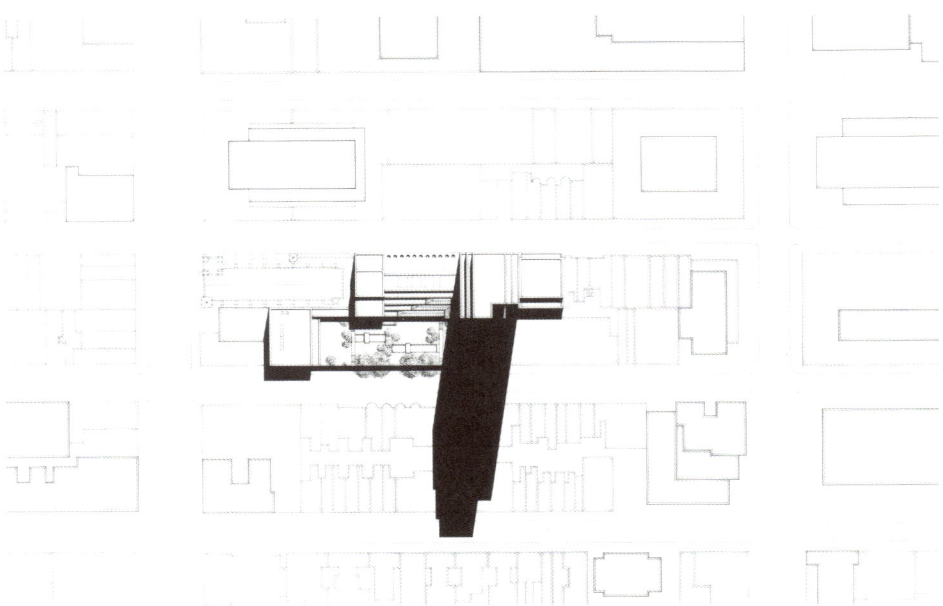

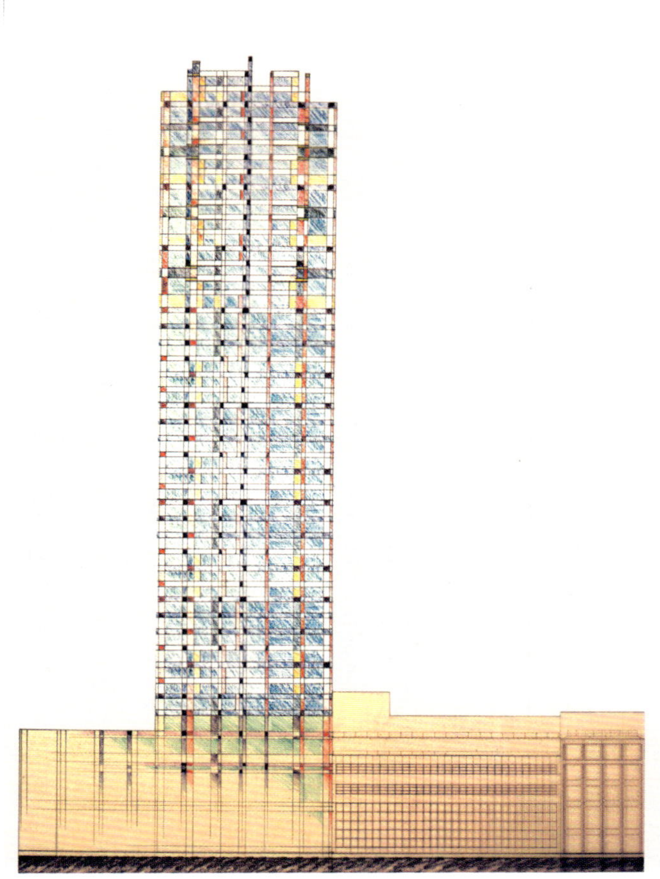

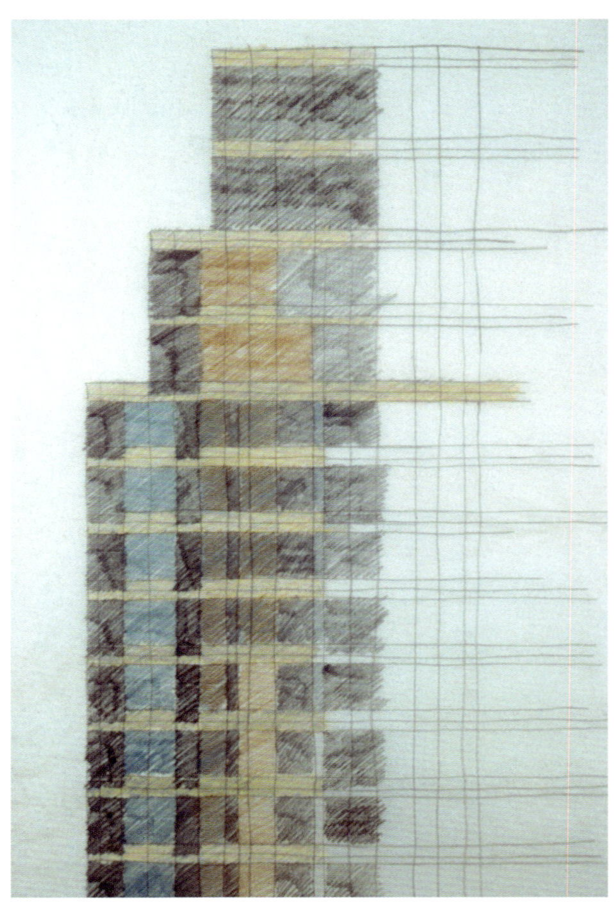

佩里为了设计 MoMA 项目的外观立面，尝试了各种色彩和图案

OPTION 3 WIDE NON-CONTINUOUS BAND OF WINDOWS IN TRANSFER FLOORS
BROWN CONTINUES INTO FIRST FLOOR OF APTS

第一层平面图

1. 博物馆公共大厅
2. 花园大厅
3. 电梯大堂
4. 临时展览区域
5. 住宅大楼门厅
6. 寄存处
7. 接待处
8. 会员销售处
9. 书店
10. 自助餐厅
11. 公共餐厅
12. 团体接待处
13. 博物馆服务处
14. 住宅大楼服务处

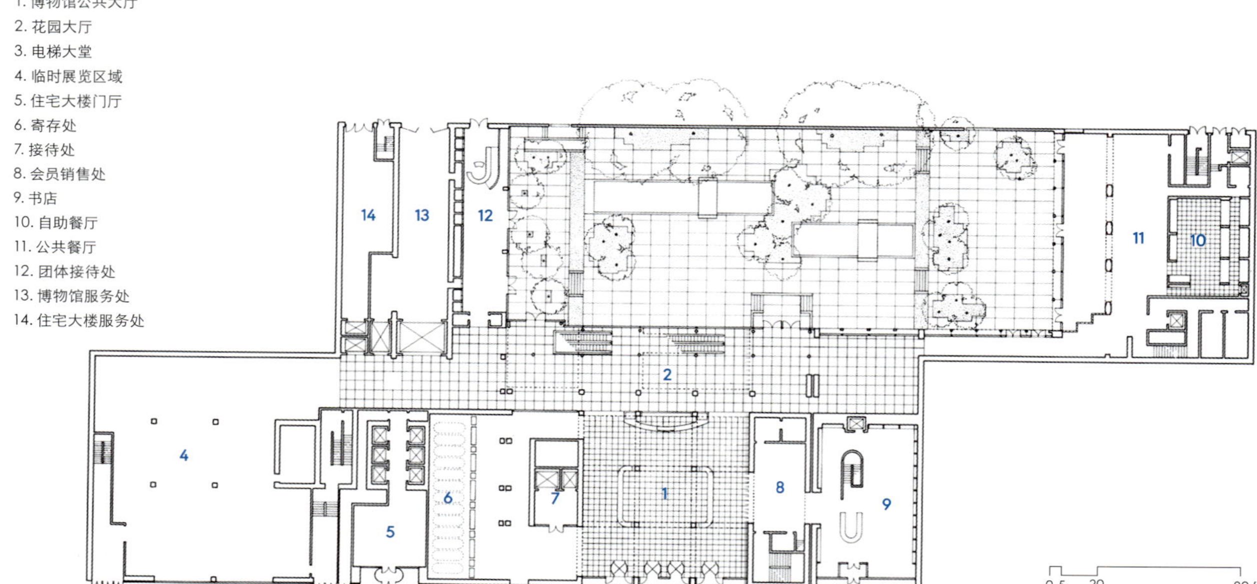

第二层平面图

1. 电梯大堂
2. 花园大厅
3. 永久的绘画和雕塑花园
4. 食物准备区
5. 会员餐厅
6. 摄影画廊

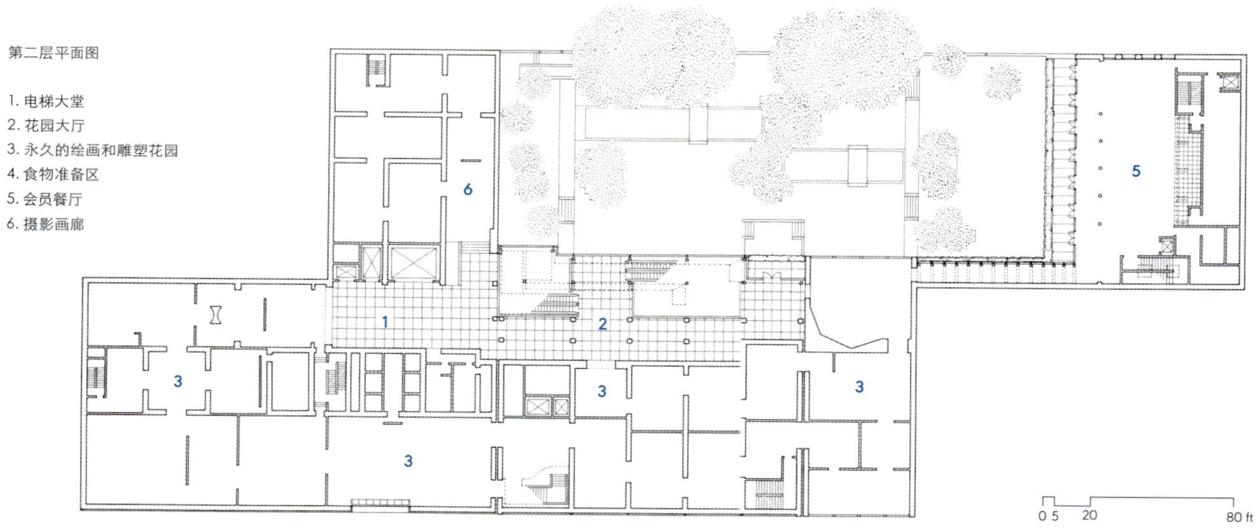

对页上图：西侧剖面图
对页下图：北侧剖面图

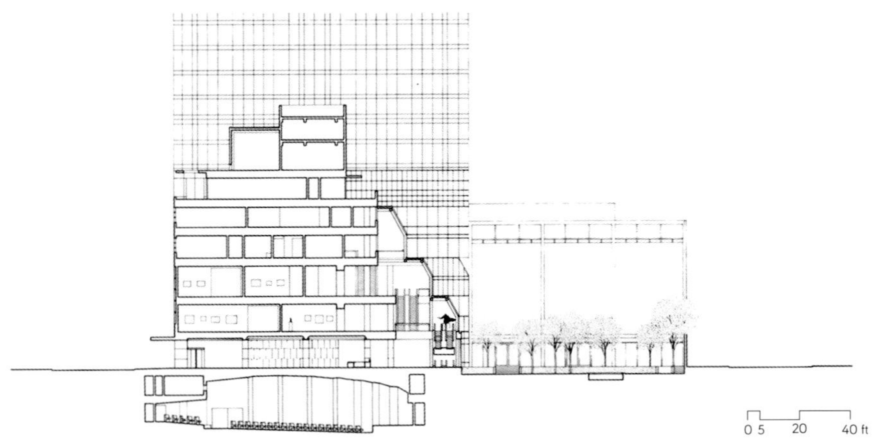
0 5
20
40 ft

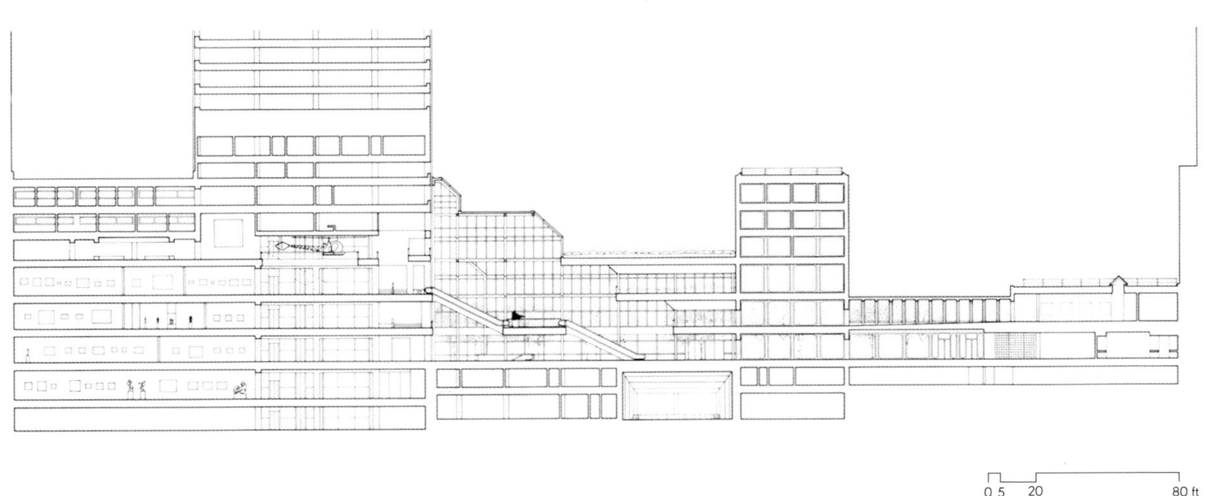
0 5
20
80 ft

现代艺术博物馆的项目在我的职业生涯中是至关重要的——它引领我开创了自己的事务所。当我来到纽黑文时，就想到自己正在成为一名学术建筑师，这一项目彻底改变了我的一生。

The Roy and Niuta Titus Theaters

我以极大的热情设计了这座建筑。最初，我在大楼的外观立面上运用了亮丽的色彩，但是博物馆董事会的一些成员担心这样的做法会让人们误认为我们在试图进行艺术创作。他们担心地提出了批评意见：这些色彩过于鲜艳。最终，我们选择了具有纽约风格的配色方案。

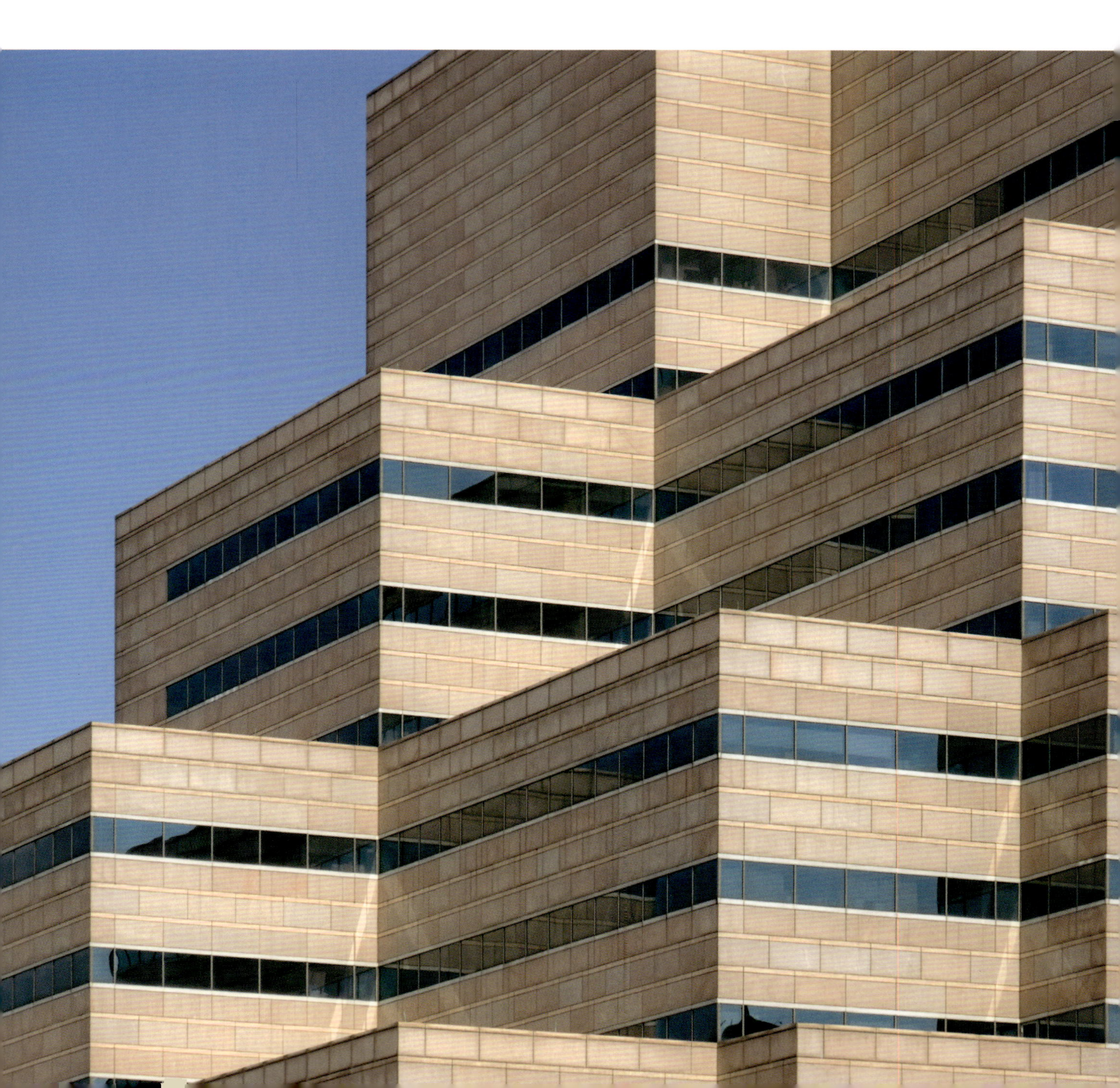

克莱尔门诊大楼

1984 年，美国俄亥俄州，克利夫兰

作为克利夫兰医学中心的标志性建筑，克莱尔大楼容纳了门诊服务部门，在十四层的大楼内遍布着各个医学专业的办公室。这座大楼是克利夫兰医学中心绿色园区总体规划方案中完成的第一个项目，该总体规划方案也是由我主持设计的。

这是一个令人感到亲切友好的迷人建筑，有着强大的存在感。我在正面外观的设计中尝试了对称风格，具有表现力的整洁墙面一直延伸到中心的绿地。该建筑也是我在现代艺术博物馆项目之后获得的第一个重要项目，确保了我的事务所具有继续生存的活力。

面积达到 0.8 公顷的中心绿地是理想的聚会场所，也是克利夫兰医学中心的枢纽地带，人们可以在这里使用这个具有多种功能的空间。

1986 年，克莱尔门诊大楼获得了美国建筑师协会颁发的荣誉奖项。

佩里的设计过程通常涉及用模型对结构造型进行深入和广泛的研究，这一技术是在与埃罗·沙里宁共同工作的经历中学到的

这个项目涉及门诊大楼与购物中心之间的关系，戴安娜·巴尔莫里设计了购物中心。我希望人们在建筑中能方便地识别方向，为此我在西侧立面上清晰地表示出所有的内部空间，当人们看到购物中心时，会在建筑内部轻易地找到所需的路径。

世界金融中心

1988 年，美国纽约州，纽约市

经过与另外七家事务所的竞争，我们赢得了世界金融中心的设计任务，现在这个中心被称为布鲁克菲尔德广场。当时我的事务所刚成立不久，对于这种规模和复杂的建筑几乎没有任何经验，它的成功为我的事务所打开了通往类似项目设计的大门。

世界金融中心是炮台公园城的早期项目，那里现在是曼哈顿充满活力的社区。占地 6 公顷的综合建筑群包括 4 座高度为 34 至 51 层的办公大厦，以及一个带有玻璃屋顶的公共大厅——冬季花园。这些大厦非常现代化，但是却与曼哈顿市中心传统的大厦交相辉映、和谐共存。

世界金融中心荣获了众多的奖项。1991 年，美国建筑师协会将世界金融中心和冬季花园列为十年以来的十项最佳作品之一。在 1993 年，AIA/ACSA 建筑研究理事会、国际建筑师联盟和杜邦公司将冬季花园列入本尼迪克大奖的入围作品。

曼哈顿西面的码头被拆除后，进行了填海造地，创建了一个新的滨水地带，其中的一部分成为世界金融中心的建设用地

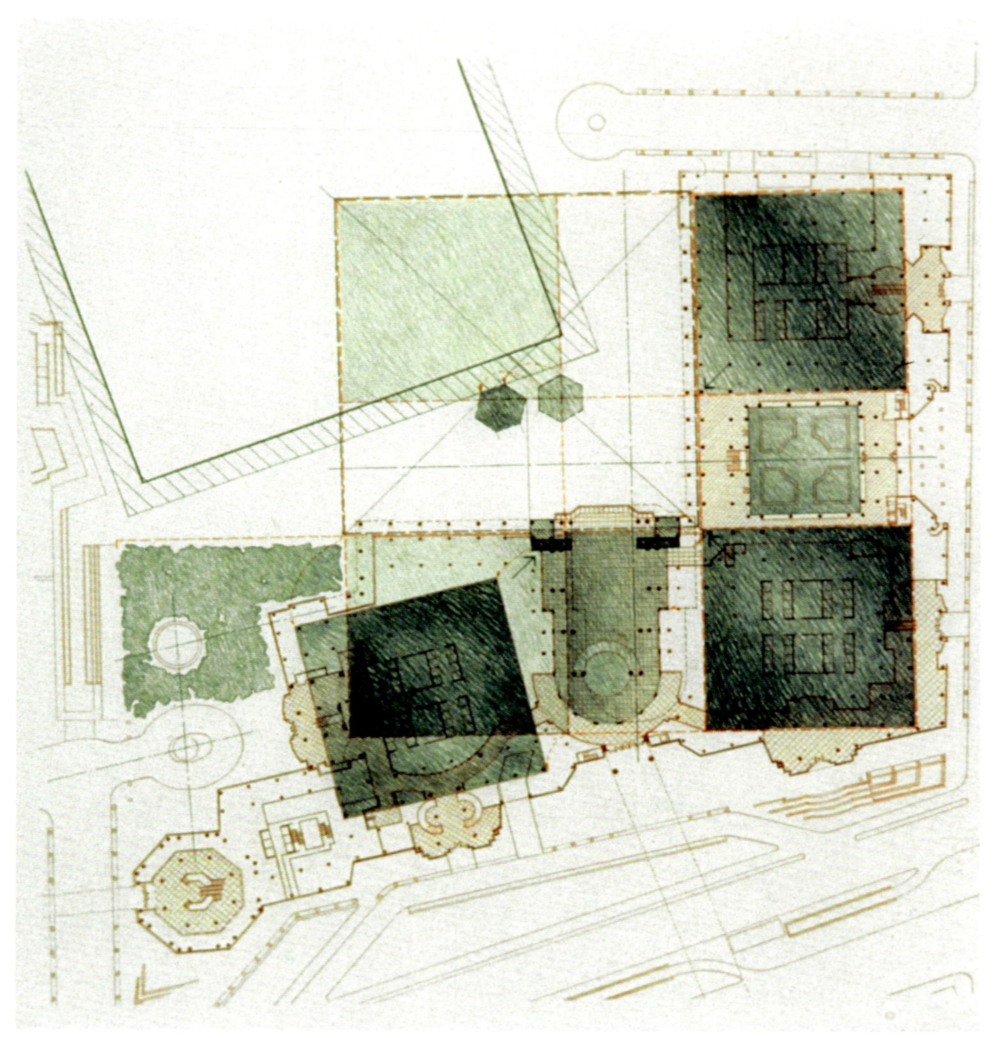

该项目对于我们的事务所至关重要，它使我们的事务所创造了一个成功的范例，从而具备应对大规模复杂项目的能力。我们是在最后时刻才被邀请参与设计竞赛的。我们在洛杉矶的一次竞争中曾经提出了一个带有内部公共空间的大厦方案，这引起了奥林匹亚及约克公司的兴趣，于是他们邀请我们参加了世界金融中心的竞赛活动。

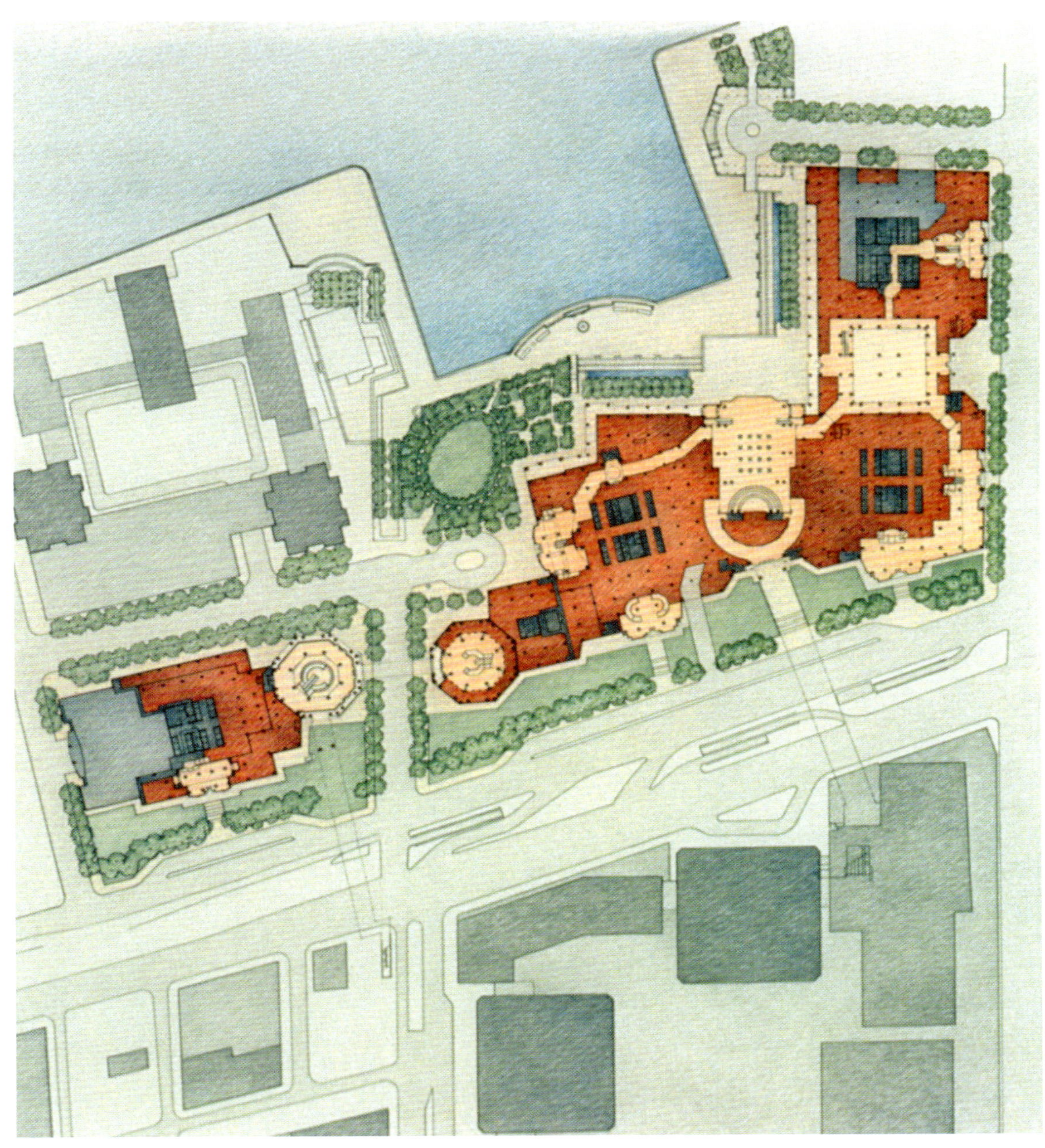

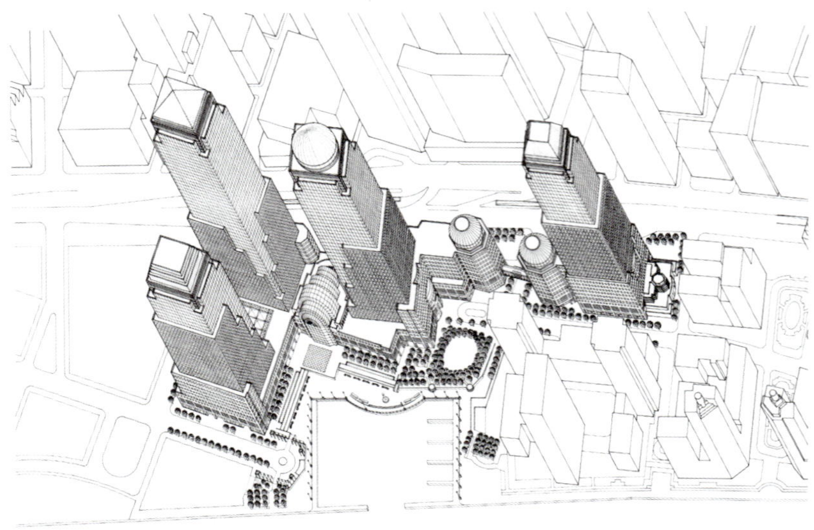

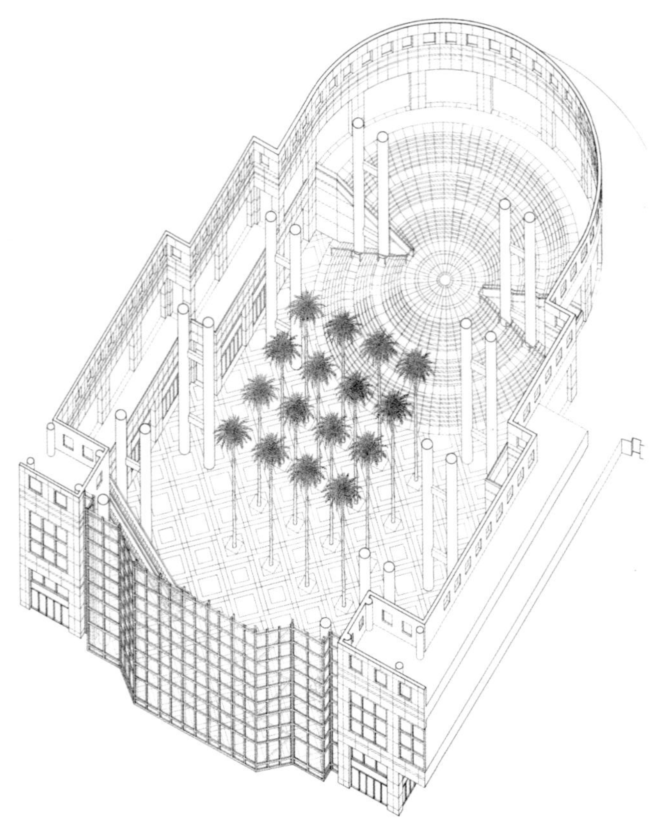

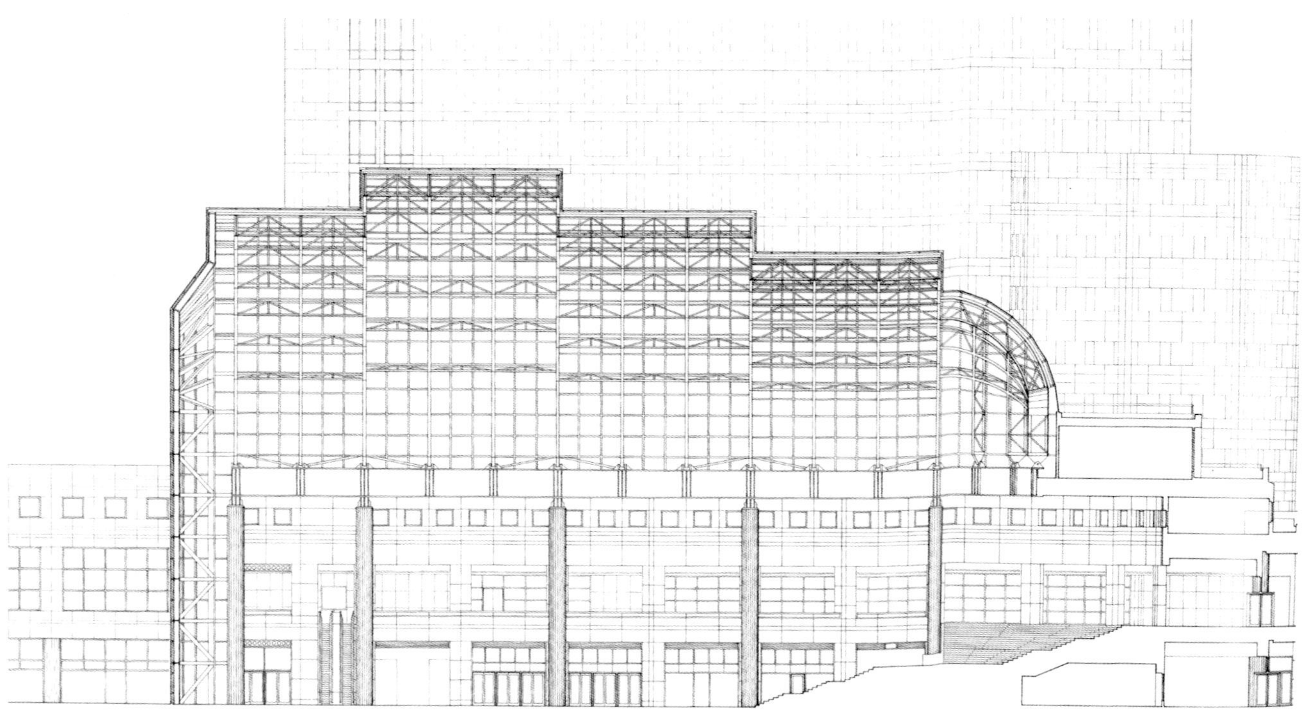

上图：冬季花园的轴测图

我们的方案不得不跨越下面的通勤铁路线，这就需要设计一个玻璃走廊。我们提出的冬季花园是一个巨大的公共空间——这并不在大厦的方案之中。我本以为客户一定会首先取消这项设计。

我非常欣赏约瑟夫·帕克斯顿的作品，他是 19 世纪 50 年代伦敦水晶宫的设计者。冬季花园的设计具有浓郁的帕克斯顿风格。

从世界金融中心望向西侧的纽约港，沿着俯瞰水面的扶栏的是希玛·阿玛迦尼的艺术装置

富国银行中心

1989 年，美国明尼苏达州，明尼阿波利斯

富国银行中心是一个真正的美国式摩天大厦，我在设计中捕捉到建筑中的城市精神。这幢高达 57 层的大厦最初被称为西北大厦，用来代替在 1982 年毁于大火的西北银行大厦。

大厦顶部的阶梯使大厦的轮廓十分独特，底部的阶梯与人行道相通。大厦拥有两个主入口：一个直接通往巨大的门厅，另一个可以通向高达五层的圆形大厅。中央的天窗和数量众多的窗口使圆形大厅成为一个光线明亮的空间。我们细心谨慎地对原来银行大厦的元素进行了重新利用，包括圆形大厅和电梯大堂内的吊灯，第二层阳台上的铸铁栏杆，主楼层上青铜雕刻的牌匾和圆形大厅内的纪念徽章。

建筑的大部分表面覆盖着赭石色的明尼苏达石料。跨越马奎特大道的天桥光彩照人，是我与艺术家西亚·阿玛亚尼合作设计的。

1989 年，富国银行中心获得了城市土地学会为杰出的大型办公大厦设立的卓越奖；国家工业和办公园区协会明尼苏达分会颁发的大奖；1990 年获得了美国建筑师协会康涅狄格分会颁发的优秀奖；1994 年，荣获建筑业主与管理人员协会授予的年度办公大楼奖。

自建成以来，富国银行中心荣获了两项能源效率殊荣：2010 年获得了 LEED 体系的现存建筑黄金 EB 评级；此外，自 1999 年开始，该建筑每年都获得了能源之星标签，能源之星总分达到了 93 分。富国银行中心比普通办公大楼的节能效率高出 49%。

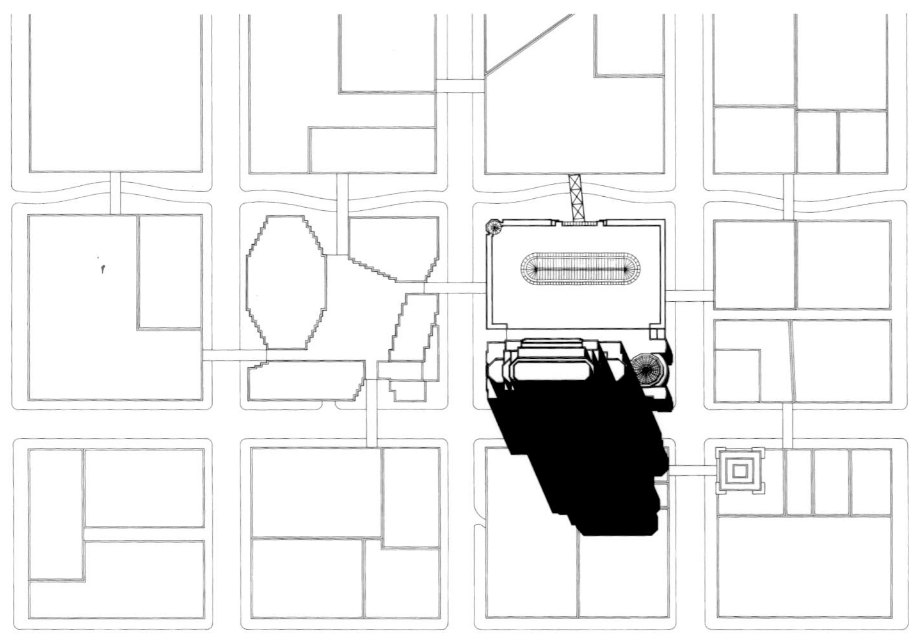

这是我们为杰拉德·海恩斯设计的第一个项目。他拥有一个狭窄的方形地块，他希望与我们探讨此事，但是他的时间极其有限。于是他在从纽约飞往芝加哥的飞机上会见了我，他下了飞机之后，我也立刻返回原地。

由于采用了橙色的明尼苏达石料，对于员工来说，在富国银行中心工作经历变得十分美妙。这是该市的都市色彩，也是该地特色的一部分，这些关联性是难以察觉的，但却是非常重要的。

彩色玻璃让跨越南马奎特大道的天桥变成了温馨迷人的空间

主大厅采用了来自烧毁的西北银行旧大楼（被新大厦取代）的元素，例如吊灯和栏杆等

ESSEX
HOUSE

卡耐基音乐厅大厦

1991 年，美国纽约州，纽约市

卡耐基大厦是一座 60 层的办公大楼，为卡耐基音乐厅增加了 2325 平方米的配套空间。客户希望这座大厦成为音乐厅不可分割的组成部分。在设计中，我将原来的大厦在竖直方向上进行了延伸，采用了以砖结构为主的外部表面，并精心选择了色彩。因此，新大厦不仅与音乐大厅和谐相融、浑然一体，其本身也产生了独特的美感。

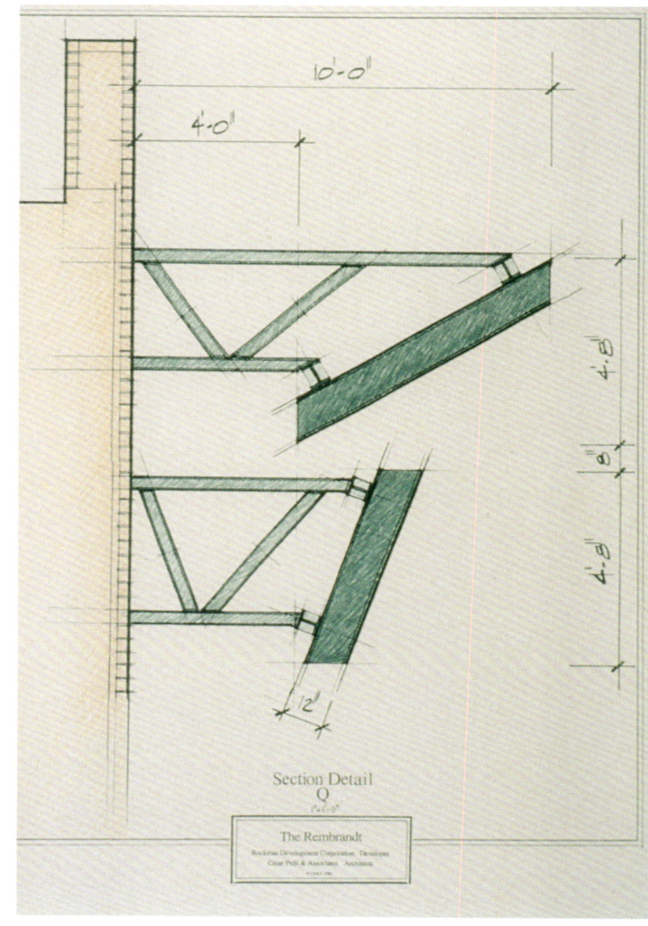

整个建筑采用了混凝土结构，这种材料在当时是比较先进的，完全可与钢材相媲美。大厦的外观色调也与相邻的音乐大厅协调一致。顶部的雕刻饰带犹如一种现代风格的屋檐，无需原样复制，就令人联想到更为古老的音乐厅。

West Elevation

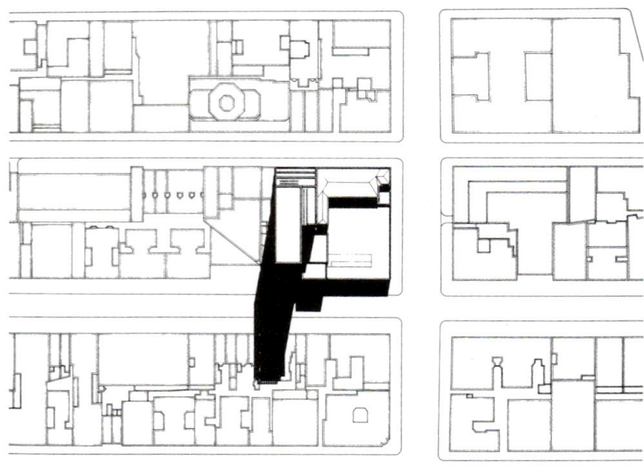

HSBC
citigroup

第一加拿大广场大厦和码头区轻轨车站

1986—1991 年，英国伦敦，金丝雀码头

第一加拿大广场位于金丝雀码头的核心地带，是一个极其庞大的私人开发项目，其开发商正是设计了世界金融中心的奥林匹亚及约克公司。这座 48 层的大厦是一个简单的正方形棱柱结构，楼顶采用了金字塔造型。我将它构想成一个具有清晰轮廓和巍峨气势的建筑，从而创造了一个可以从四面八方轻易识别的地标性建筑。大厦的表面覆盖着带有亚麻平纹的不锈钢面板，这是一种高技术含量的幕墙。大厦有着传统的规模比例，悄然地映衬于伦敦多雾的气候环境之中，与周围的建筑和谐相融。

广场的大厅与码头区轻轨（DLR）车站相连，车站是金丝雀码头通往伦敦市区的门户之地。DLR 的建立有助于伦敦东部原有工业区域的重新开发，其中包括金丝雀码头的商业区。该车站拥有六座站台，可为三条轻轨线路提供服务。

车站采用了玻璃和钢结构的拱顶，几乎就是一个小型的、现代版本的 19 世纪伦敦拱顶火车站。

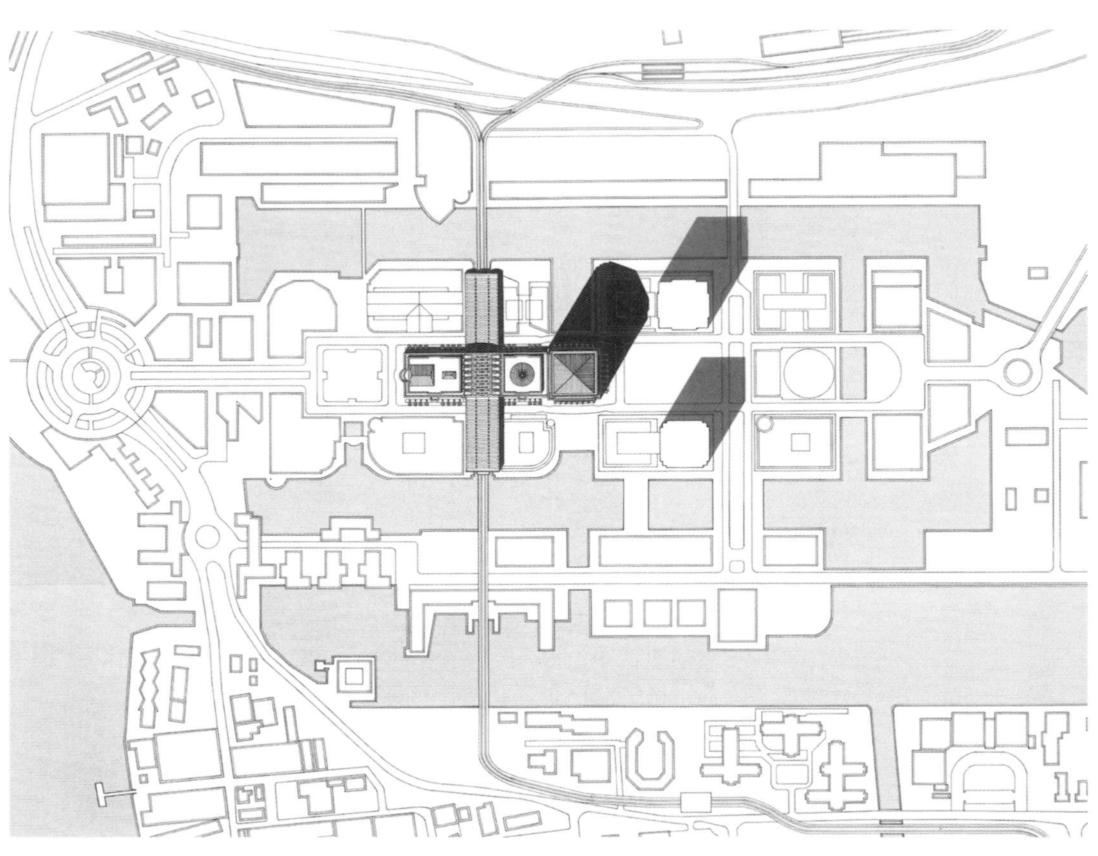

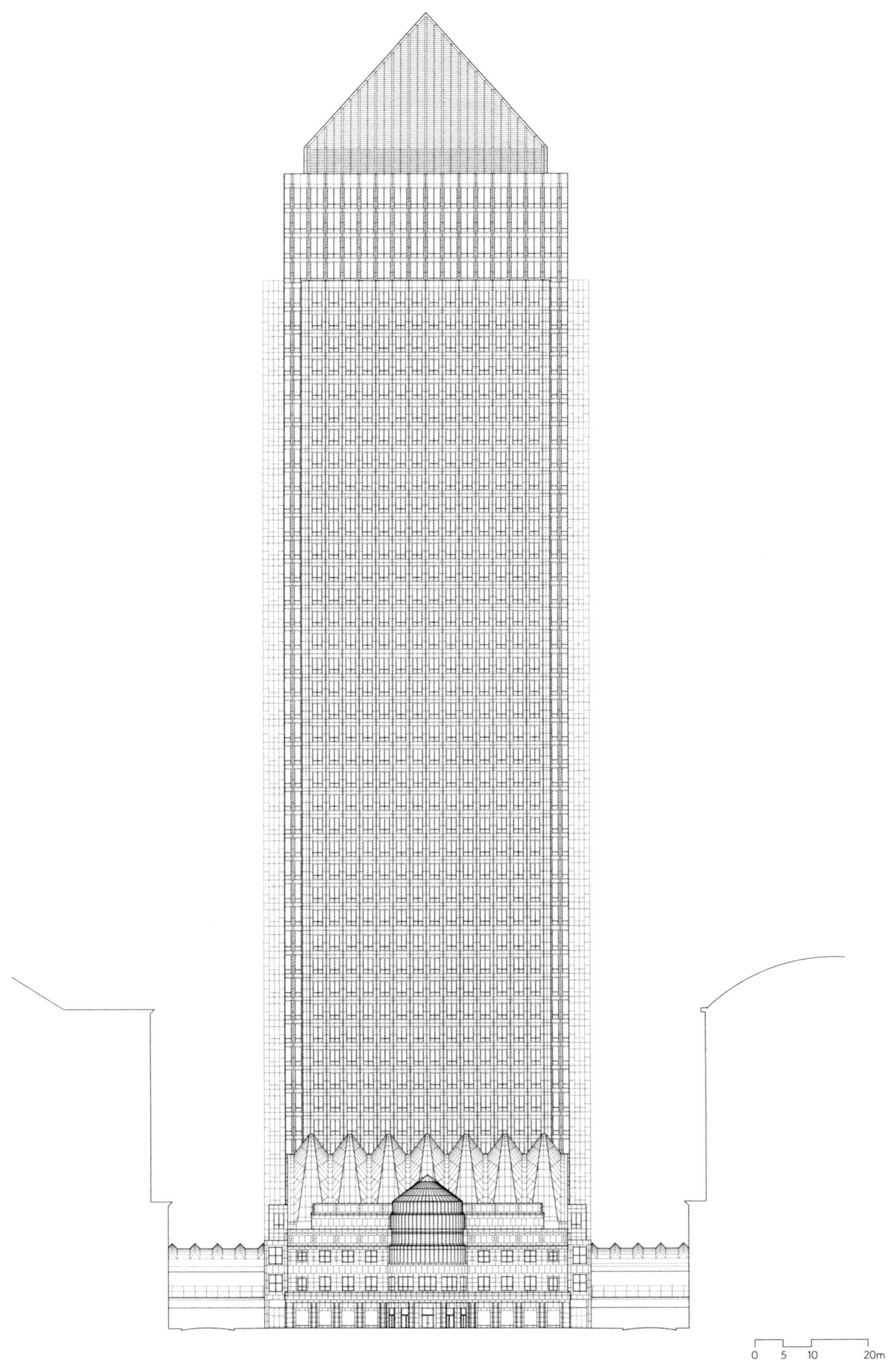

西侧立面图

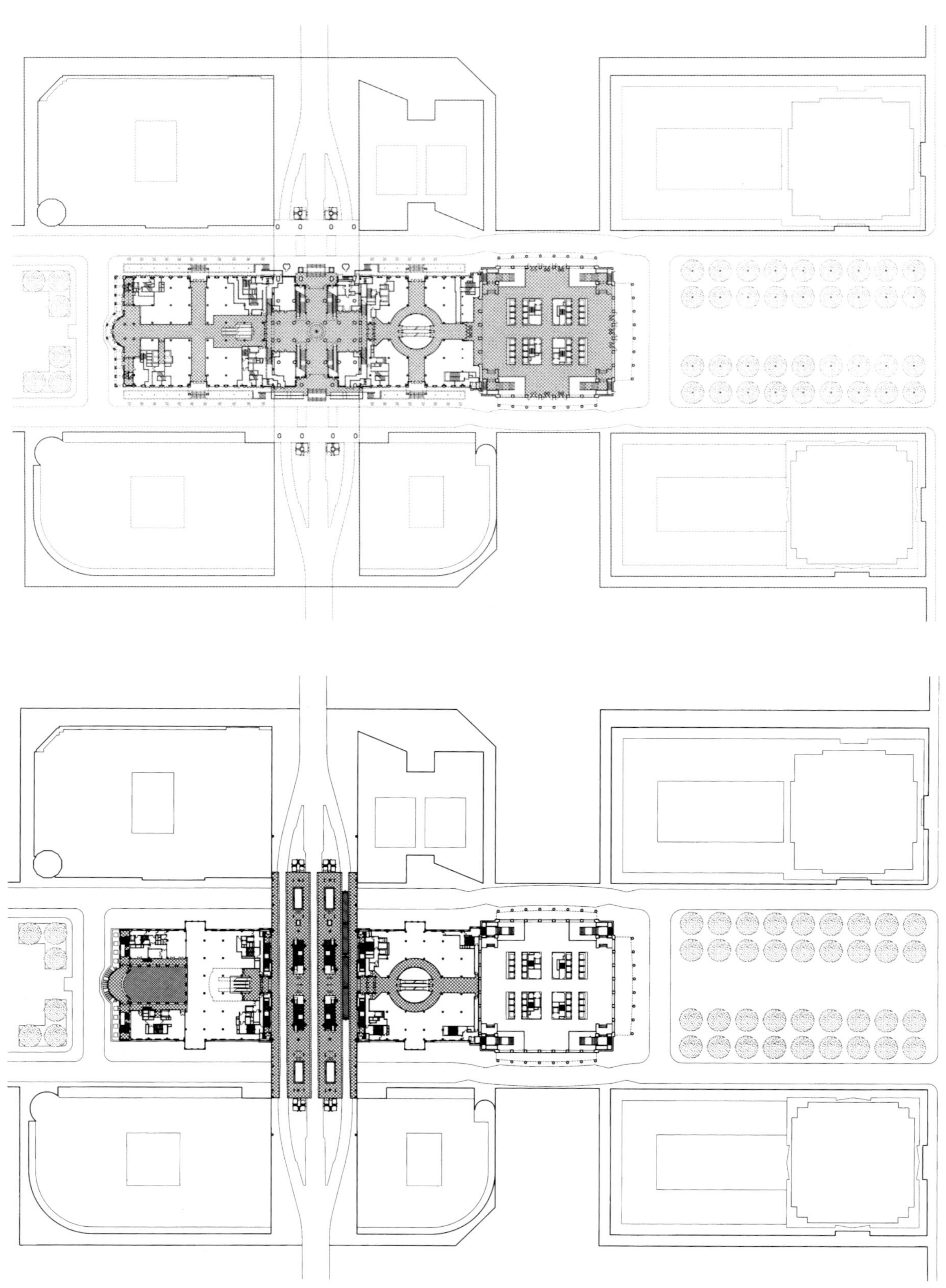

上图：平面图 下图：车站的站台层平面图

对页中图：穿越车站的南、北侧截面图 下图：车站的站台层截面图

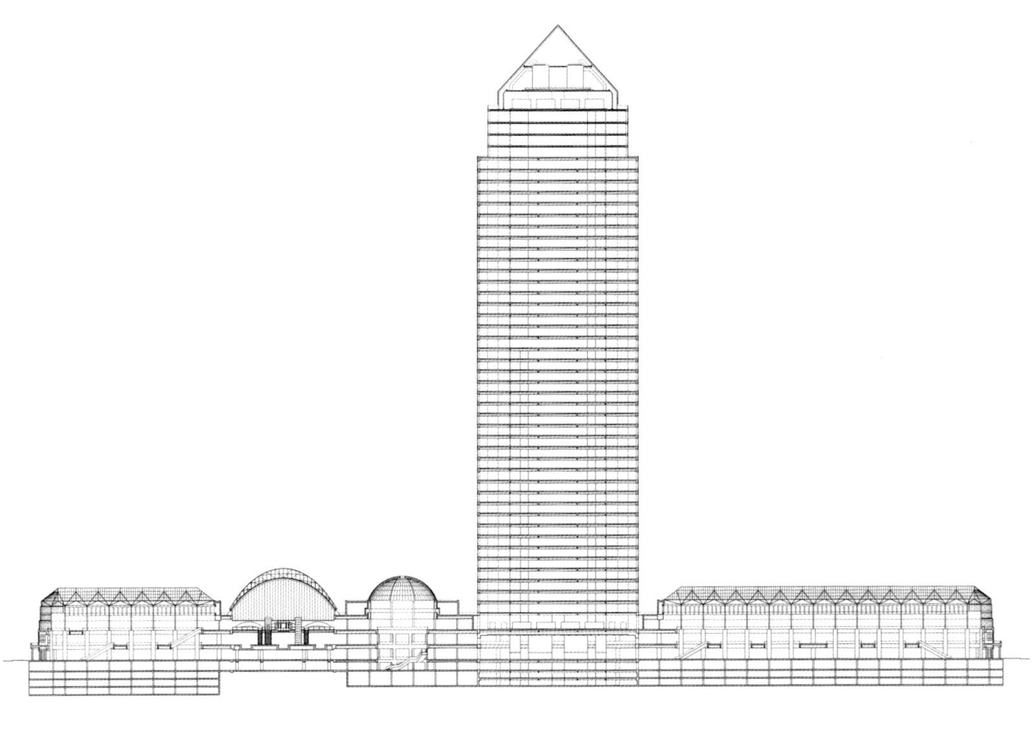

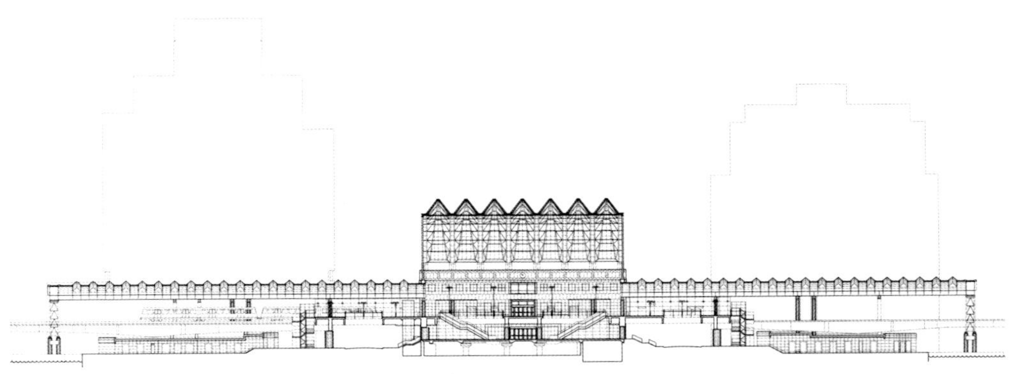

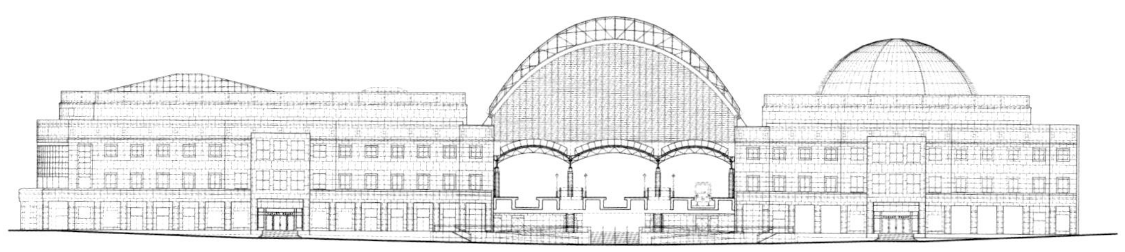

0 5 10 20m

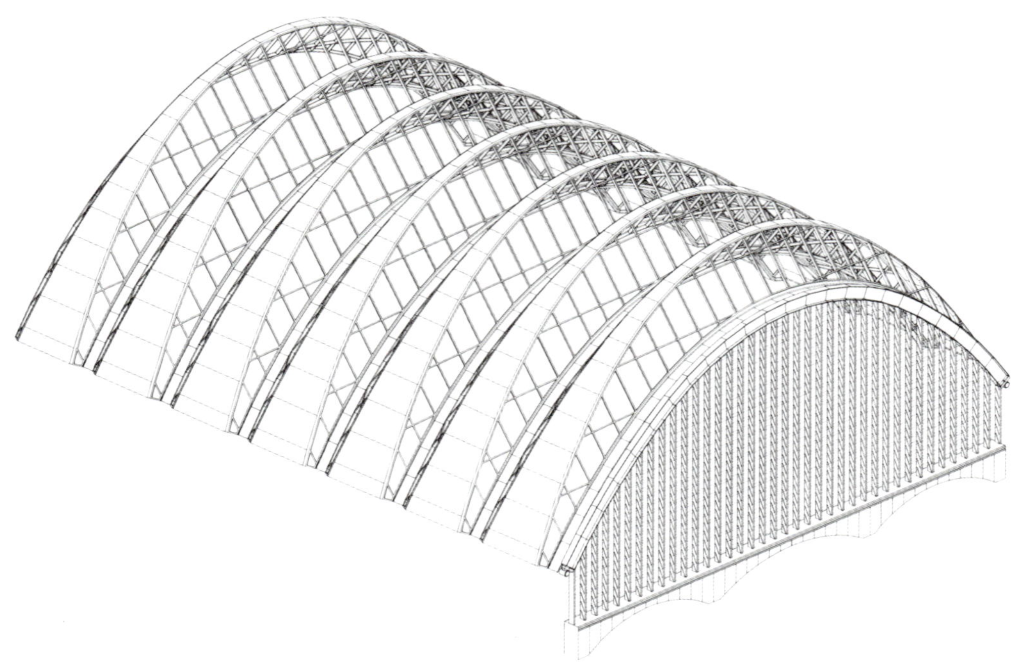

带有褶皱造型的玻璃屋顶令人忆起维多利亚时代的伦敦火车站屋顶

HSBC

广场大厦

1991 年，美国加利福尼亚州，科斯塔梅萨

在南岸广场城市中心，耸立着高达 21 层的广场大厦，它的外部墙面覆盖着不锈钢面板。我设计了曲面造型的主外观立面，使玻璃钢幕墙闪闪发亮，令这种品质上佳的美妙材料显得更加活力四射。

1991 年，广场大厦获得了美国建筑师协会奥兰治县分会颁发的荣誉奖，以及南加州爱迪生电力公司颁发的卓越设计奖以及优秀证书。1992 年，该项目得到了北美照明工程协会的认可，并授予其优秀奖。

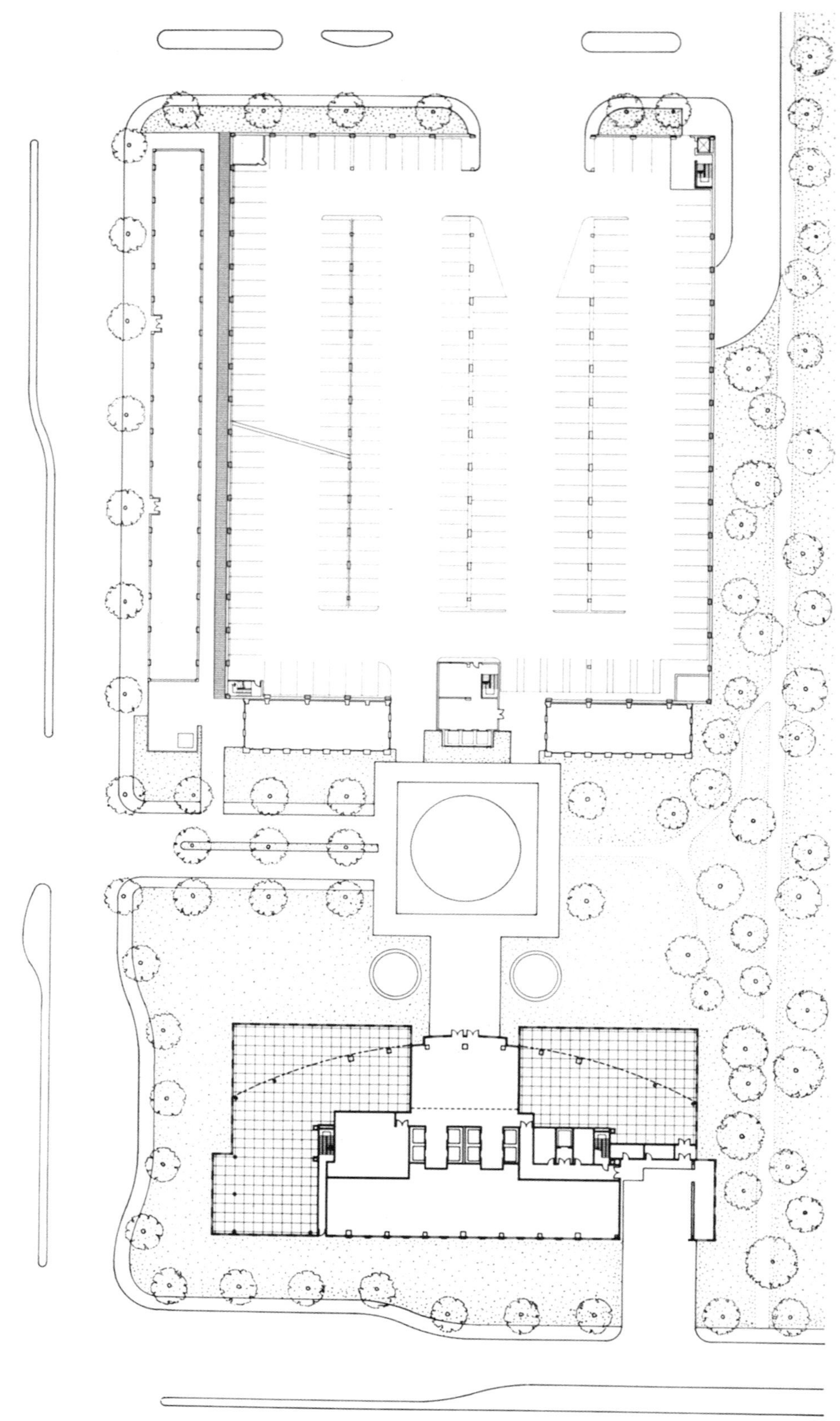

我们首次在金丝雀码头区运用了带有亚麻平纹的不锈钢面板。在这里，曲面造型的外墙非常优美，也正是因为如此，才使不锈钢面板闪耀着光芒，充满了活力。

私家住宅

1993 年，美国西部

在这座住宅的设计中，我利用了这里壮美的周边环境。整个住宅似乎成为自然景观中不可或缺的组成部分。

住宅的主体分为两层，其空间布局以作为主干的走廊为核心进行组织排列。一侧是具有公共功能的空间，而另一侧则是私人区域。住宅坐落在面积为 39 公顷的树林中，一条小溪从旁边流过，拥有观赏大提顿山美景的视野。客房位于一个溪水环绕的角落附近，四周长满了三叶杨树和常绿树木。

两座房屋都采用了梁柱结构，花旗松木制作的横梁通过榫卯结构与 55 根立柱连接在一起，这些立柱采用恩格尔曼氏云杉木，通过手工削制而成。透过西面的大型窗口，人们可以看到溪流和苍山的景色。

1993 年，在美国木业委员会的木料设计评奖活动中，该项目获得了荣誉奖。

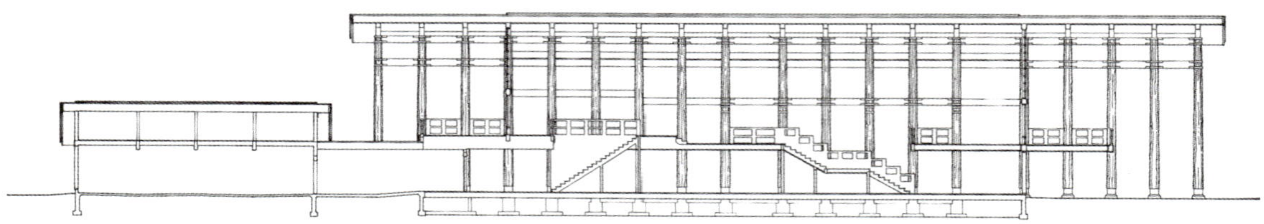

上图：东侧构造截面图
中图：西侧立面图
下图：在住宅的西面可以俯瞰溪水和山色

在这里，我主要学到了如何连接木质构件，以及如何把不同的木料结合在一起。随着时间的推移，立柱上的树皮已经脱落，留下了自然的韵味。

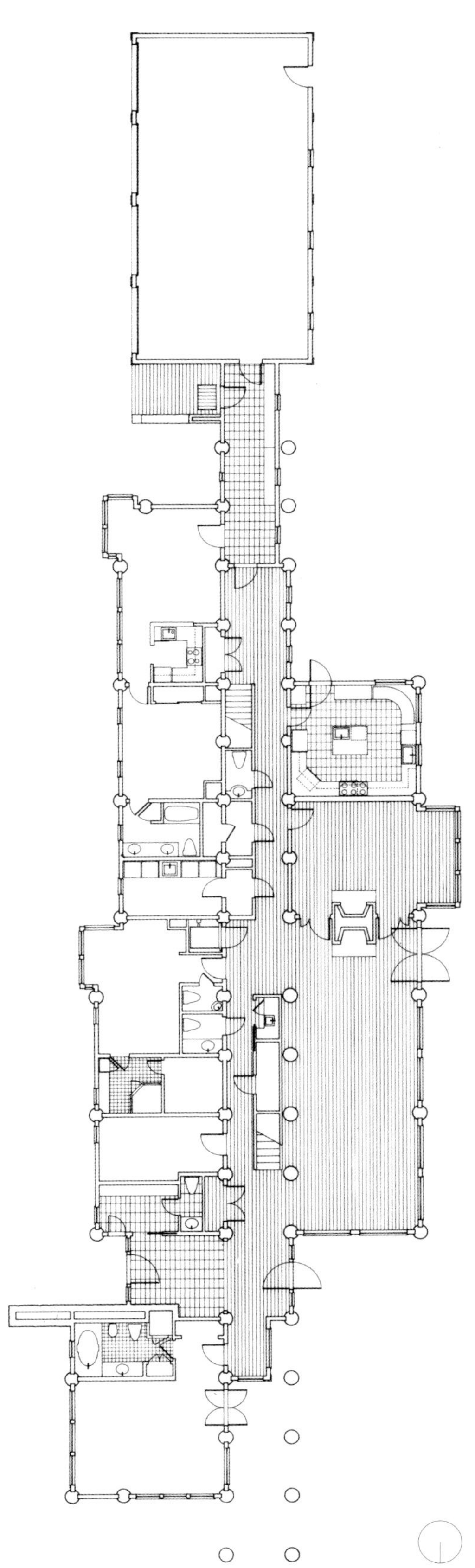

与美国通信卫星公司实验室一样，这是一个主干结构的方案。人们能够沿着围绕着各种元素的干道移动。

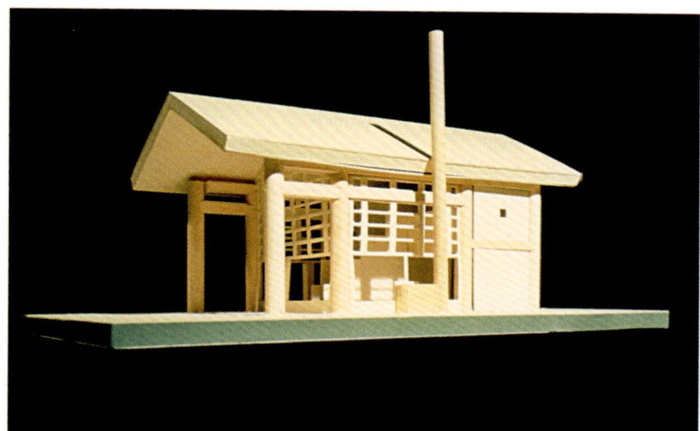

客房的北侧立面，以及模型研究
对页：从西面看到的客房

阿罗诺夫艺术中心

1995年，美国俄亥俄州，辛辛那提

通过竞争，我们被选为阿罗诺夫艺术中心的设计者。该中心由三个剧场组成，分别拥有2700、440和150个坐席。

在内部的公共通道上，有两个更大的门厅和大厅，将两个小型的广场连接起来。具有都市级规模的表演空间和它们的大厅位于巨大的砖石结构墙壁之间。这些类似墙壁的造型包括很多垂直的组成元素，诸如升降梯、消防梯和通风管道，为公共功能节省出很多空间。

我们通过在金属网格框架结构中填充石头和玻璃，形成一种面板，隔离出具有都市规模和特征的区域。这里的砌体结构、砖石材料运用，以及带有填充的金属框架面板的采用，都与辛辛那提的建筑传统相适应。

1997年，阿罗诺夫艺术中心获得了康涅狄格州美国建筑师协会颁发的荣誉奖。1996年，该项目获得了辛辛那提州美国建筑师协会授予的设计奖，以及美国剧院技术协会设立的荣誉奖。

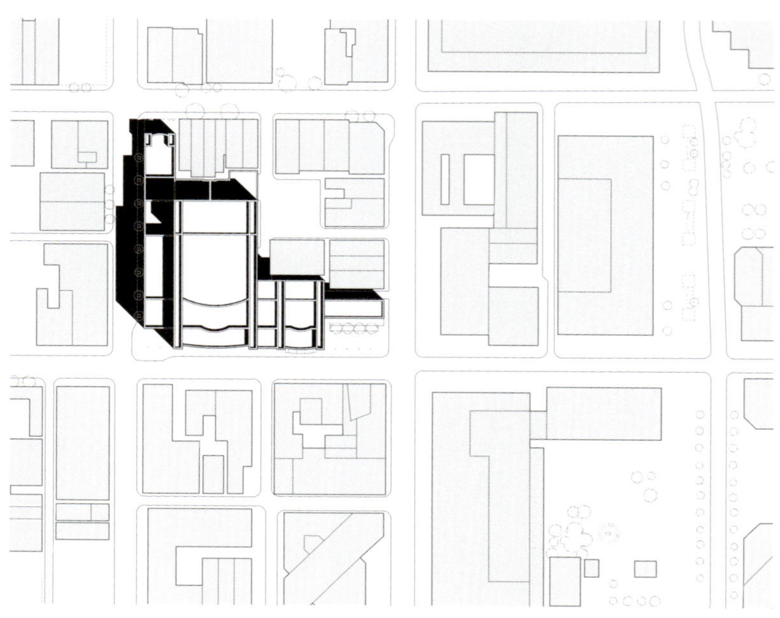

阿罗诺夫中心宝洁（P & G）音乐大厅的正面外观图，大厅位于上方平面图中的左侧。以砌体结构表现了所处的都市环境
对页：一层平面图

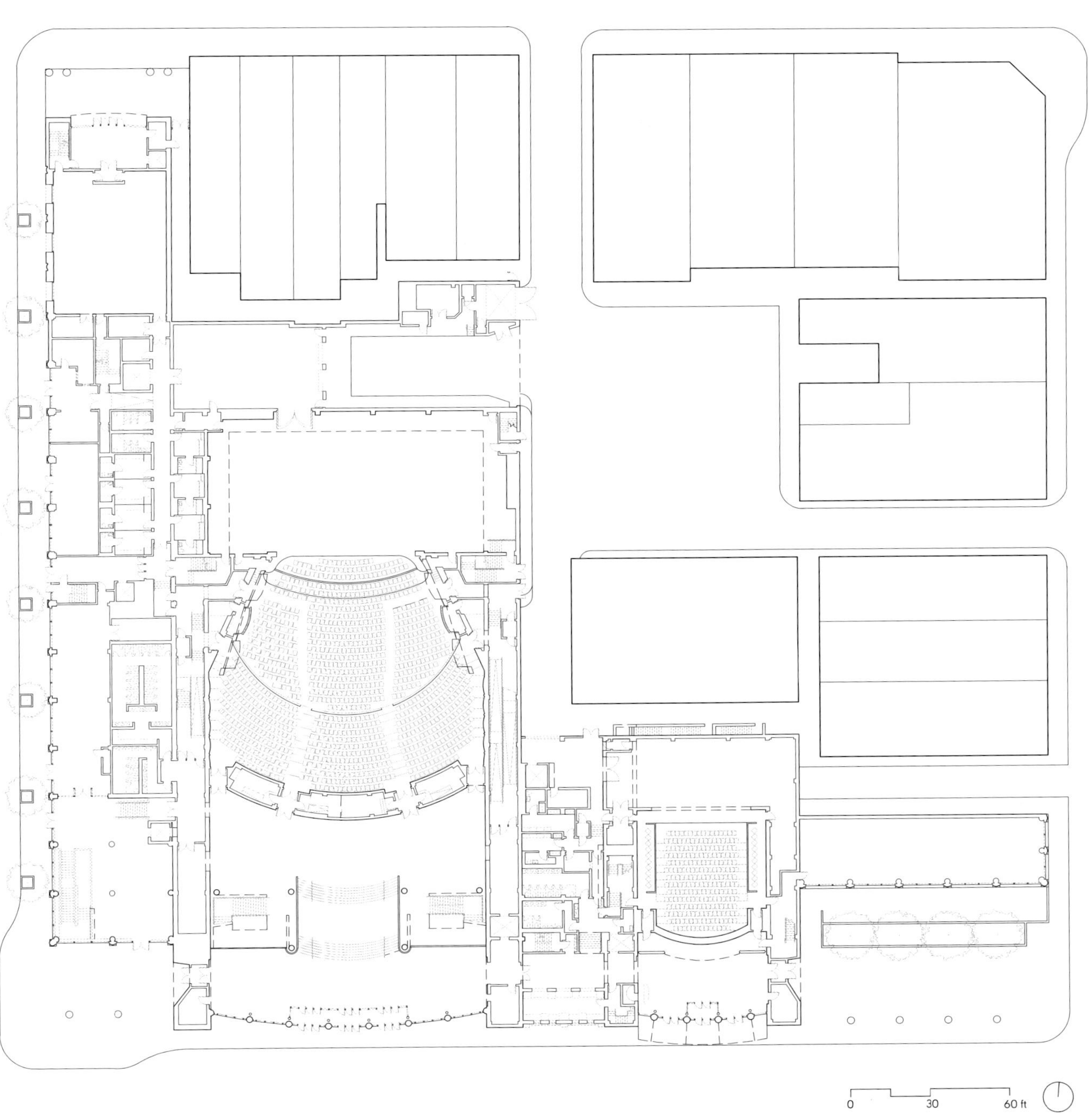
0
30
60 ft

ARONOFF CENTER

ARONOFF CENTER
GAMBLE HALL

我希望这些剧院成为具有多个巨大空间的都市化建筑。我在流通路线和结构上采用了很厚的墙壁，在中心部分为观众和艺术家留出了开阔的空间。

上图：贾森一卡普兰剧院内景
对页：贾森一卡普兰剧院和朝向胡桃大街的一面

EASTERN
OFFICE
SUPPLY
ARONOFF CENTER
ARONOFF CENTER
ARONOFF CENTER
ARONOFF CENTER
KAPLAN THEATER

宝洁音乐厅充满动感活力的多层门厅

宝洁音乐厅的表演空间和门厅内光彩照人的细节

NTT总部大楼

1995 年，日本东京

NTT（日本电报电话公共公司）总部大楼是一个 30 层的大厦，其中包括公司的办公室，还有一个六层的下属电信中心。与大楼相连的还有一个特殊用途的建筑。

由于这个总部大楼属于世界上最大和最先进的高科技公司之一，我在设计中考虑了建筑的用途和位置特点。

建设地点位于新宿中心的一个快速发展的新区。在设计过程中，我们被告知若干限制条件，包括 127 米的高度限制，以及百分之二十的场地必须用于公共开放空间的要求。其他的挑战还包括南面的高架公路，两条微波通道，各种传输设备和楼顶的直升机紧急停机坪。

扇形的办公区域朝向内部的花园，并拥有远眺的视野。各种配套设施占据了三角形罩面的剩余部分，建筑的外观造型很好地表达了这些功能。由巴尔莫里事务所设计的花园主要用于娱乐、展览和表演活动。大楼和花园都体现出浓厚的日本传统风格。

1997 年，康涅狄格州美国建筑师协会为 NTT 总部大楼颁发了荣誉奖。

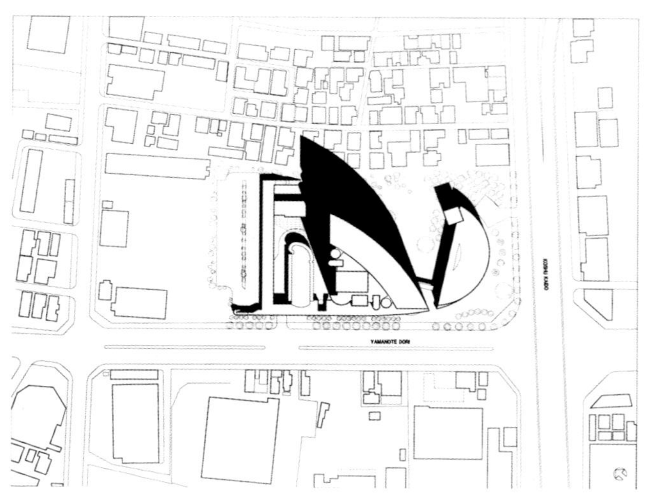

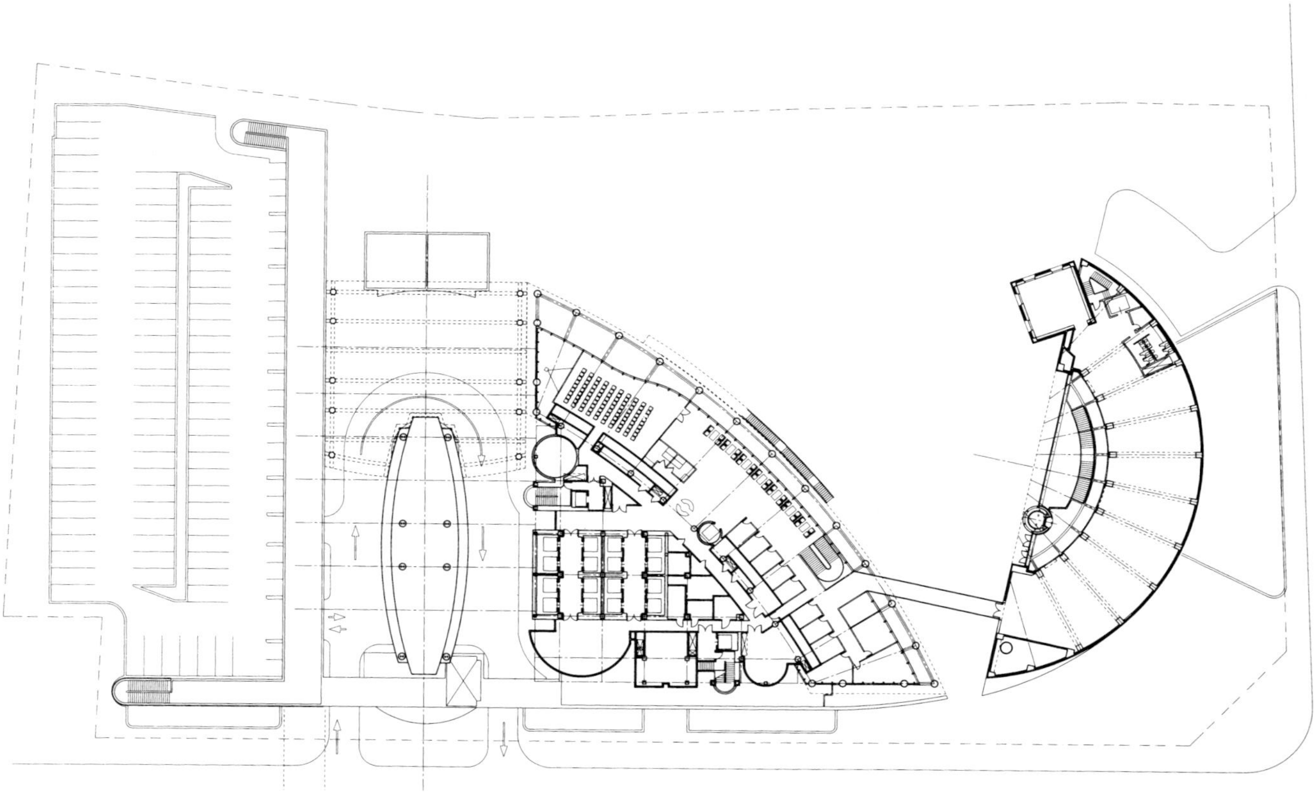

第二层

0 5 10 20 m

徐行

开放的楼梯与钢材、大理石和原木饰条等一系列材料形成了鲜明对比

赞美佩里

贝托·冈萨雷斯·蒙塔内尔

“惊奇、伟大！乐趣无穷！”

这就是我最近一次与佩里在阿根廷会谈的感受。这次会谈大约进行了两个小时，他为此准备了很多。在过去的 20 年里，每次与他会谈的时候，他都是如此。

与他的第一次会谈要回溯到 1996 年，当时，他为了参加共和国大厦的落成典礼来到了布宜诺斯艾利斯。他详细地为我讲解了大厦如何进行选址（我认为很巧妙），以及它与周边环境的关系，如何体现对该市传统纵向阳台的尊重。他还深入描述了大厦的外部表面和设计表达方式，这是一种类似于传统美术派建筑采用的未经雕琢的石材，是典型的布宜诺斯艾利斯风格。

吉隆坡的双子塔也是在这一时期修建的。尽管身为一名出生于阿根廷土库曼省的外国建筑师，但是佩里却清楚地理解“地方精神”的含义。他设计了那些美妙的大厦，而它们显然属于所在的城市。此外，他还通过这些大厦促进城市景观的提升，使城市更具美感。

多年之后，佩里为布宜诺斯艾利斯设计了一些宏伟挺拔的大厦。第一个大厦是位于港口附近卡塔利纳斯－诺特社区的波士顿银行。它的造型很像船帆，或者马德罗港重新开发之前的老式筒仓。随后，他又在同一区域设计了 YPF 大厦，在大厦上面三分之一的部分设有一个六层的冬季花园，绿意盎然的树木象征着清洁的能源。目前，位于卡塔利纳斯最后一块空地上的托雷·马克罗银行大厦即将完工，它的封闭罩面看似一个连续的线性造型。

这三座大厦明显与该市的其他建筑不同，它们设计精心、细节精致、质量优异，它们的亮度和色彩在一天之中不断地变化，使它们看上去犹如鲜活的有机体。这些杰出的建筑与城市的环境和谐地融为一体，让人们感受到这些建筑在社区中的重要作用。从这些建筑的地面层可以看出佩里对布宜诺斯艾利斯的热爱：人们可以在人行道上漫步，或者在商店的橱窗前驻足，或者在布宜诺斯艾利斯的任何一家咖啡店饮上一杯。

他的作品以人性和深厚的情感为基础。正如佩里指出的，它的建筑要感谢在图库曼的学生时代；感谢爱德瓦多·萨克里斯特、霍拉西奥·卡米诺斯和约格·维万科这样的教授；感谢 20 世纪 40 年代在哈佛取得的学术成就。此外我要大胆说的是，还有他的家庭：他的兄弟卡洛斯是一位出色的制片人，他的妻子戴安娜·巴尔莫里是一位杰出的景观设计师，他的兄弟维克多·绍尔和侄女贝拉是致力于为低收入家庭创建廉价住房的建筑师和教授。

共和国大厦

1977 年，阿根廷布宜诺斯艾利斯

共和国大厦是我自 1952 年来到美国以后首次为阿根廷及布宜诺斯艾利斯设计的建筑。

大厦位于一块狭窄的三角形地带，坐落在一排街区的最北端，这些街区处于城市边缘的马德罗区和布沙尔区之间。大厦以朝向河流凸出的曲线造型适应了三角形的地块，柔和的曲线造型使大厦内部拥有观赏马德罗港和拉普拉塔河的良好视野。这座高度现代化的大厦和谐地融入到了传统的城市环境之中。

花园的形状也是基于地块和大厦的形状进行创作的，犹如雕塑一般，为大厦的曲线外观立面提供了一个参照物。巴尔莫里事务所的景观设计师将这个开放的空间塑造成一个公共花园，花园的位置高出街道许多，因此可以屏蔽噪音和污染。

我尽最大的努力设计了一座最适合布宜诺斯艾利斯的大厦，在这个城市边缘的特殊地带展现了这座城市的传统和现代风貌。同时，我希望它能够成为我们这个时代最为现代和新潮的大厦。它是属于布宜诺斯艾利斯这座世界名城的建筑。

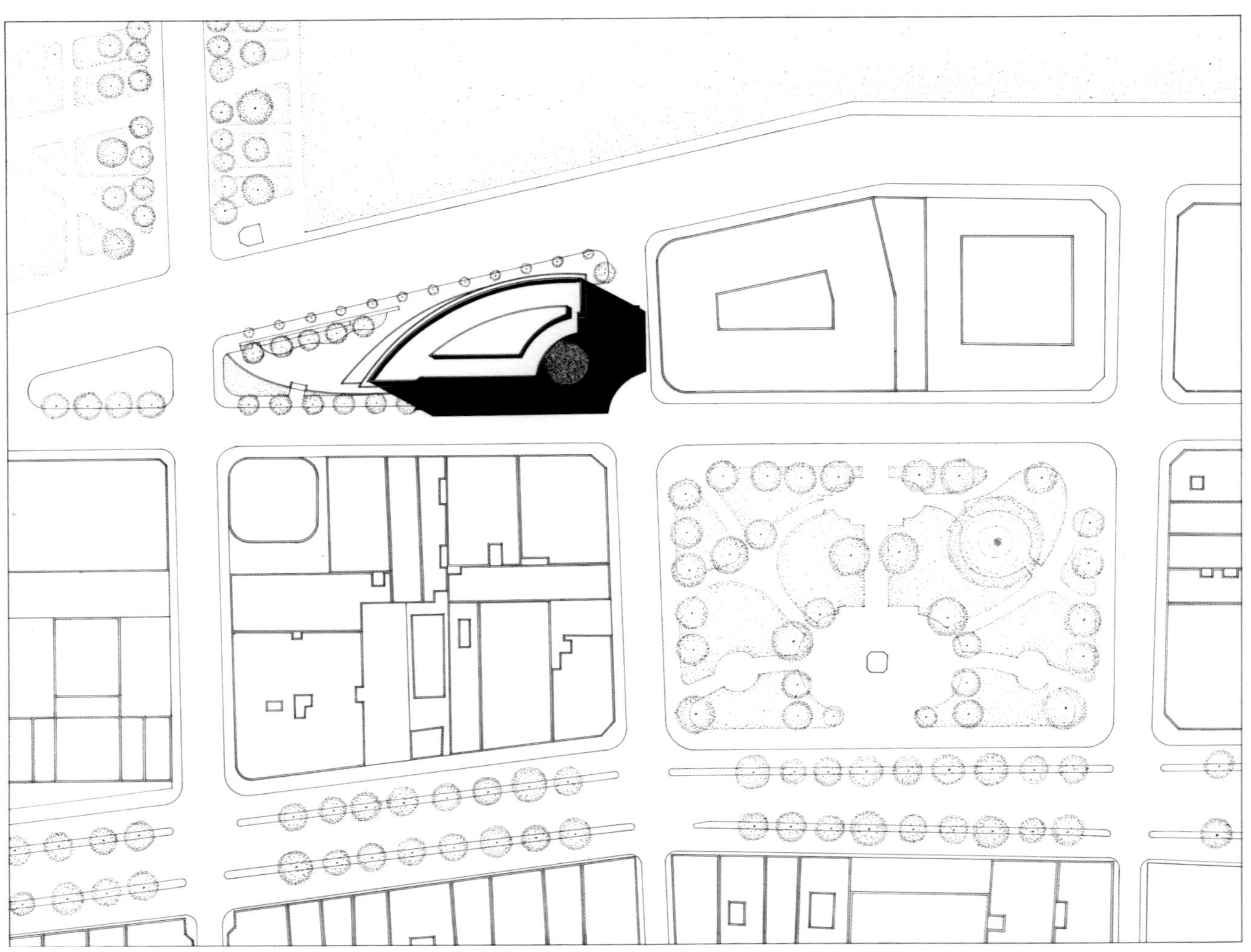

Edif. República
Plaza Roma

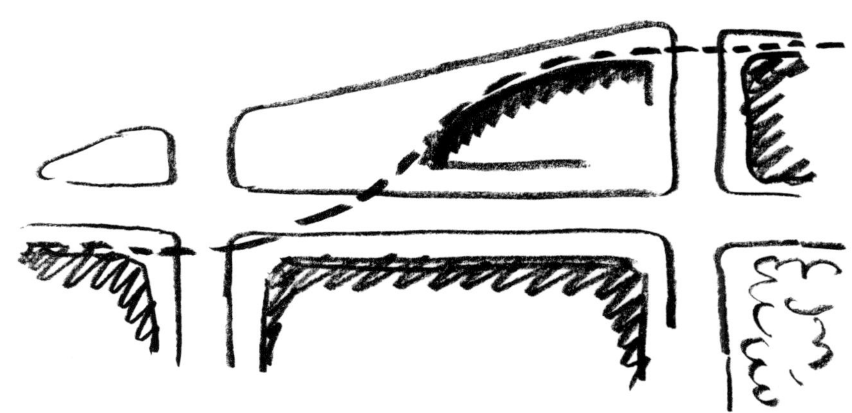

Fachada de Ciudad

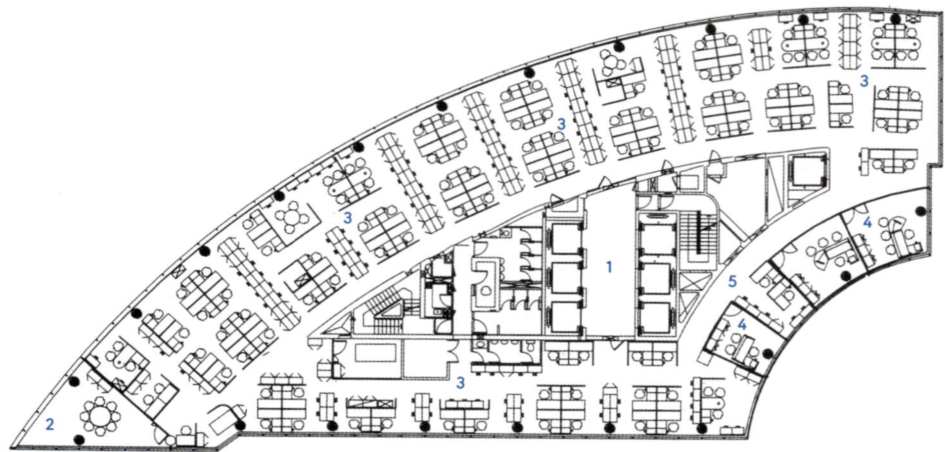

1. 大厅
2. 会议室
3. 开放式办公空间
4. 办公室
5. 走廊

国油双子塔

1997 年，马来西亚吉隆坡

在一次重要的国际竞标中，我赢得了国油双子塔的项目，设计了这座与马来西亚的文化、历史和气候相适应的现代化大厦，使其成为该国经济发展和未来希望的象征。直到 2004 年，它一直是世界上最高的建筑。

但是，双子塔的主要成就却是证明了在美国之外的国家也能建造如此伟大的摩天大楼，这多少是令人感到意外的。今天，大多数的摩天大厦都是在亚洲建设的，它们与世界各地的建筑一样雄伟。的确，双子塔的出现改变了世界建筑的传统格局。

为了创建一个独特的马来西亚建筑，我从伊斯兰文化、吉隆坡的气候与光照、马来西亚的传统手工艺设计中受到了启发。大厦的平面布局是两个重叠在一起的正方形，在这种基本的伊斯兰风格图案之上，附加了 8 个圆柱状凸角，构成了拥有 16 个顶点的星状造型。两座大厦之间是一处具有浓厚具象化的空缺——整个建筑结构的中心。双子塔不仅具有对称布局，还具有强烈的象征性，在两座大厦之间创造了另一个象征性的空间。

这个中心空间是整个结构中的关键要素。每座大厦拥有自己的垂直轴线，但是整体结构的垂直轴线就位于这个空间的中间。根据老子的哲学思想，一个中空物体的现实性恰好是由“空”体现的，而不是由定义了“空”的墙壁所体现的。

虚空的力量是强大的，设在第 41 和 42 层用于连接两座大厦的行人天桥使这种力量变得更加清晰，那里被称为空中大厅。天桥以其自身的支撑结构创造了一个空中门户，一个高达 170 米的大门，一扇通向无极的大门。

在 2004 年，国油双子塔荣获了阿卡汗建筑奖。该奖每三年颁发一次，是为创立了新标准的优秀建筑、规划实践、历史保护和景观建筑而设立的。

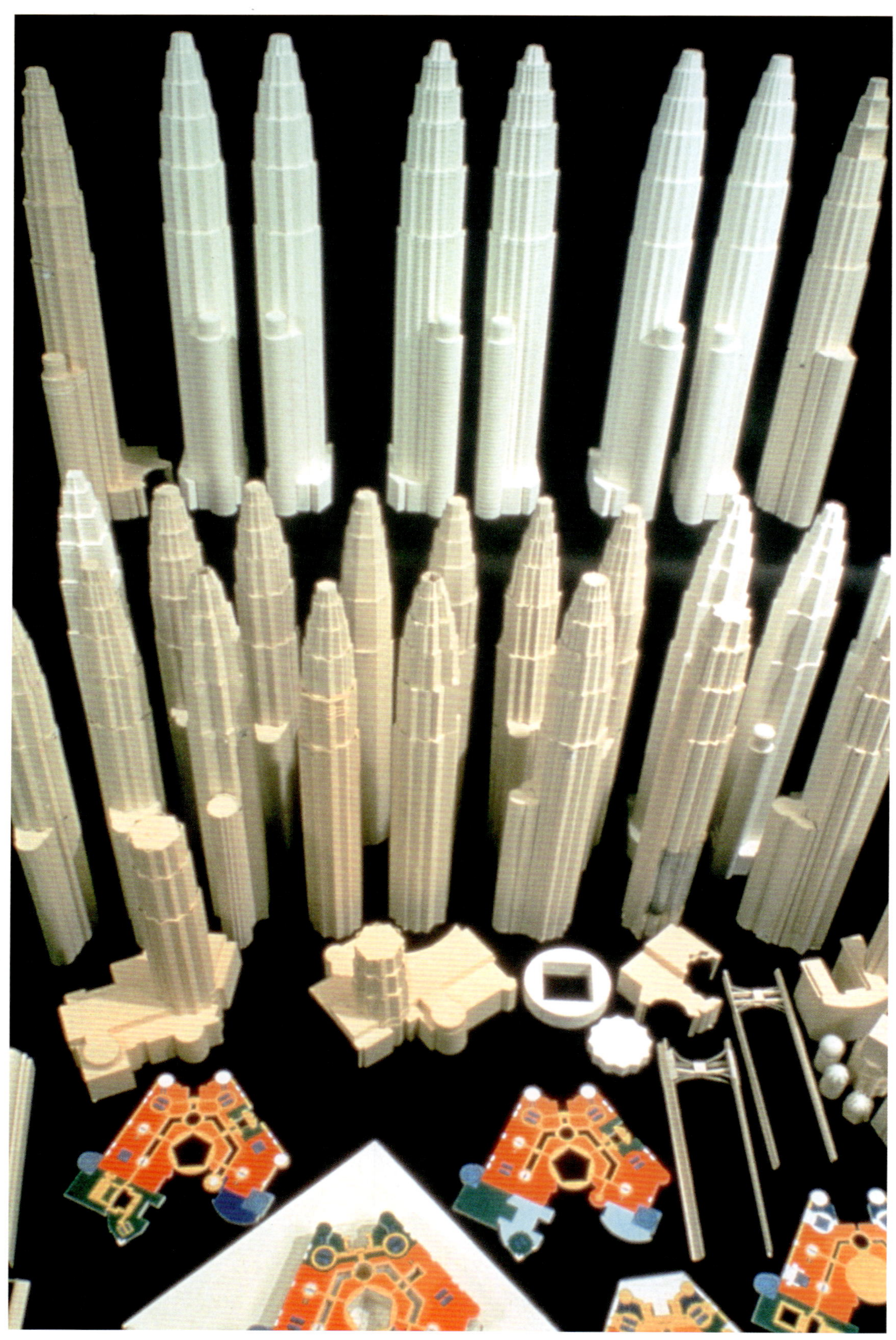

通过模型对大厦的造型、向上缩进的程度进行深入的研究

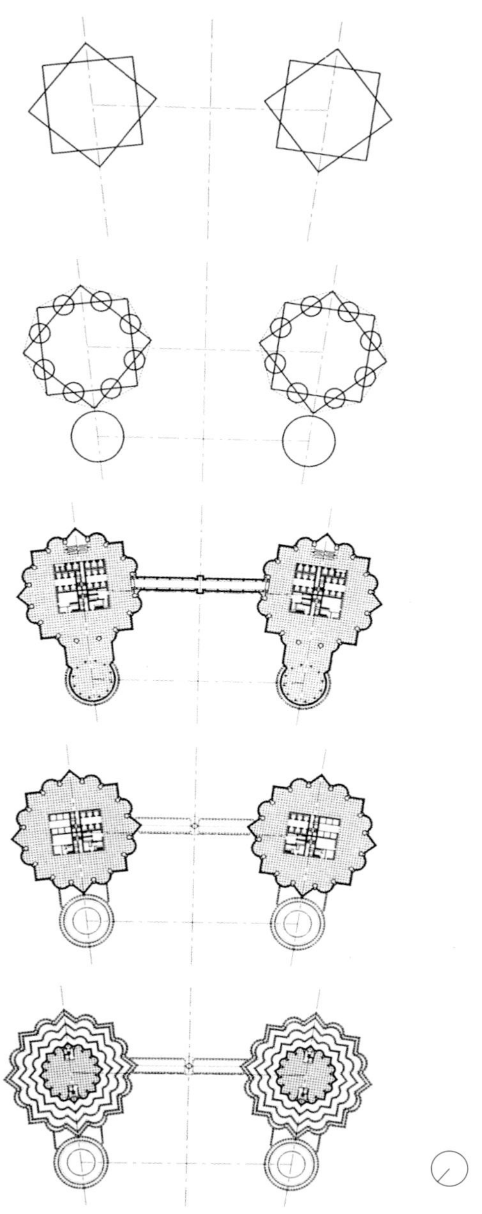

对于每一个参加竞争的设计者，客户均指明了他们所需要的是一个具有马来西亚特色的建筑。当我们问到这具体意味着什么时，他们竟然一无所知。因此，在建筑的设计过程中，我们尽力去理解和捕捉马来西亚的精神。

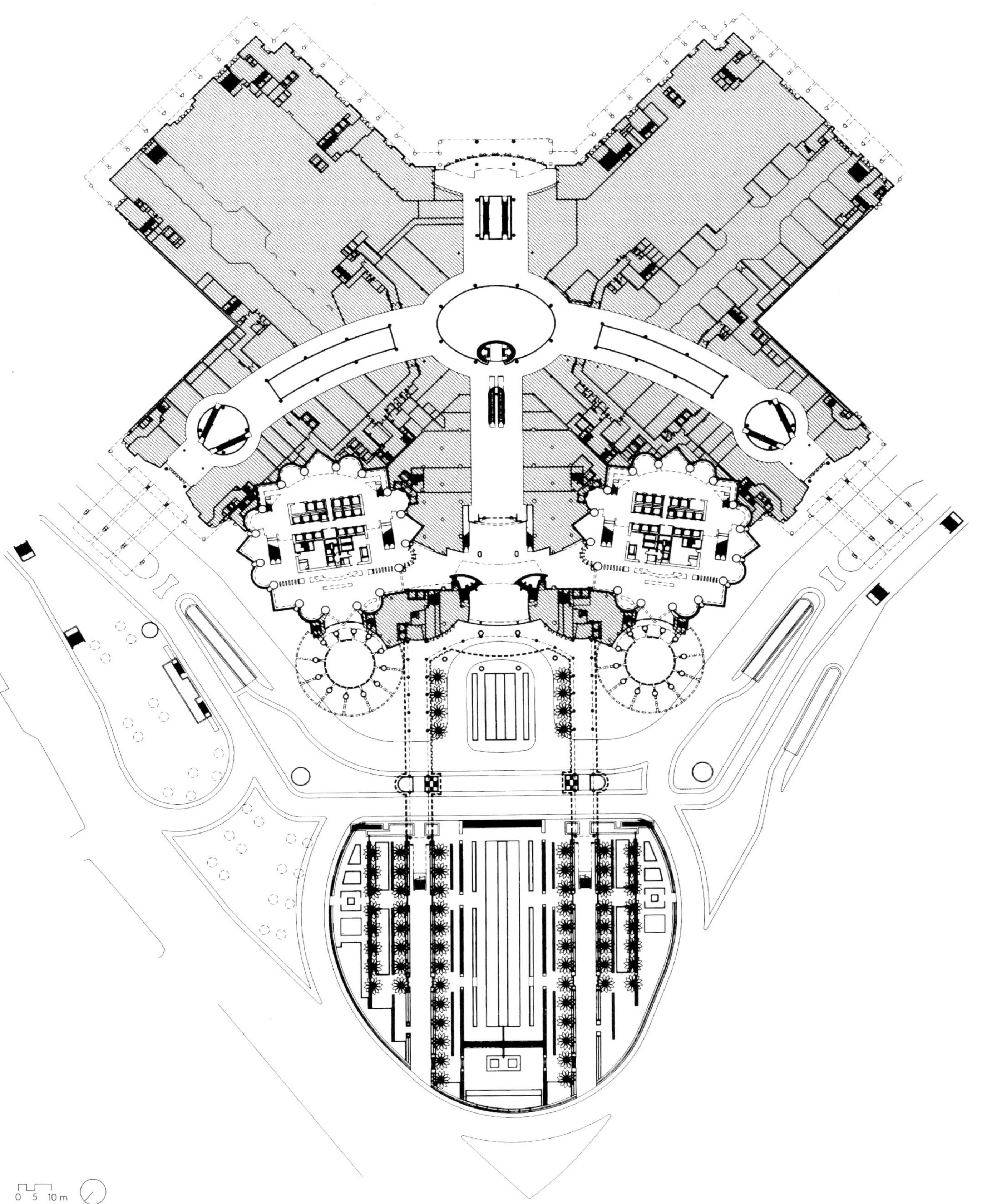
0 5 10 m

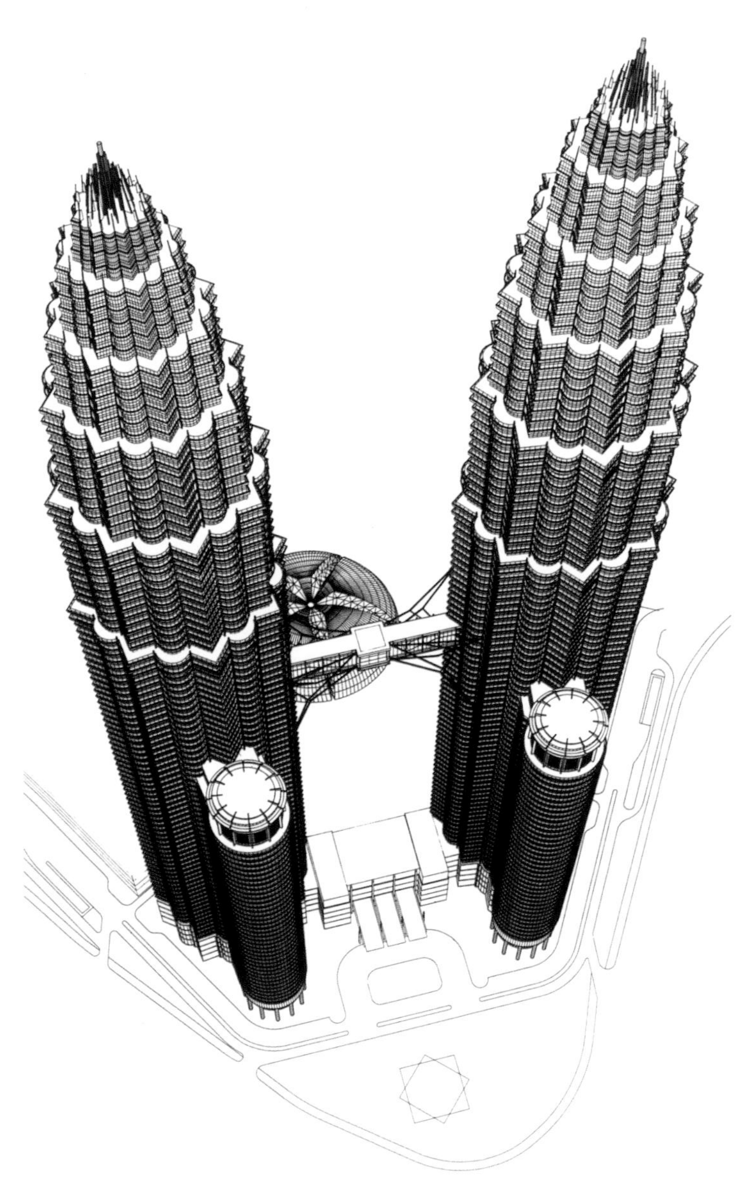

两座大厦之间的天桥为建筑增添了庄严和神秘的色彩，构成了一扇通往无极的大门。

为了鼓励竞争，这座混凝土结构的大厦在招标中邀请了不同的建筑公司

里根国家机场北航站楼

1997 年，美国华盛顿特区

位于华盛顿特区的里根国家机场北航站楼为人们提供了一个进入首都的新门户——一个充满热情和活力的多功能公共场所。

新航站楼的主要空间是一个用钢材和玻璃建造的又长又宽的大厅，大厅由两排方形的开间构成，顶部是一系列弧度较浅的穹顶。我的设计以一系列边长为 13.5 米的正方形钢结构开间为基础，创建了完美的规模、灵活性和建筑比例。这些模块化的空间单元具有可识别的人性化尺度。每一个开间都覆盖着穹顶，穹顶的中间是玻璃圆窗。穹顶是古代庇护所的象征，同时也与华盛顿特区的城市建筑建立了一种关联。

宽敞的大厅是航站楼内的“大街”，也是一个令人兴奋的空间。它的一侧朝向机场开放，排列着商店、咖啡厅和餐馆。大厅的另一侧则是机场的服务部门。大约三十个在指定位置制作的艺术作品也被纳入到大厅的建设中。

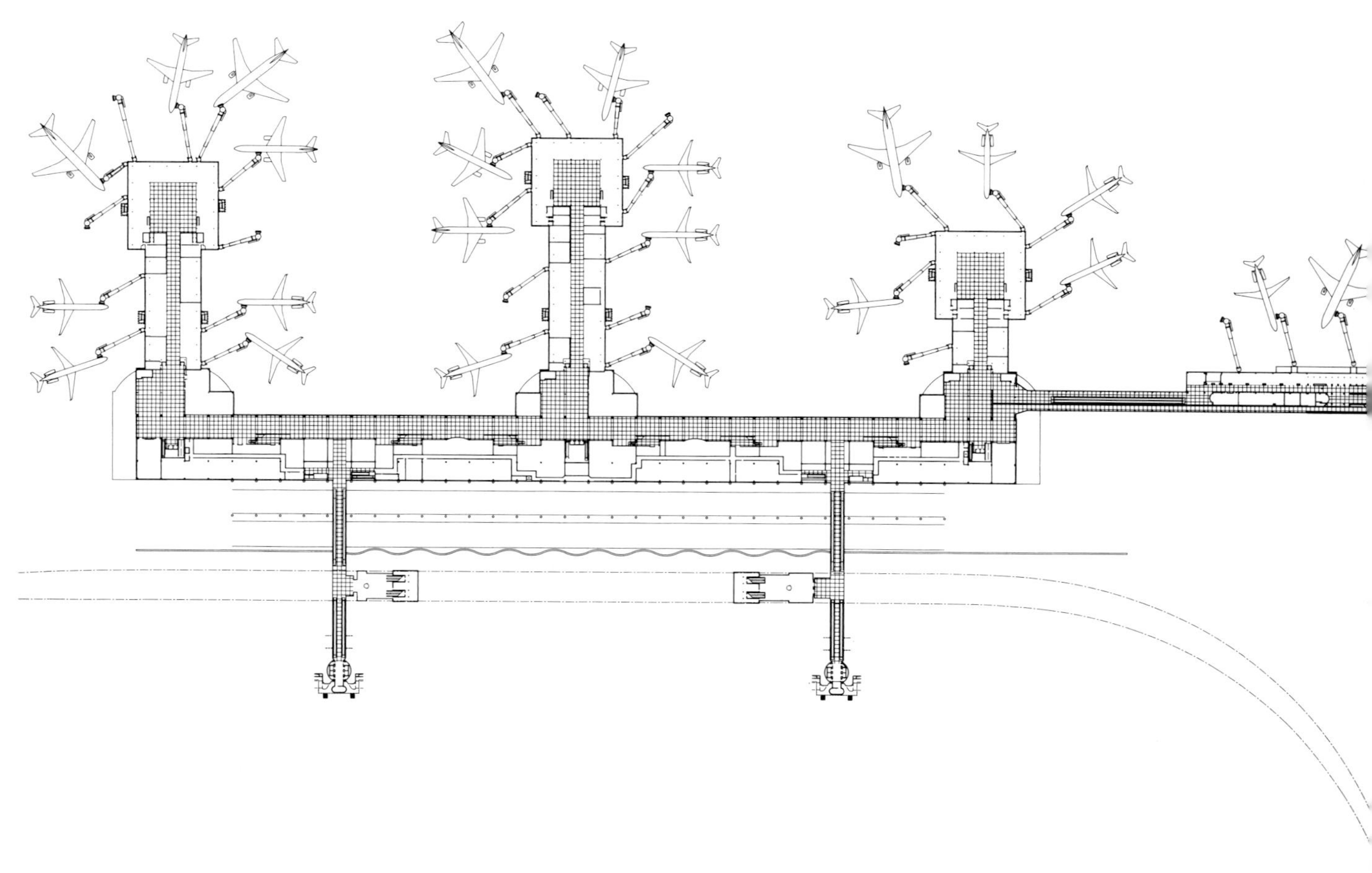

上图：东侧立面图
中图：西侧立面图
下左：从北航站楼的东侧俯瞰跑道
下右：在航站楼的南北两端，是绿树成阴的露台

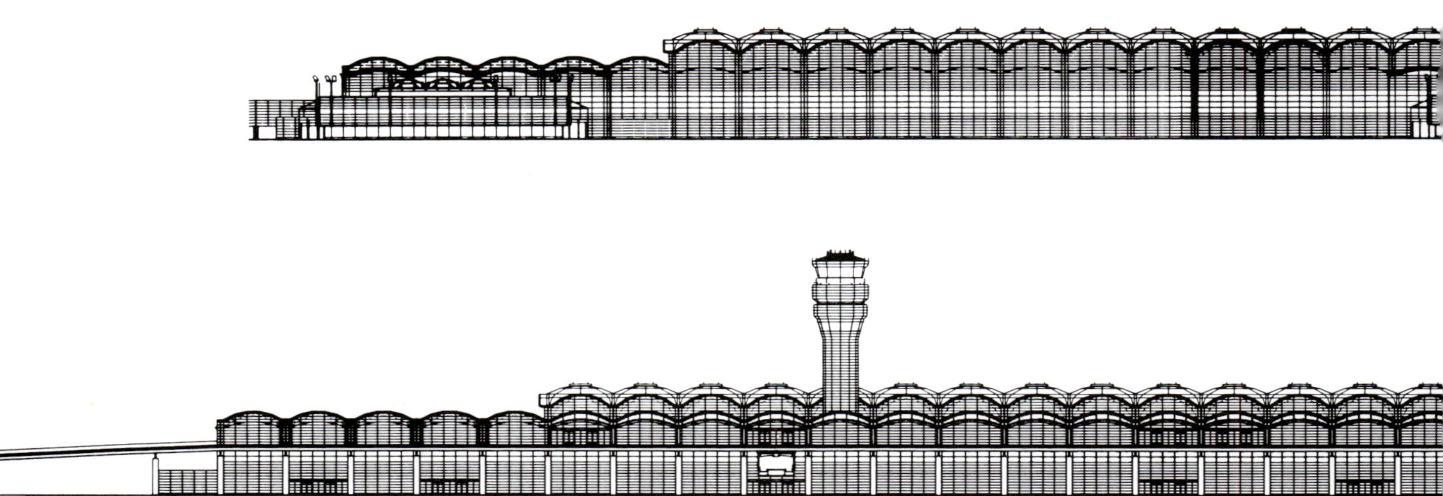

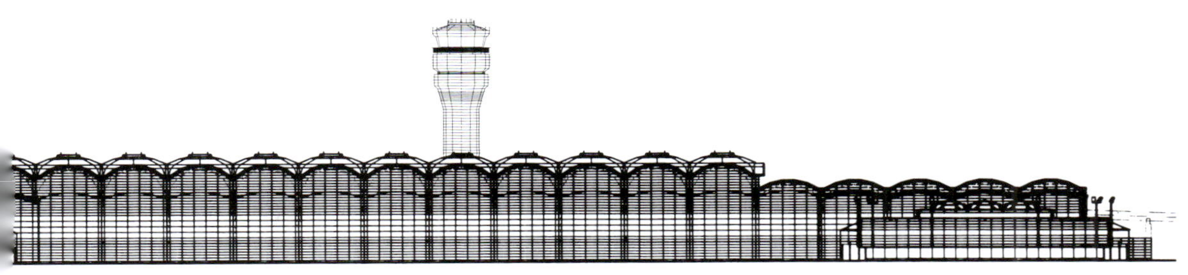

B
Delta Shut

B
United
B
AIRPORT SHUTTLE BUS TO TERMINAL
A
NO PARKING IMMEDIATE UNLOADING LOADING ONLY NO WAITING
metrobus
13Y
DC via Pentagon

B
Americ

B

Gates 1-34
Parking
Metro/Parking
Elevator/Escalator
Pet Relief Area
Chapel
Restrooms
Ticketing/Check-In
DIRECTORY
DIRECTORY
BAYER

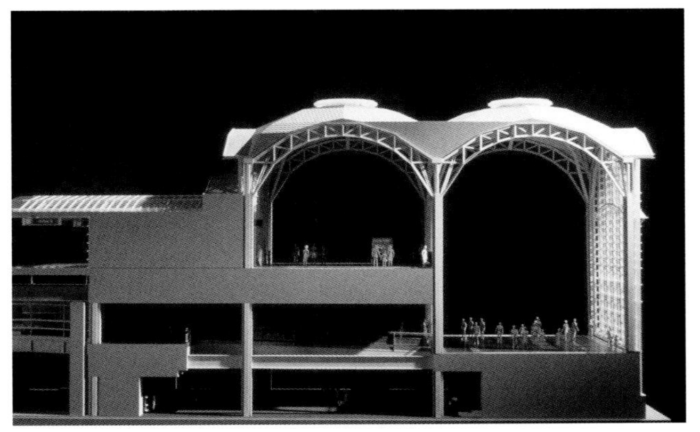

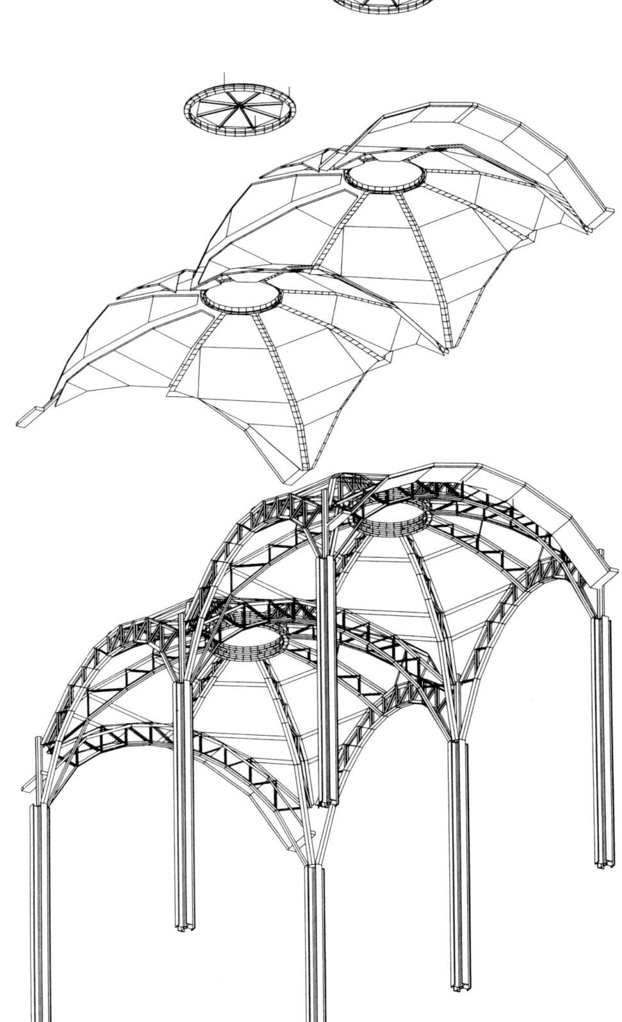

在我的脑海里，总是出现拉布鲁斯特的建筑，而空间的组织与埃罗·沙里宁的杜勒斯机场相似。

按照客户的要求，我们制定了参加竞赛的设计。他们喜欢带有众多穹顶的内部设计，这是一种经济性良好的小跨度结构。这些穹顶也令航站楼极具杰弗逊式的风格，因此，我们成为最后的赢家。

航站楼的上层是由肯特·布鲁默设计的格子框架，由铝、钢和木头制成

在东侧墙壁的雕带上可以发现詹妮弗·巴特利特的玻璃艺术
对页：阿赫尔德设计的雕带色彩丰富，被融入航站楼的东侧墙壁

To All Gates

左图：在照片的最左端，是由艺术家卡里·史密斯设计的栏杆面板，名为《视图或镜子》
上图：大厅内的《HOOLOOMOOLOO》是由弗兰克·斯特拉设计的

上图：米歇尔·奥卡·多纳设计的《圆形浮雕的飞行》
下图：乔伊斯·科兹洛夫设计的《无题》
右图：乔伊斯·斯科特设计的《唇》

从左至右：乔伊斯·斯科的《唇》、理查德·安努斯科维奇的《星》、乔伊斯·科兹洛夫的《无题》、索尔·勒维特的《圆圈内的黑白条纹》

Washington National Airport
Arrivals

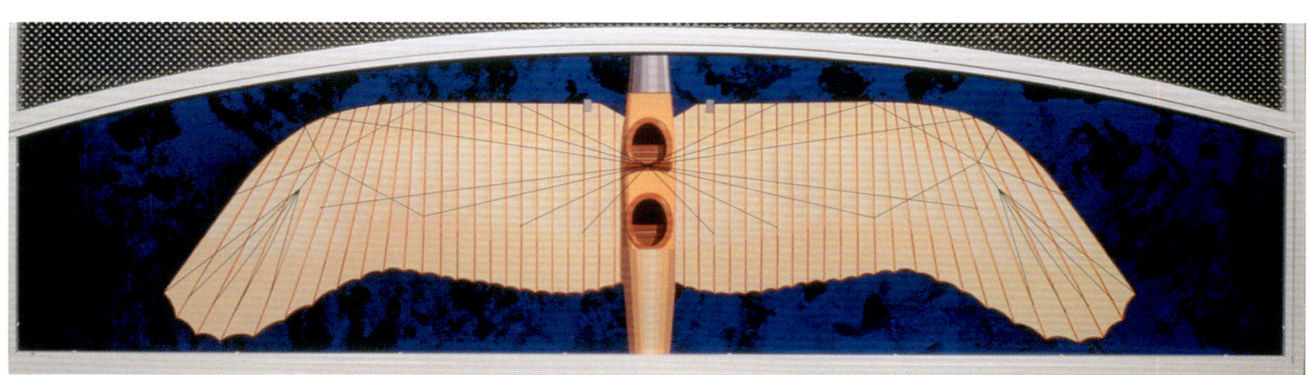

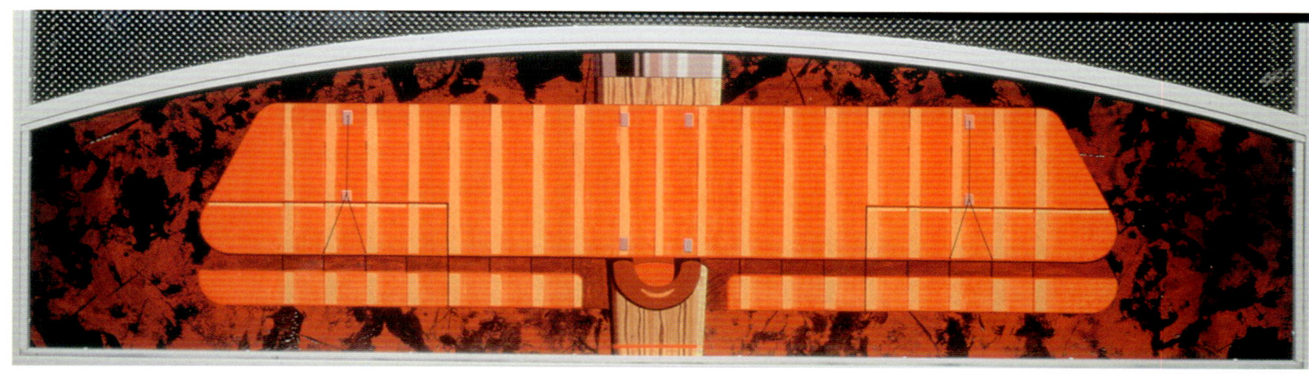

罗伯特·科廷厄姆设计的带有翅膀的栏杆面板
对页上图：韦恩·埃德森设计的《无题》
对页下图：罗伯特·里德设计的《无题》

80% OFF
36

American

AST REPERTOR

南岸剧院

2002 年，美国加利福尼亚州，科斯塔梅萨

在这次改造和扩建中，我们增加了新的表演空间，使其成为著名的奥兰治县戏剧公司的驻地。同时也为原有建筑增添了散发出明亮欢快气息的门厅和外墙立面。

剧院的正面是曲面造型的玻璃幕墙，为两个剧场创造了一个引人注目的入口，它们分别是原来拥有 500 席位的塞格尔斯特罗姆剧场和新建的可容纳 320 人的朱莉安娜·阿吉罗斯剧场。

南岸剧院是城市中心大道附近艺术园区的重要组成部分。该园区内拥有很多著名的表演艺术中心，其中包括蕾妮和亨利·塞格尔斯特罗姆音乐厅、萨穆埃利剧院，以及坐落在广场周围的奥兰治县的其他表演艺术场馆。在总体规划中，这个园区最终还要建设一个重要的艺术博物馆。

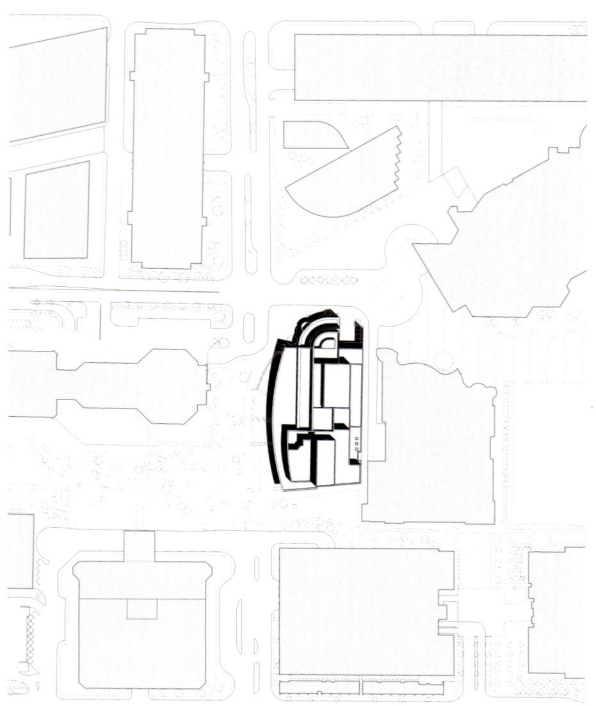

一层平面图

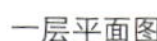

1. 大厅露台
2. 大厅
3. 售票处
4. 特许零售处
5. 庭院剧场
6. 舞台
7. 排练室
8. 伸缩式舞台
9. 布景存放处
10. 更衣室
11. 办公室
12. 装卸区域

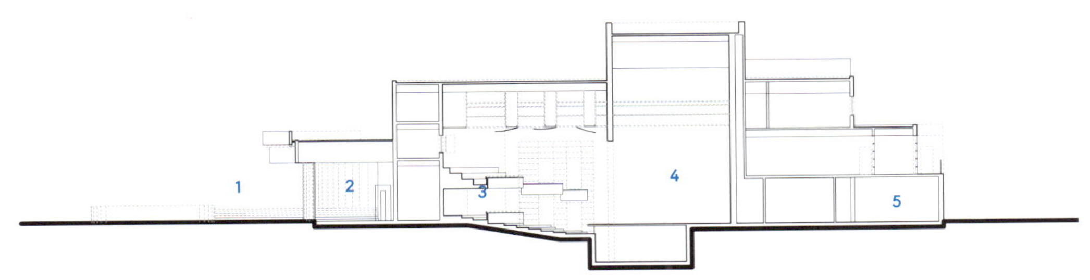

北侧剖面图

1. 大厅露台
2. 大厅
3. 庭院剧场
4. 舞台
5. 布景存放处

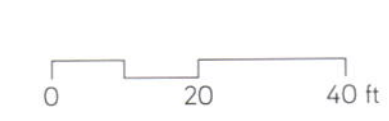

上图：沿着建筑的西侧立面，是一个拥有柔和曲面造型并带有露台的大厅

摩根大通公司总部大厦

2002年，美国加利福尼亚州，旧金山

该项目位于旧金山金融区的米慎街560号，是摩根大通公司在西海岸的总部。

总部附近的哈利代大厦是美国西部第一座采用玻璃幕墙的建筑，我和弗雷德·克拉克从中得到了很多启发。我们设计的大厦逐级向上缩进，从而适应了密集的都市环境。大厦的外表面覆盖了玻璃和涂成暗绿色的铝合金材料。这些材料形成的线条随着大厦向上升高，其交织密度变得稀疏，但是在最后一级的缩入部分又恢复到初始状态，在顶部达到了最高的密度。完工后的大厦展现了优雅的都市风貌。

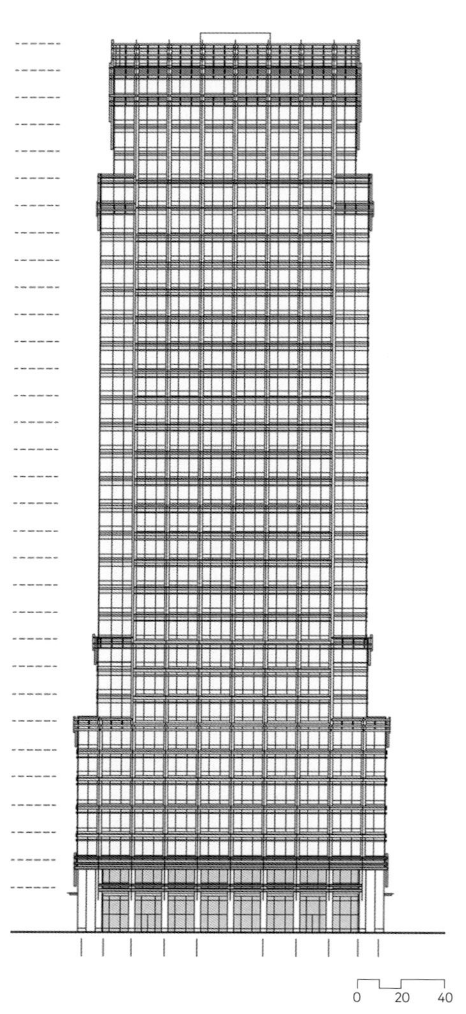

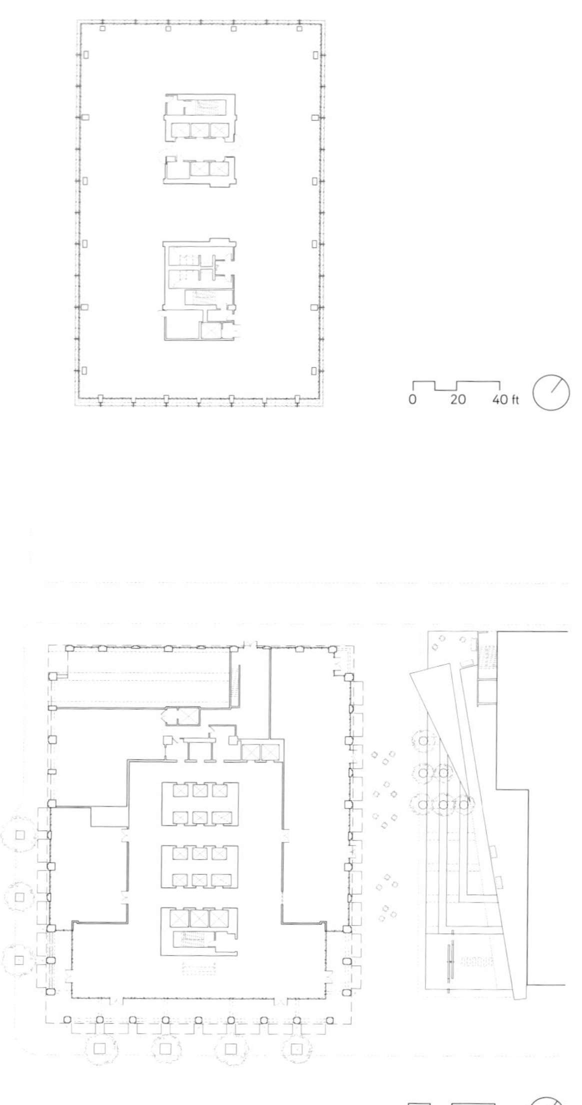

大厦的外部立面采用了优雅的深绿色，与附近的地标建筑哈利代大厦交相辉映。我们并没有照搬哈利代大厦的设计特点，但是受到了它的影响。

韦伯音乐厅

2002 年，美国明尼苏达州，德卢斯

韦伯音乐厅与明尼苏达州德卢斯大学的大门正对，并朝向苏必利尔湖和表演艺术庭院——奥丁庭院。该建筑包括一个拥有 325 个座位的表演大厅。

我们在带有多反射面的铜瓦圆顶上开设了一个天窗，使音乐厅犹如校园中的一块宝石。在夜晚，从天窗放射出的绚烂光芒，吸引着人们去观看表演。在白天，明亮的自然光线通过天窗进入音乐厅的内部。

穹顶和下面的表演空间形成了一个巨大的音效空间，这也是我们为大型交响乐表演而特别设计的。表演空间可以支持由 70 位音乐家组成的管弦乐队和 60 人的合唱团进行表演。这虽然是一个小型的音乐厅，但是它出色的音响效果可以与任何大型音乐厅相媲美。

MUSIC HALL

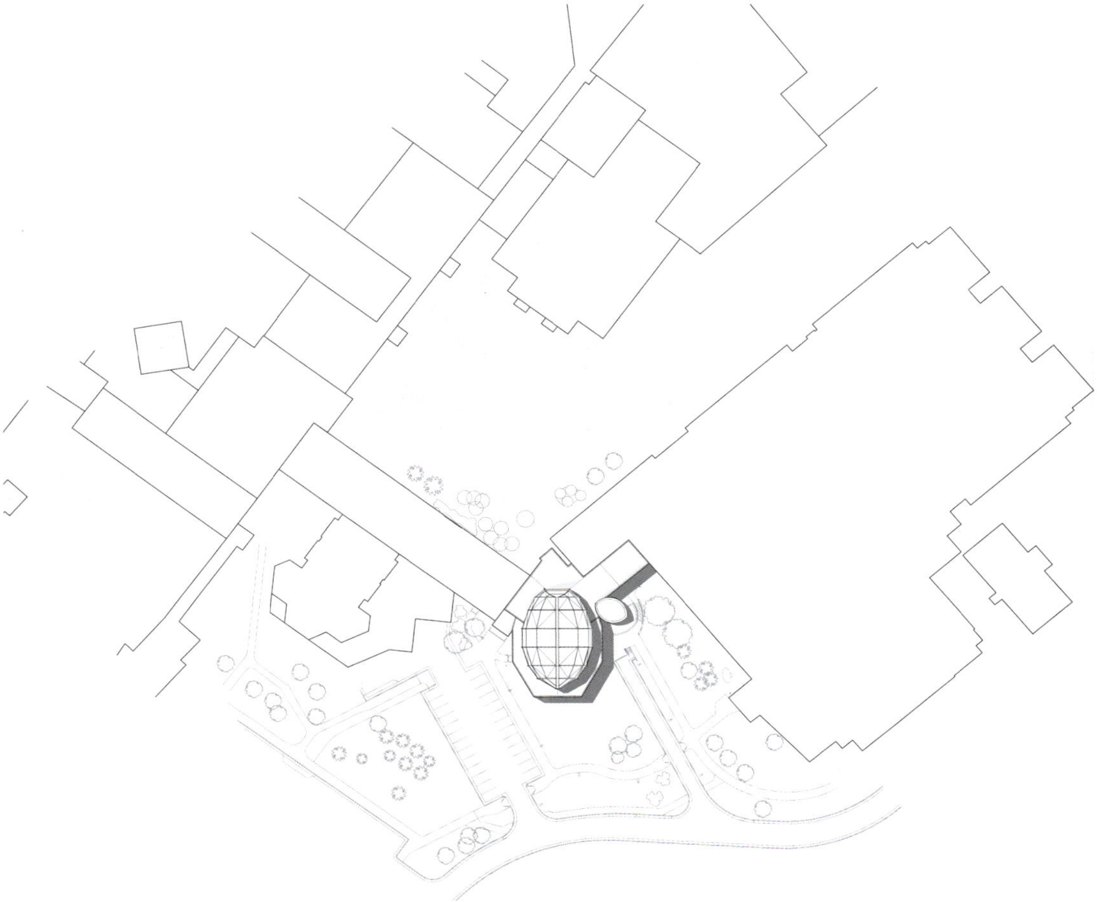

穹顶是一个产生回响的空间。上面覆盖的铜材现在已经变成深棕色，但是最终会变成亮丽的绿色。

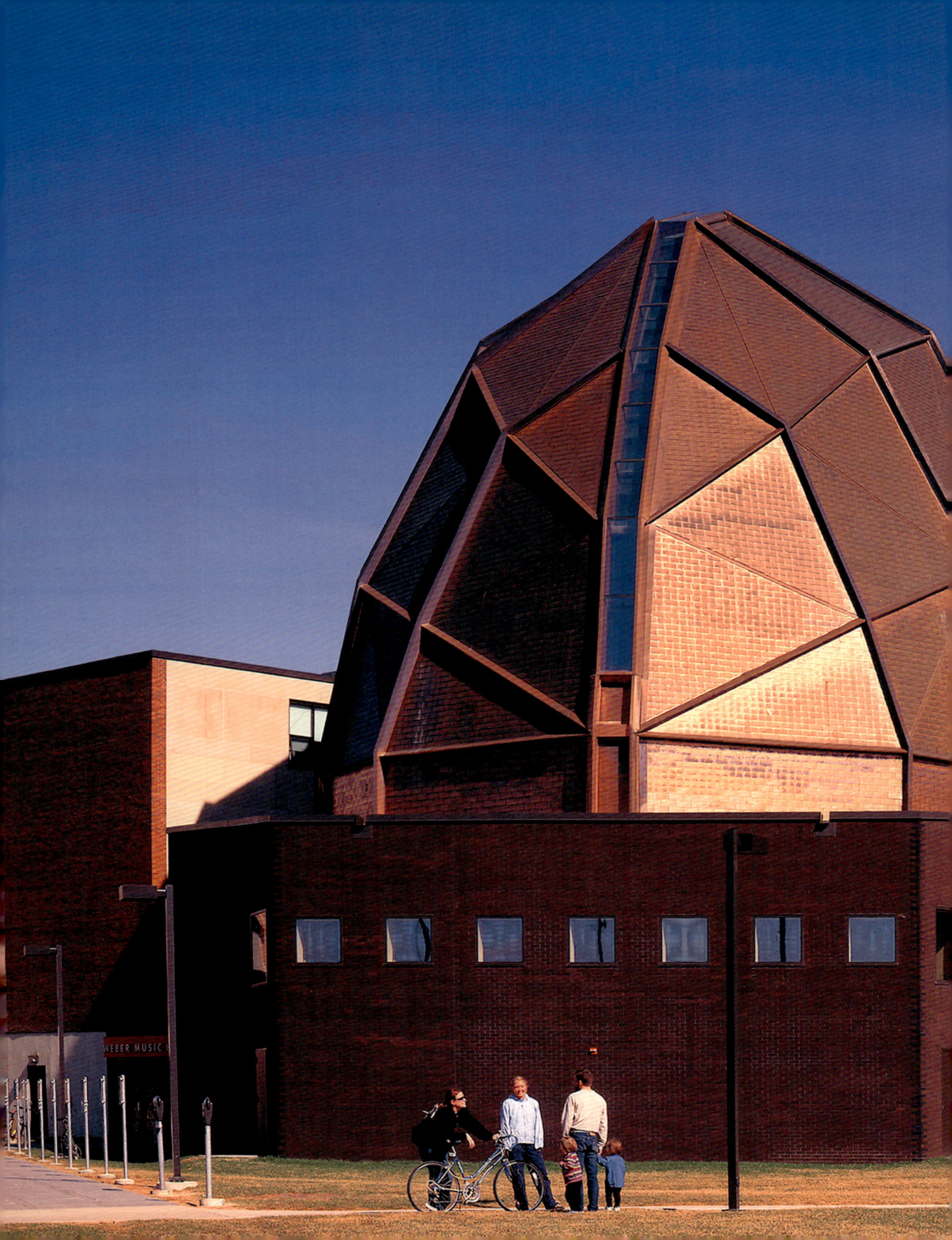
WEBER MUSIC

上图: 梯道成为一个与众不同的休息场所
对页: 带有穹顶的表演空间

舒斯特表演艺术中心

2003 年，美国俄亥俄州，代顿

舒斯特表演艺术中心占据了代顿市中心的一个完整街区。这个综合性建筑与维多利亚剧院和劳夫特剧院正对，是代顿艺术园区的核心设施。

对于我们来说，舒斯特中心是一个真正具有魅力的项目。首先，我们非常享受具有公共性和艺术性的表演艺术中心工作；其次，该项目意味着给代顿市中心带来活力，可以发挥重要的社会功能。根据该项目的特性，我们构想了一个在大部分时间里都充满激情与活力的大厅，作为一个出色的公共空间，在每时每刻都能成为人们聚会的场所。

米德剧院是该项目的核心，这是一个独特和神奇的空间。我们将其设计成一个垂直的空间，这在之前的剧院建筑中是极其罕见的。天花板采用了一系列同心的椭圆造型，向上延伸到顶部。人们的目光在那里仿佛看到莱特兄弟（代顿当地人）首次驾机飞行的场景。这一场景由 2000 多个不同亮度等级的光纤灯具构成，排列成 1903 年 12 月 17 日夜晚的星空——莱特兄弟正是在那天实现了人类的首次飞行。

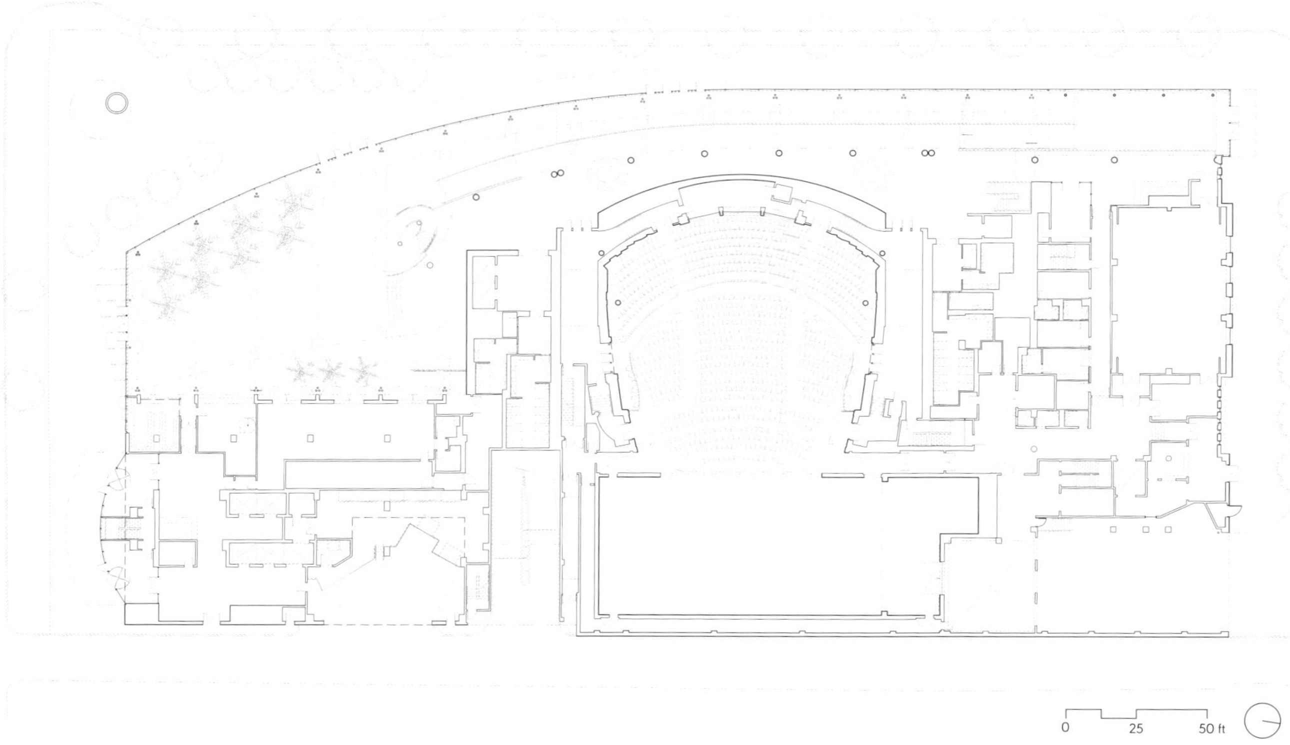

0 25 50 ft

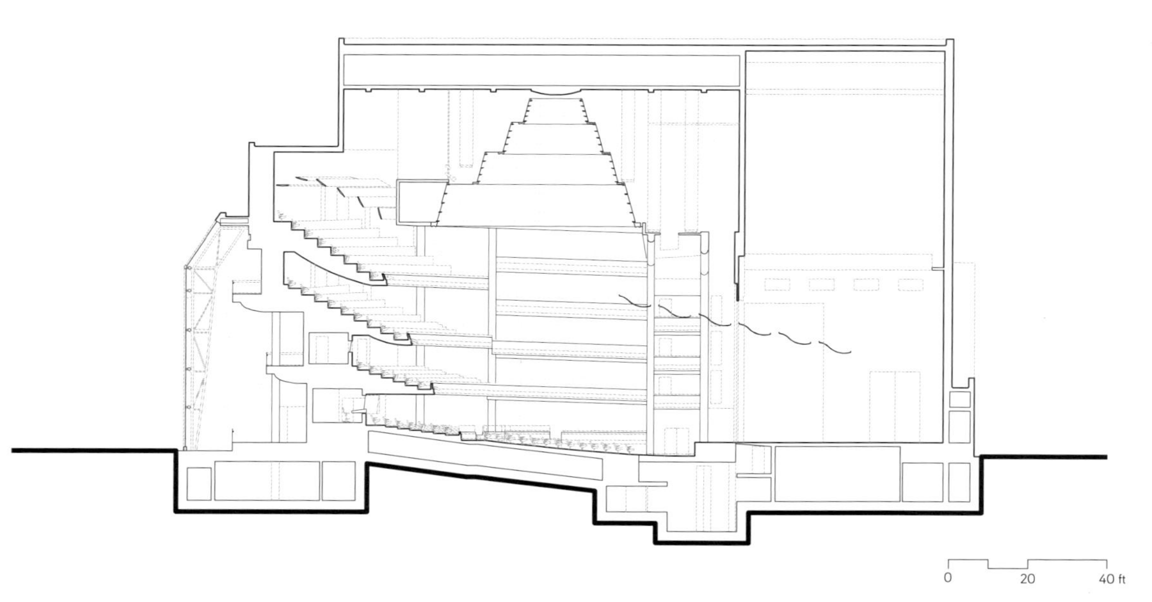

这一项目的目标是努力让人们的生活回归到代顿的市中心，使那里更具活力。剧院的大厅变成了一个公共的冬季花园，人们可以在演出之外的任何时间使用它。

阿班多尔巴拉区总体规划

2003年，西班牙毕尔巴鄂

阿班多尔巴拉区原先是毕尔巴鄂的工业中心，如今，这里是重要的文化中心，以古根海姆博物馆而闻名。当城市的港口搬迁后，出现了将阿班多尔巴拉区和内维翁河与城市的其他部分相连的契机。西萨·佩里事务所、阿吉纳加联合建筑事务所和巴尔莫里事务所通过合作，在一次国际竞争中赢得了这一总体规划的设计任务，为该区作为文化和商业中心及旅游胜地而进行的重建工作制定了一个总体框架。这一规划将新的开发项目纳入到老城区，同时还增加了绿色开放空间的总量。多达三分之二的总体规划区域被用于公园和开放空间，使阿班多尔巴拉区成为毕尔巴鄂的步行者天堂和满目皆绿的区域。

通过修建平缓倾斜的小路，街面与河水之间6米的巨大落差得到了利用，为行人提供了幽雅舒适的行走路径。

该规划还包括具有各种功能的建筑，这些新建筑的高度需要与毕尔巴鄂市中心扩建区域的建筑相一致。现在，几乎所有规划中的建筑均已建造完毕，毕尔巴鄂市政当局认为这一开发项目取得了伟大的成功。

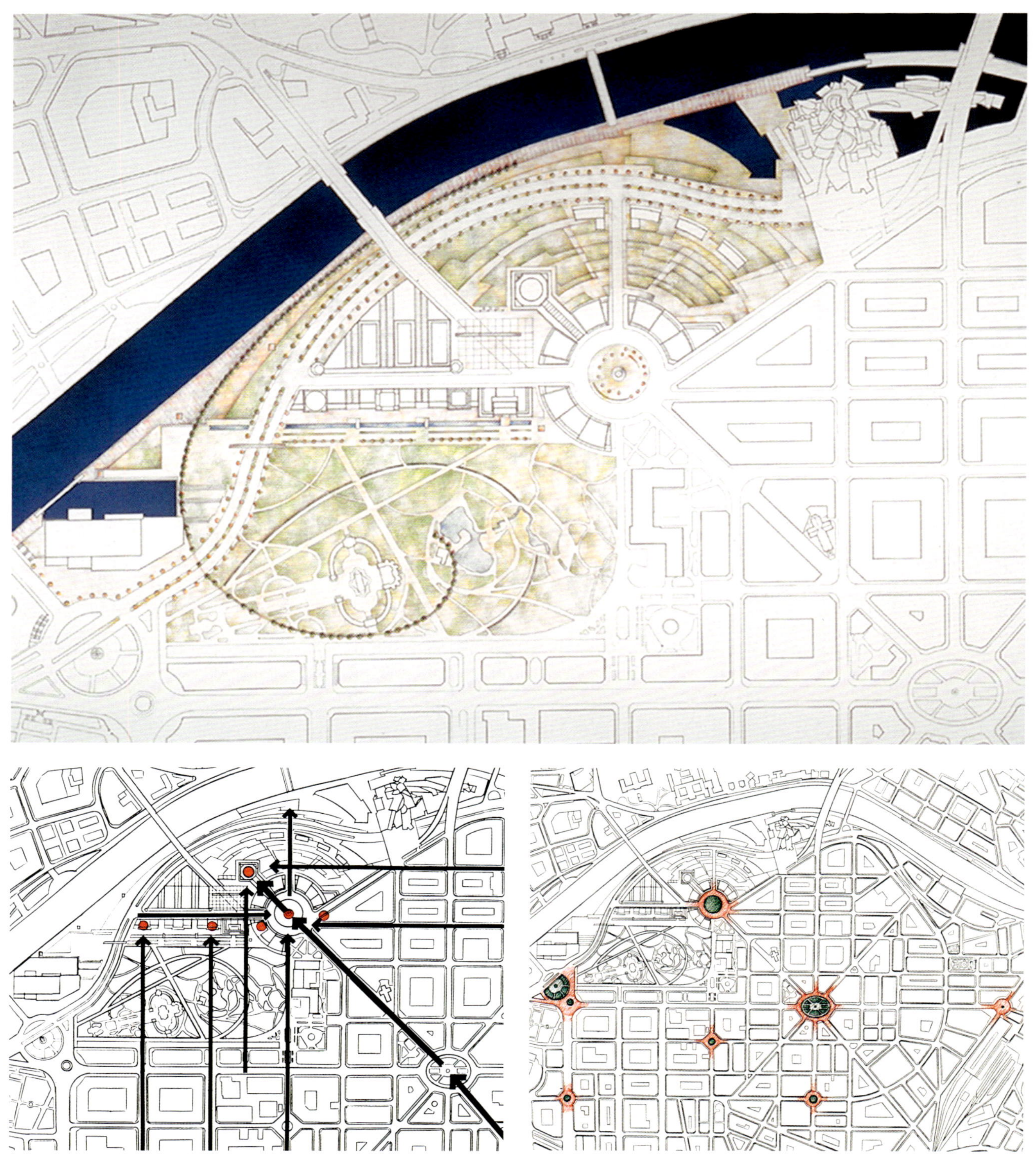

上图：景观位置平面图
下左和下右：规划节点

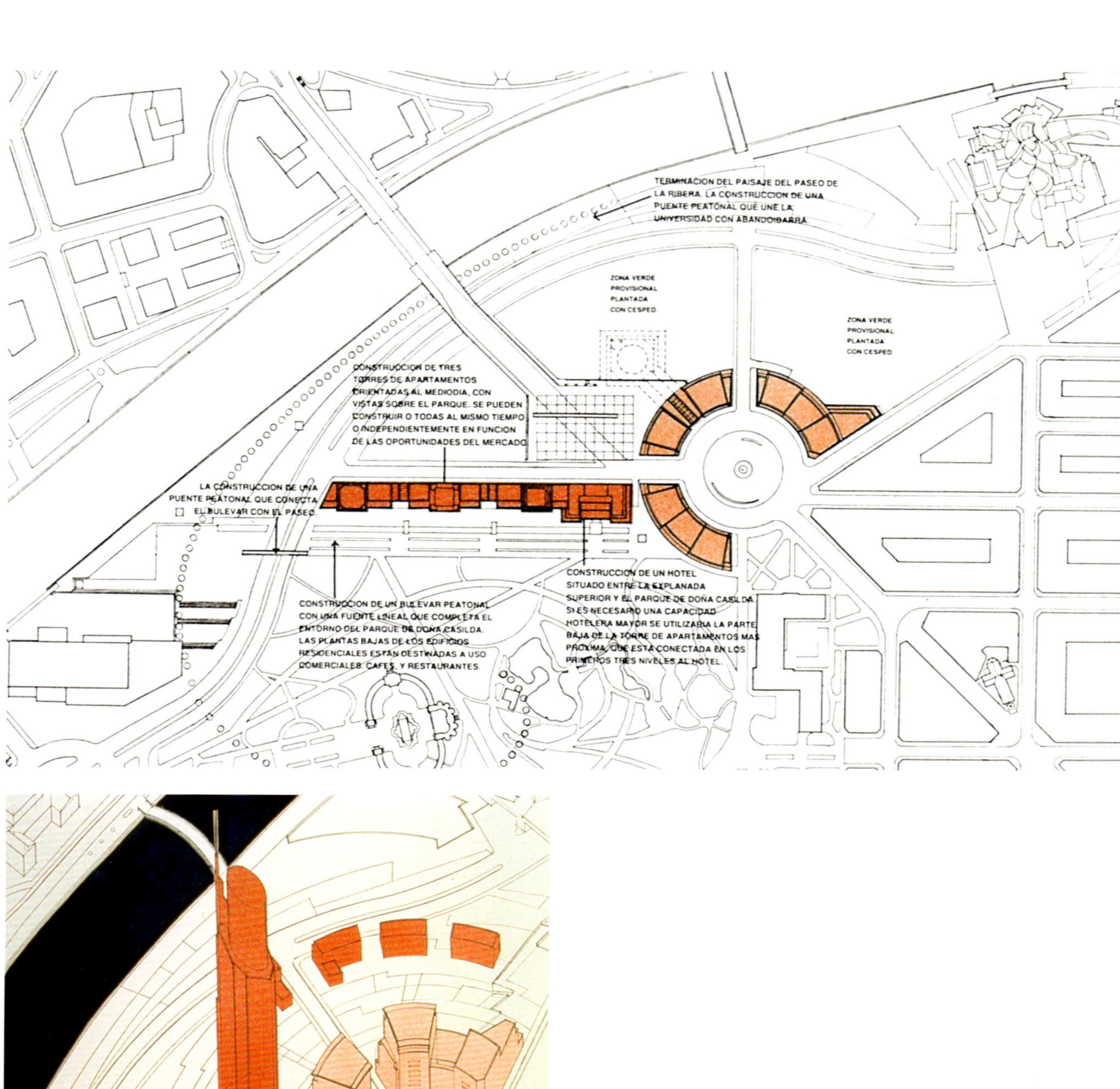
TERMINACION DEL PAISAJE DEL PASEO DE LA RIBERA. LA CONSTRUCCION DE UNA PUENTE PEATONAL QUE UNE LA UNIVERSIDAD CON ABANDOIBARRA.
ZONA VERDE PROVISIONAL PLANTADA CON CESPED.
ZONA VERDE PROVISIONAL PLANTADA CON CESPED.
CONSTRUCCION DE TRES TORRES DE APARTAMENTOS ORIENTADAS AL MEDIODIA, CON VISTAS SOBRE EL PARQUE. SE PUEDEN CONSTRUIR O TODAS AL MISMO TIEMPO O INDEPENDIENTEMENTE EN FUNCION DE LAS OPORTUNIDADES DEL MERCADO.
LA CONSTRUCCION DE UNA PUENTE PEATONAL QUE CONECTA EL BULEVAR CON EL PASEO.
CONSTRUCCION DE UN BULEVAR PEATONAL CON UNA FUENTE LINEAL QUE COMPLETA EL ENTORNO DEL PARQUE DE DOÑA CASILDA. LAS PLANTAS BAJAS DE LOS EDIFICIOS RESIDENCIALES ESTAN DESTINADAS A USO COMERCIALES. CAFES, Y RESTAURANTES.
CONSTRUCCION DE UN HOTEL SITUADO ENTRE LA EXPLANADA SUPERIOR Y EL PARQUE DE DOÑA CASILDA. SI ES NECESARIO UNA CAPACIDAD HOTELERA MAYOR SE UTILIZARIA LA PARTE BAJA DE LA TORRE DE APARTAMENTOS MAS PROXIMA, QUE ESTA CONECTADA EN LOS PRIMEROS TRES NIVELES AL HOTEL.

我们将总体规划作为毕尔巴鄂的城市扩展，沿着被广泛开发利用的内维翁河，建造了散步通道，使人们可以成功到达拥有大量绿地的河畔，为去往盖里设计的古根海姆博物馆创造了一条幽雅的路径。

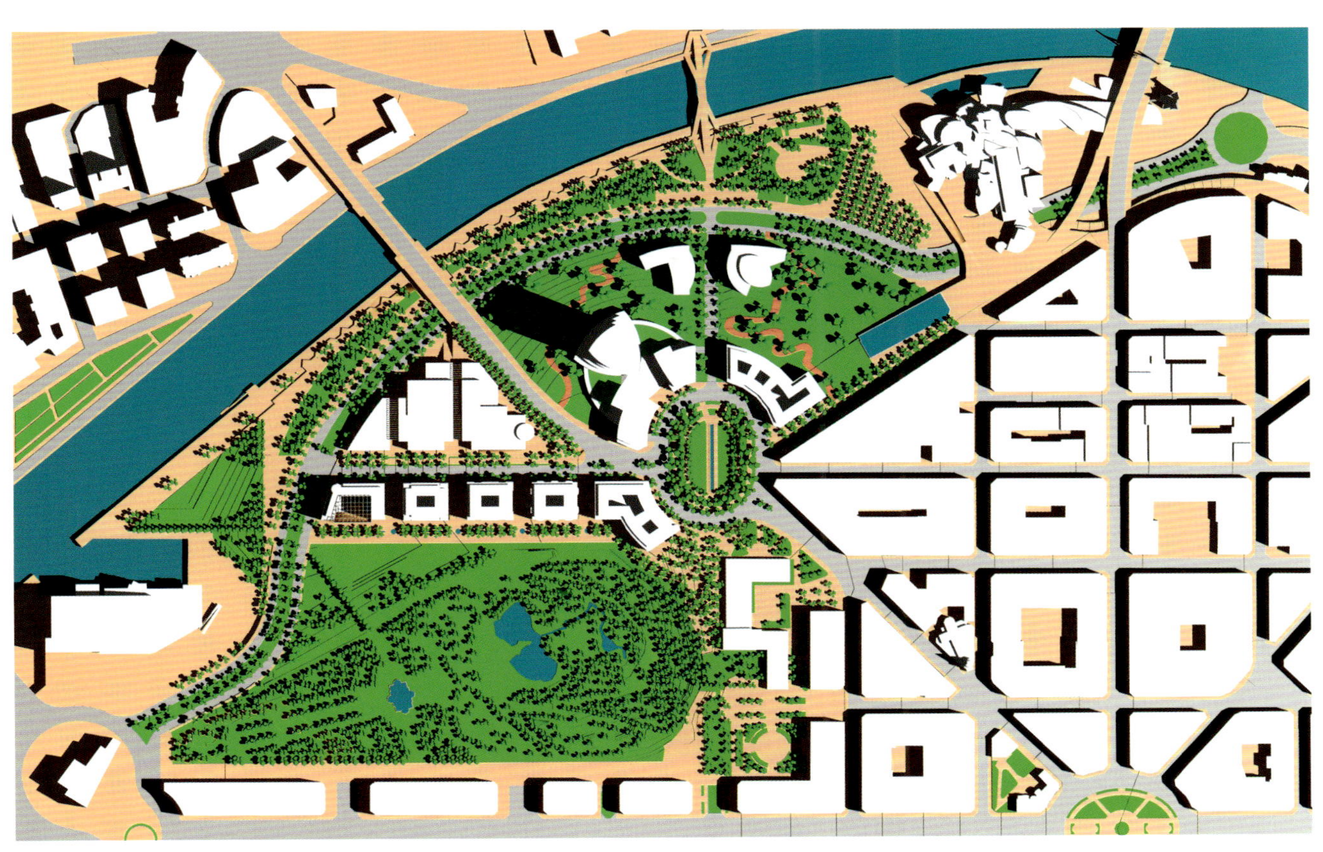

规划平面图显示了中部空间的演变过程，以及周边建筑对这一空间的定义方式，盖里设计的古根海姆博物馆位于平面图的最右侧

MODA

伊比德罗拉大厦

2011 年，西班牙毕尔巴鄂

伊比德罗拉大厦是欧洲第一个获得 LEED 白金认证的大厦，这是美国绿色建筑委员会对可持续性设计的最高评级。这座姿态优雅的 41 层玻璃大厦是伊比德罗拉国际能源公司的总部。它位于斜行的埃尔卡诺大道的端点——这里是毕尔巴鄂市阿班多尔巴拉区的核心地带。大厦巍然矗立在新的公共广场——巴斯克广场之上。

伊比德罗拉大厦拥有高效的双层玻璃幕墙，通过墙壁之间的洞孔可以冷却内部流通的空气，并将热量向上输送到位于天花板上面的通风室。这样可以使建筑从暴露的部分重新获得热量，并将热量传送到最需要的地方。

我将伊比德罗拉大厦设想为阿班多尔巴拉区的中心建筑，它是毕尔巴鄂的最高建筑，也是从椭圆形广场看到的景观视野的焦点，该广场是城市的传统中心场所。大厦的造型简单优雅，呈弧线状的三角形平面布局，向上直刺天空。大厦的外墙采用了明亮的无铁玻璃，具有高度的透明性。

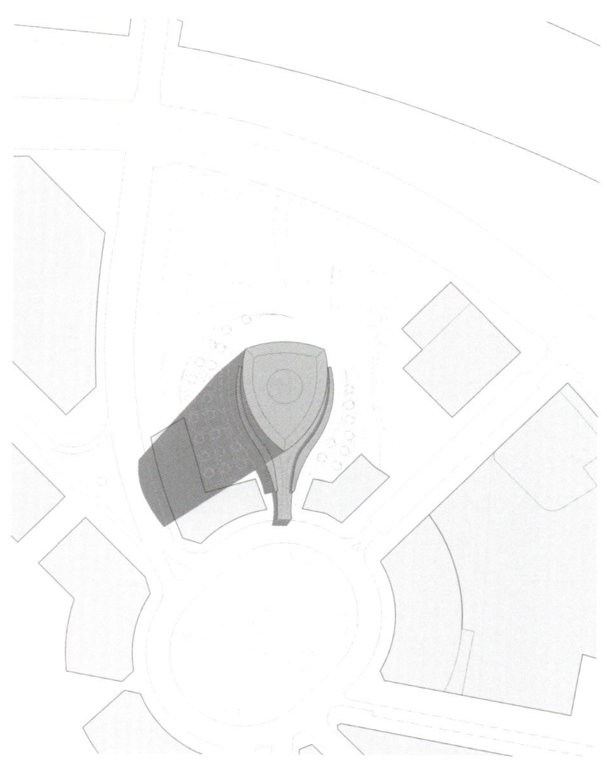

IBERDROLA

大厦的选址考虑了桥梁和沿着河畔步行通道分布的绿色空间

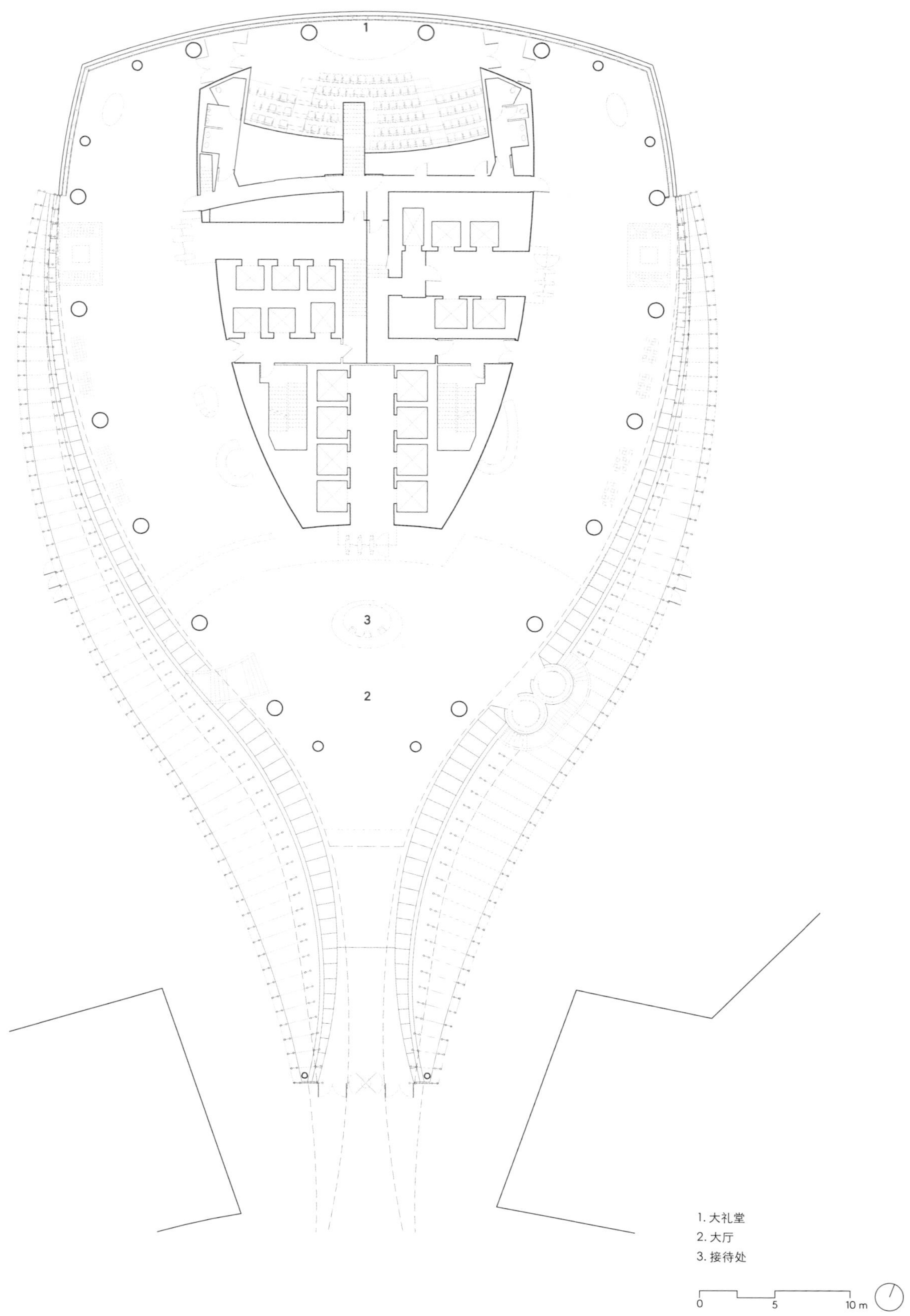
1
2
3
1. 大礼堂
2. 大厅
3. 接待处
0
5
10 m

国际金融中心

2004 年，中国香港

香港国际金融中心位于美丽的城市一隅，毗邻维多利亚港最狭窄的航道，映衬在城市中心区域和太平山的背景之下。作为香港中环车站开发的一部分，这一综合建筑设施包括两座高达 88 层的金融中心、一座 40 层的国际金融中心和一座用于零售、并带有屋顶花园的四层裙楼。

两座高达 412 米的国际金融中心是香港岛的最高建筑，滨水的环境使其更加引人注目。由于它远离其他的高层建筑群，因此人们可以清晰地看到它的全部造型结构。

我们将大厦设计得简洁利落、令人过目难忘，犹如一座具有都市规模的巨型方尖碑。按照精心设计的比例，大厦的中心造型结构向上逐级缩进，表现出蓬勃向上的动感。

国际金融中心展现了香港的精神——自信、勇敢，并与优美的自然环境和谐相融。

CHAN CHE KEE
JEWELLERY
陳志記
MAN YEE
PAWN SHOP
TAXI

SINOPEC

这是一座极其适合香港的建筑，是亮丽城市的一部分。它体现了这座不可思议的大都市所具有的勃勃生机。

国立艺术博物馆

2004 年，日本大阪

日本国立艺术博物馆的设计遇到了非同寻常的挑战：客户要求我们为博物馆设计一个标志性的形象，只有入口门厅可以修建在地面之上。为了满足这一要求，我和弗雷德·克拉克（事务所的共同创始人）创造了一个以不锈钢和玻璃结构为主的入口，仿佛一个巨大的雕塑。在天空的衬托下，这个由不锈钢管编织而成的大网比博物馆本身的规模具有更大的冲击力。

入口的结构设计与竹林中弯曲摇摆的竹竿十分相似，与相邻的庞大的科学博物馆相得益彰。

博物馆的地下部分分为三个层面，这些层面非常宽敞，并充满了自然光线。参观者会很快忘记自己置身于地下，而沉浸于艺术海洋之中。

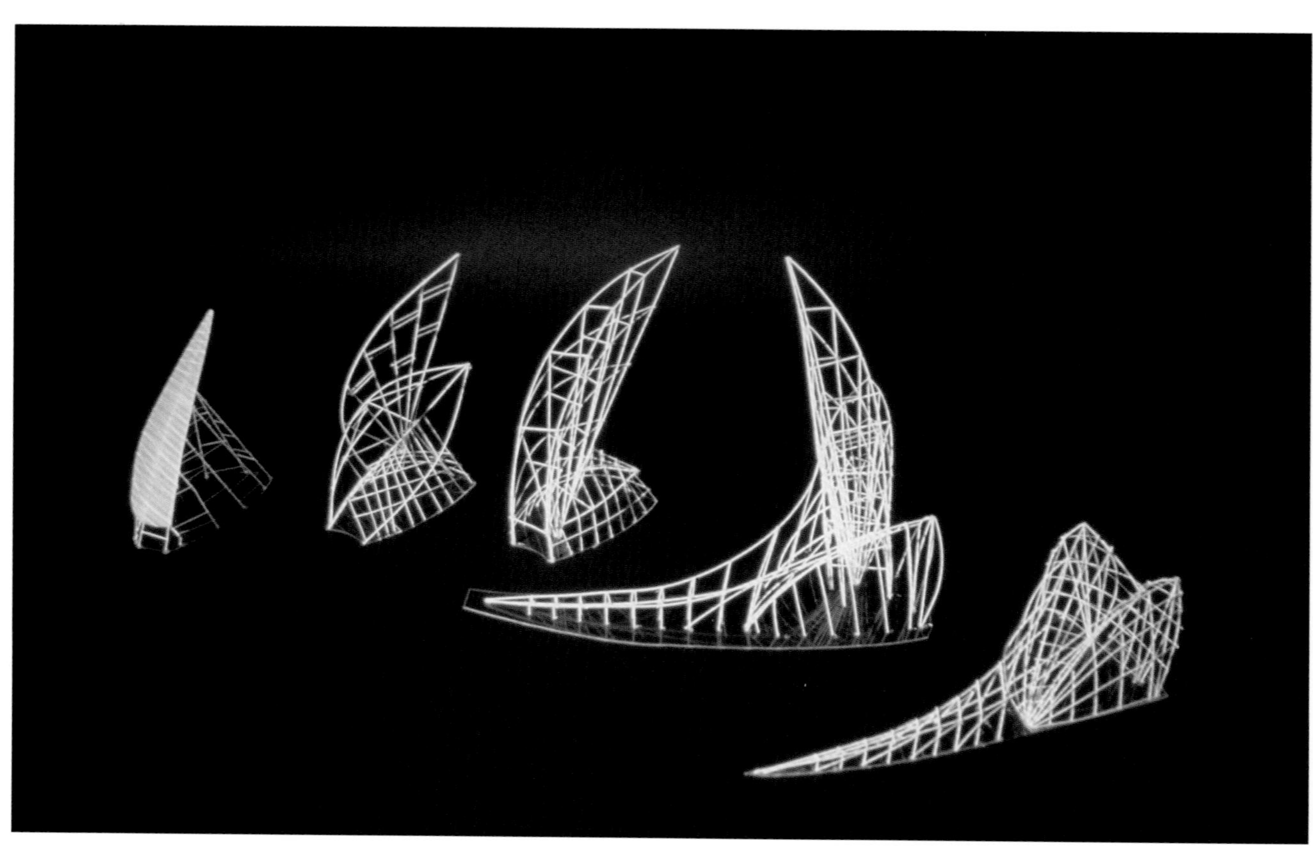

在大阪的这个犹如雕塑般的入口大厅设计过程中，我们对大比例模型、线图和印象派绘画进行了广泛的研究

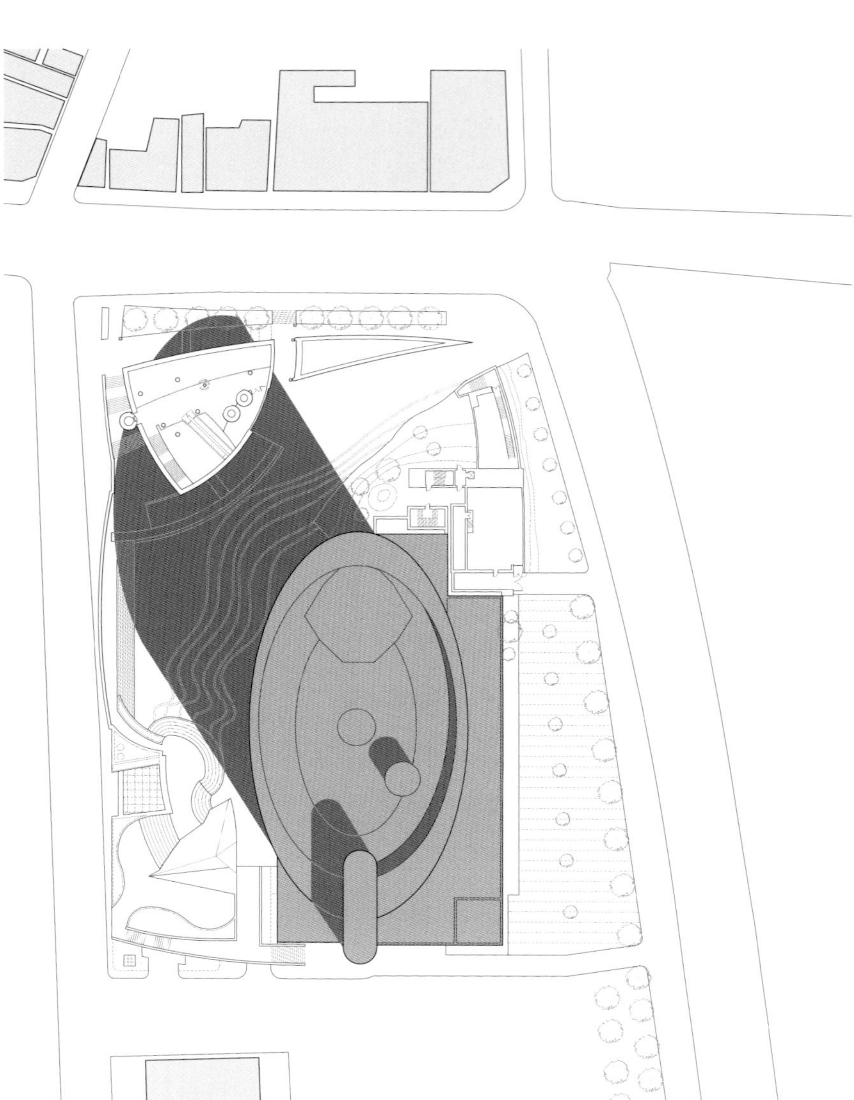

对页：通过街面上雕塑般的玻璃和不锈钢结构入口大厅，人们可以进入博物馆的内部。引人注目的不锈钢立柱使这一空间更加与众不同

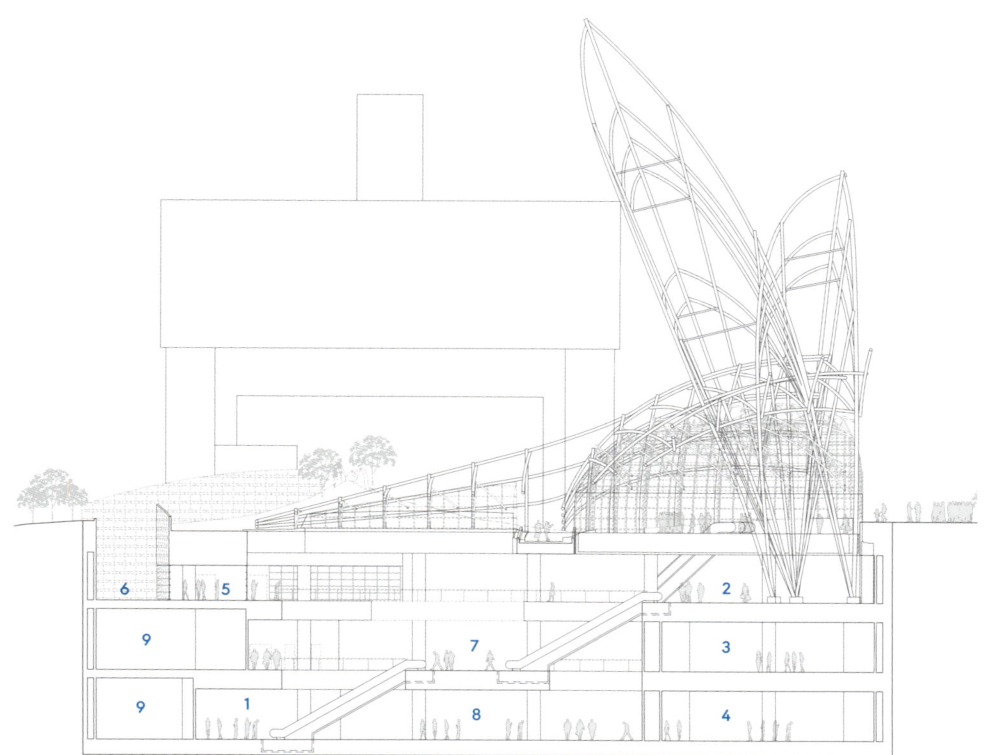

剖面图

1. 入口大厅
2. 接待层
3. 临时展馆 2
4. 永久展馆 2
5. 餐厅
6. 餐厅庭院
7. 临时展馆
8. 永久展馆 1
9. 机械设备室

上图：级联式自动扶梯将参观者从街道层面送入展览空间．
对页：过滤后的自然光线一直照射到最底层的展馆．

MITSUI & CO.,LTD.

山文
コウダイ
KOUDAI
三菱重工

希拉中心

2005 年，美国宾夕法尼亚州，费城

希拉中心是一幢 29 层的大厦，与费城的第 30 大街车站相邻，耸立在斯古吉尔河的岸边。这里远离城市的高层建筑群，因此从四面八方都可以远远望到这座新颖奇特、犹如雕塑般的建筑。

与厚重坚固的火车站相比，大厦显得精致轻盈。大厦覆盖着反光的表面材料，晶体结构的造型映射着湛蓝的天空。随着每天的时间变化和观看地点的不同，大厦的外观立面会不断发生变化。

质地精细的幕墙使大厦雕塑般的造型得到了加强。外墙的竖框系统几乎没有从墙面向外突出，在大厦的外部创造了一个看似二维的平面网格图案。

一个宏伟的、光线充足的门厅将希拉中心、火车站和铁路公司的封闭停车库连接起来。人们可以通过一个悬吊的夹层过道穿越门厅，来到街道上方的天桥，并进入火车站。玻璃幕墙犹如巨浪般起伏、延伸，形成了一个梯形的天篷。

2006 年，希拉大厦获得了畸形儿基金会颁发的项目奖，还有芝加哥文艺协会授予的美国建筑奖。

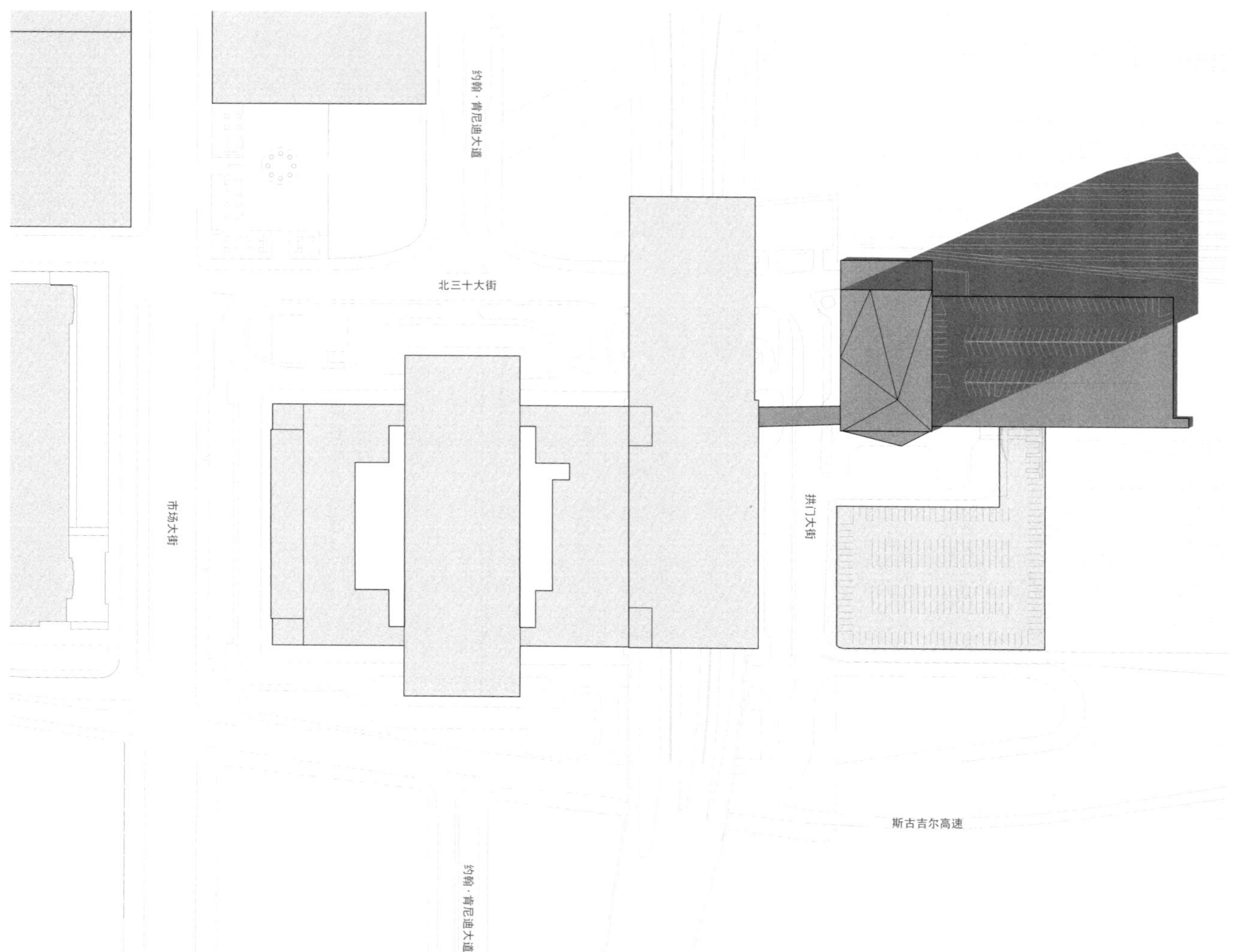
约翰·肯尼迪大道
北三十大街
市场大街
拱门大街
斯古吉尔高速
约翰·肯尼迪大道

抽象的晶状结构造型与火车站的古典建筑风格交相辉映

AMTRAK

入口大厅内洒满了自然光线

马隆工程中心

2005年，美国康涅狄格州，纽黑文，耶鲁大学

耶鲁大学马隆工程中心的设计做到了在两种不同环境之间的平衡过渡，它的一侧是城市的街道，另一侧是林间的小径。最终，这个用于研究的建筑在实现了各种功能的同时，还体现了对周边的自然和历史环境的尊重。

该建筑与耶鲁大学的一条主要干道——前程大街正对，石灰石的外观立面十分优雅，保持了与相邻建筑和谐一致的韵味和规模。实际上，这块从街面上看似长方形的场地是一个狭窄的三角形地块，一条运河从那里穿过街区。在三角形的斜线一侧，是柔和的曲面玻璃幕墙，跨越了整个建筑的长度，并与现在的法明顿运河林阴道相对。

玻璃幕墙封闭了建筑主要的通行走廊，并以悬臂的形式从主体结构中伸出，形成了一个开放的无立柱空间。每一个用于研究的套间都与公共走廊相交，实验室设置在建筑的核心部位，办公室则与走廊和过道相邻。自然光线可以通过办公室两侧的窗口进入到实验室内。这种布局促进了不同研究团队之间的交流和互动。

除了用于生物医学工程和物理科学的各种干湿实验室之外，马隆工程中心还包括弗雷德里克·P. 罗斯教学实验室、研讨会议室和办公室。

作为耶鲁第一个获得LEED金奖评级的建筑，马隆工程中心采用了关键的可持续性设计策略。高性能的外墙罩面与照明控制、日光和具有高度反射性的白色屋顶相结合，减少了制冷的需求和能源的消耗。通过对实验室的废水进行回收，将其用作厕所的冲洗用水，以及低流量水龙头的应用，与类似建筑相比，该建筑饮用水的消耗降低了85%。

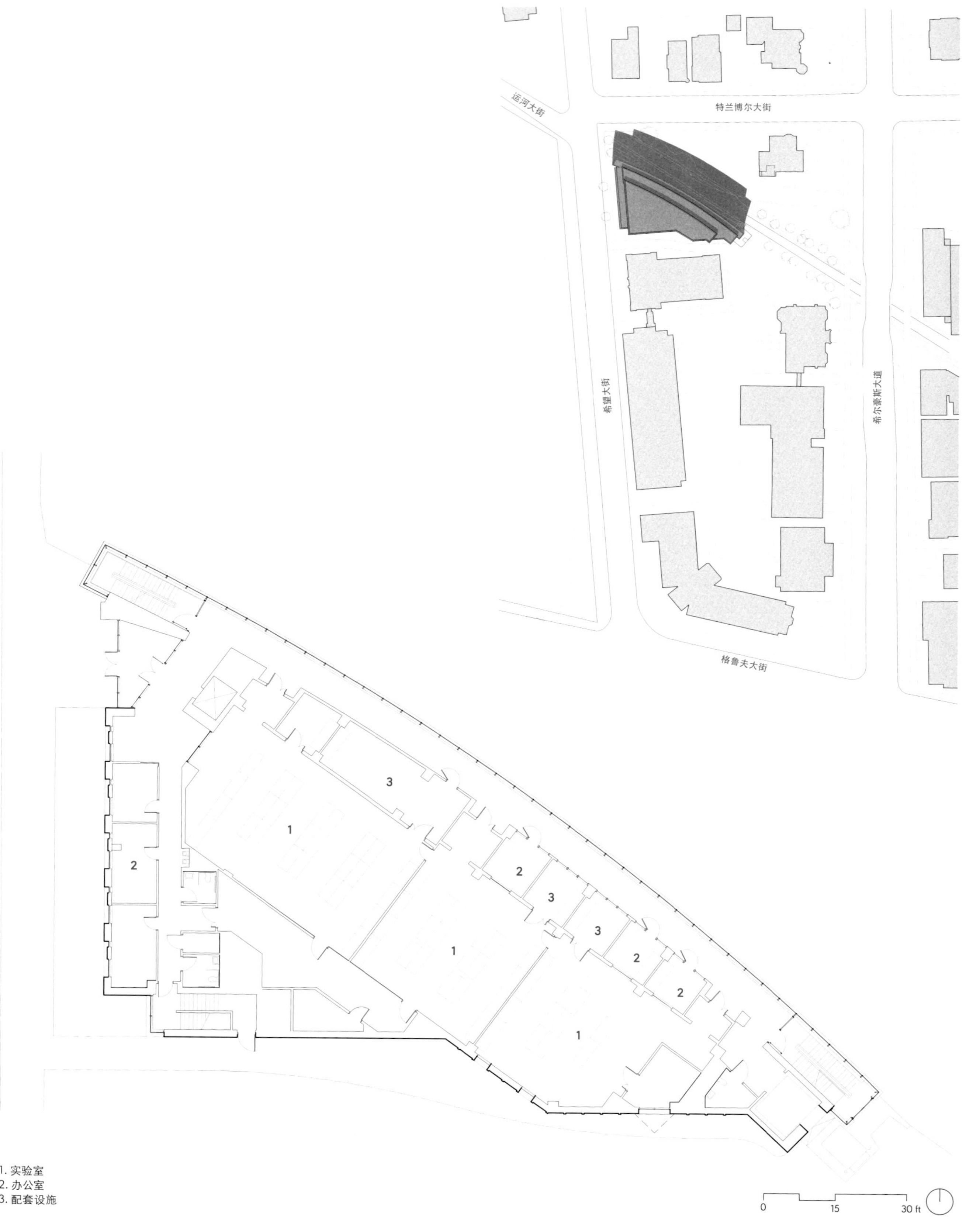

1. 实验室
2. 办公室
3. 配套设施

这是一个三角形的地块，我将建筑设计成曲面造型，与法明顿运河的小径相匹配，使其更具生机与活力。

我们的设计令人回想起多年以前罗伯特·文丘里为耶鲁大学设计的具有曲面外观的实验室大楼。

自然的光线和景观视野透过玻璃走廊和实验室的办公室，一直延伸到实验室的空间

JAMA
Science

我的父亲，我的导师

拉斐尔·佩里

我的父亲西萨·佩里使我轻而易举地进入了建筑的世界，但是他从不对我的道路指手画脚。作为雇主和导师，他总是让我感到自然亲切，与我儿时在洛杉矶的回忆完全一致。他和我的母亲戴安娜·巴尔莫里都是喜爱做事的人，因此我和兄弟丹尼斯从小就在布满草图和绘画的家庭里成长。每一个房间里都摆满了为万圣节制作的纸浆面具和其他用品，还有刺绣和各种艺术作品。在进入大学学习古代史之后，我很快意识到这是一个错误的选择，我失去了进行日常创作的环境，我渴望一种与视觉和创造相关的职业。

在工作室中，我的父亲对所有的设计师都一视同仁。他对任何人提出的清晰思路和创意都会进行认真评估（这是他的最高奖励）。如果我们的设计思路遵循的是连贯一致的概念方法，他虽然会提出很多疑问，但是他会因为探索范围更广泛的创意表达而感到无比兴奋。我们最喜欢的合作项目是 2001 年的伊利诺伊大学香槟分校商学院项目。当时我刚刚在纽约建立了事务所的办事处，将要指导这一项目的实施。但是西萨多次跟我一起参加了在校园和行程中举行的设计会议，这唤醒了我对父母创业初期的一些小小记忆和轶事，他们以前所未有的方式让家族的历史绚丽多彩。

当时有一个小背景：1952 年，由于美国的大学提供了一年的奖学金，我的父母从阿根廷北部图库曼省的一个小城市来到了美国。当时他们都期望学成后能够回到国内，但是，一年的学习变成了两年，通过院长的联系，他们又获得了面试和临时的工作机会，这些最终导致他们决定在美国生活并开创事业。（我的父亲一直只购买美国制造的汽车）父母在美国的第一年几乎就是一次冒险的经历，在他们达到异国他乡的时代，如果没有一角硬币，或者与他人相识，想给家里打个电话都是不可能的。长大后，我不仅无数次听到这个故事，还知道了他们第一年参加大学学生会的重大意义。学生会室是一个宽敞的大房间，他们可以离开临时居住的活动房屋在那里眺望优美喧闹的校园主广场，度过几个小时的美好时光。他们在阿根廷图库曼国立大学的时候，从来没有过这样的经历。

因此，毫不奇怪的是，当我们到达伊利诺伊大学香槟分校商学院时，西萨首先要看的地方就是学生会室。（我想，他们可能很早以前就拆除了临时性活动房屋）随后，我理解了父亲为什么在职业生涯中始终重视私人项目中的公共空间，例如纽约的冬季花园。我还看到，这一经历是如何深深影响和丰富了他的建筑思想。尽管具体的项目情况已经完全不同，我们为新的商学院所做的设计还是围绕着一个朝向广场的巨大公共空间而成形。不过，这个空间更像是一个大型阅览室，而不是一个休闲的空间。

事后看来，与父亲在这一项目工作中的合作是我最珍惜的一段经历。我们频繁地进行现场考察，在共同漫步于校园的过程中，他有机会重温一生中最重要的成长时刻。对我来说，这也再次提供了直接从他的经验和指导中学习的机会。

RENÉE AND HENRY SEGERSTROM CONCE

蕾妮和亨利·塞格尔斯特罗姆音乐厅和萨穆埃利剧院

2006 年，美国加利福尼亚州，科斯塔梅萨

蕾妮和亨利·塞格尔斯特罗姆音乐厅的设计工作为我们带来了极大的乐趣。项目的场所、功能目标和客户，都成为我们设计中的要素，最终，我们的努力取得了丰硕的成果。该建筑体现了我们的热情，在南加州明媚的阳光下，音乐厅散发出无穷的魅力和活力。我相信，这个音乐厅表达了奥兰治县人民的活力、乐观和美好的愿望。该音乐厅与 1986 年建成的塞格尔斯特罗姆音乐厅和南岸剧院一起，共同构成了一个世界级的表演艺术中心。

音乐厅由乳白色的砂岩构成，它们的阴影勾勒出方块状的造型。走向建筑的北端，我们会发现音乐厅的几个主入口，它们的造型犹如从波状起伏的透明玻璃幕墙中迸发而出。随着你的走动，幕墙上会显现涟漪、闪烁和溶解的效果。对我来说，这些玻璃幕墙形成的波浪造型就是对太平洋海浪的追忆。

音乐厅就像一件伟大的乐器，奉献了无数令人赞不绝口的音乐表演。我们把它看作古典音乐会场中的弦乐器。

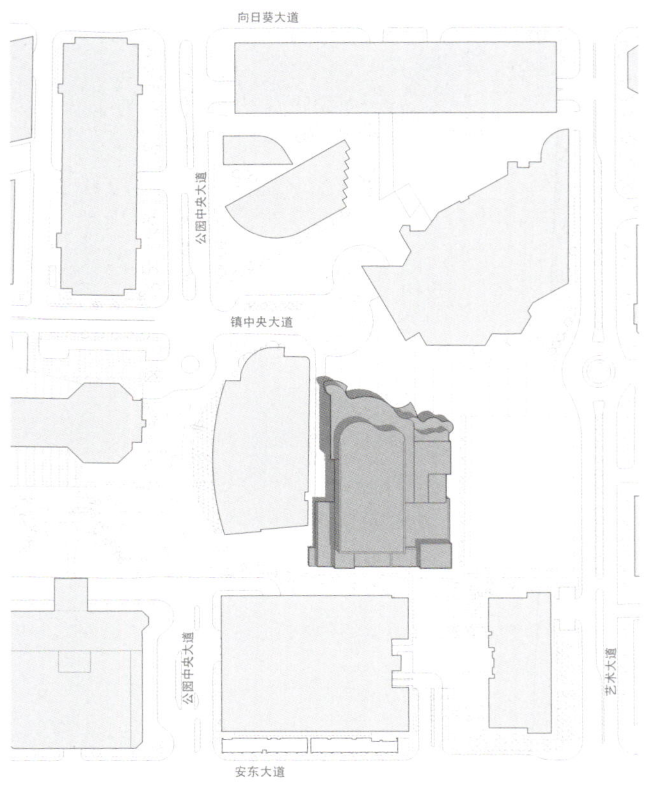

我们采用单层的曲面玻璃创造了一道美丽的外墙。气候温和的时候，它绵延弯曲的造型显得非常优美。由于玻璃幕墙朝向北方，因此太阳照射不到墙面。

ERSTROM CONCERT HALL

AND HENRY

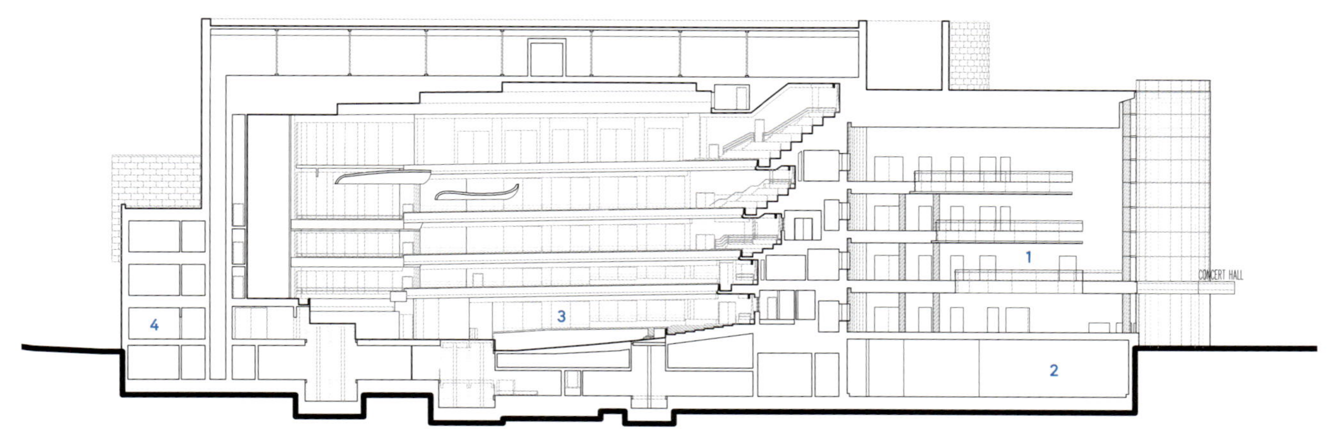

1. 门厅
2. 机械设备室
3. 音乐厅
4. 更衣室

对页上图：坐席一直延伸到舞台的后面，这是表演空间的一大特色
对页下图：西侧立面图
上图：曲线造型在门厅内随处可见，吊灯也不例外，与表演大厅内的造型遥相呼应

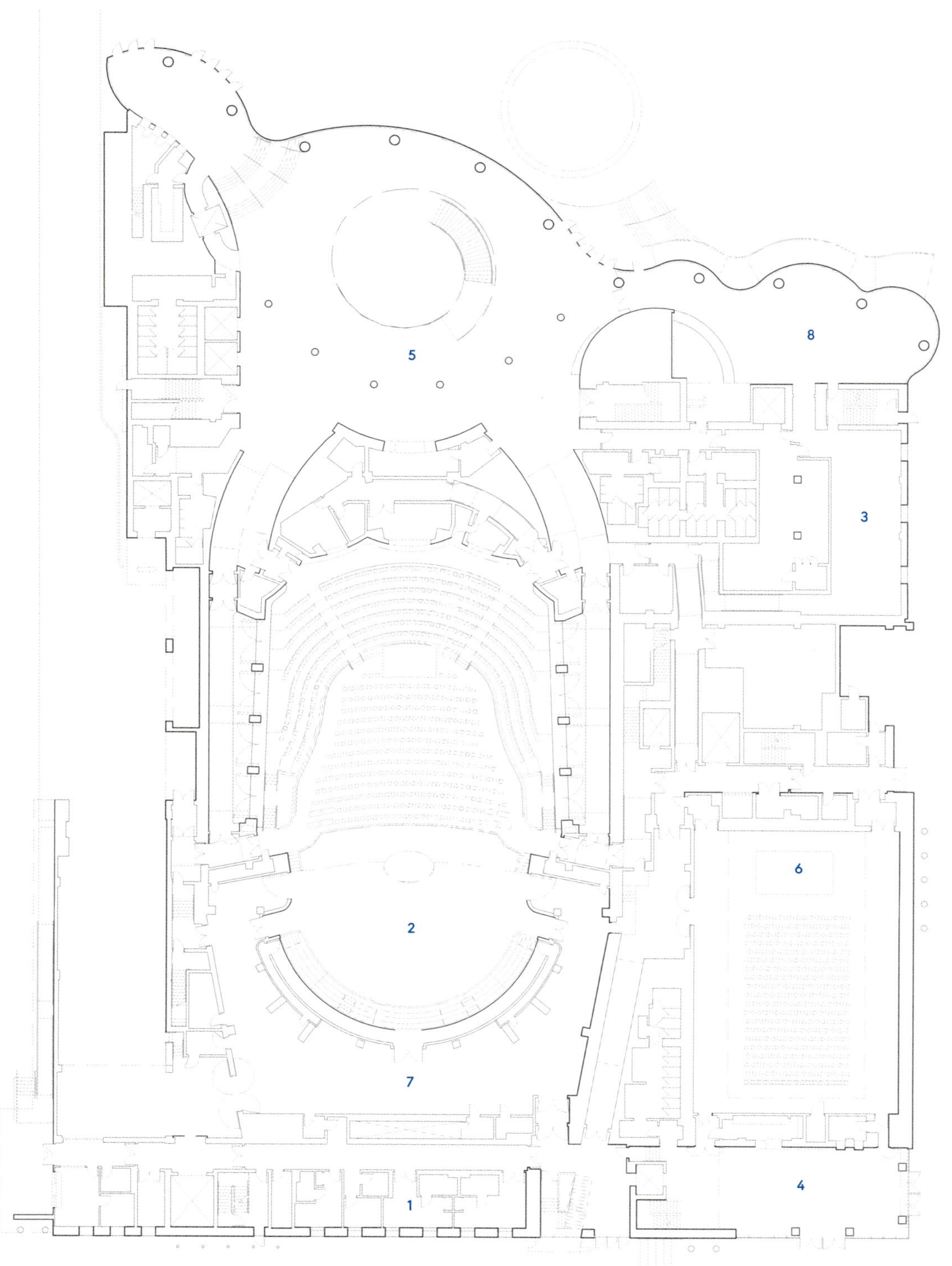

平面图

1. 艺术家套房
2. 音乐厅
3. 厨房
4. 门厅——音乐剧场
5. 门厅——管弦乐厅
6. 音乐剧场
7. 平台区域
8. 餐厅

表演空间的顶棚设计（对页）暗示出乐器的元素，例如风琴（上图）

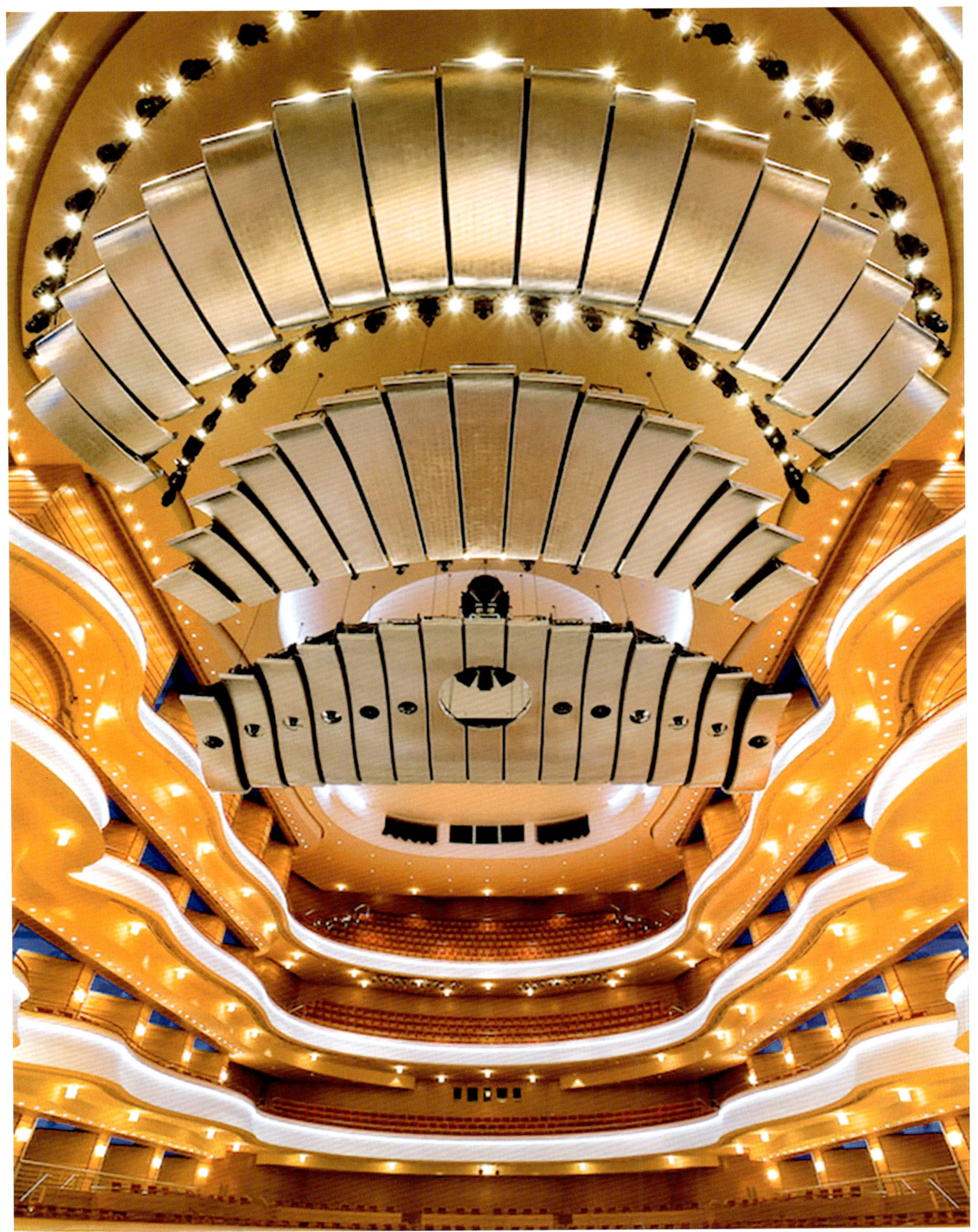

萨穆埃利剧院的入口采用了分层刨工的形式，与塞格尔斯特罗姆音乐厅曲线造型的正面外观形成了互补的效果

SAMUELI THEATER

艾德里安·阿什特表演艺术中心

2006年，美国佛罗里达州，迈阿密

在一次国际竞赛中，我们赢得了迈阿密戴德县艾德里安·阿什特表演艺术中心的设计工作。这个曾在1995年于迈阿密的沙雷特举行过为期五天的竞赛项目，从一开始就非常迷人。我们必须创造两个世界级的剧院：一个用于举办音乐会，另一个用于歌剧和芭蕾舞的演出，现在它们分别被称为骑士音乐厅和齐夫芭蕾舞歌剧院。仅仅是这一目标，就使得该项目成为一个非常特殊的建筑任务。但是，强烈吸引我们的还有这样一个事实：两座宏伟的剧院将有助于迈阿密一跃成为伟大的世界级大都市——美国的非正式首都。

客户希望这两个剧院能够促进新的发展，为这一地区带来新的生机——与相邻地区相比，这里已经落后的太久。我们不仅实现了这一目标，还超出了客户的预想。音乐厅和歌剧院分别位于比斯坎大道的两侧，每一个都占据了全部的街区。它们共同定义了一个椭圆形的广场——帕克尔·汤姆逊艺术广场，巴尔莫里事务所为其提供了景观设计。广场跨越了比斯坎大道，广场二层的一座行人天桥将两个剧院连接在一起，构成了完美的造型。

广场上绿树成荫，周围环绕着带有遮蔽的柱廊，花园露台分布得错落有致。这里被视作这个综合建筑的第三个公共场地，是一个用于露天表演的空间。两座剧院被精心地设置在这里，音乐厅面向北方，歌剧院朝向南方。每座建筑的四侧都设有主要的公共入口，与阿什特中心的边界相通，使其融入城市的总体构造之中。

客户要求我们保留古老的西尔斯百货大楼的塔楼，因为这是迈阿密的第一个装饰派艺术建筑。这一要求为设计带来了困难，但是我们用心设计，使它成为广场的标志和中心点。现在，它已经成为整个结构布局中不可或缺的要素。在迈阿密平坦的地貌景观中，两座剧院就像巍然耸立的山峰。当你环绕它们行走时，会感到整个建筑的造型晶莹剔透，仿佛在旋转舞动。剧院的大厅拥有巨大的玻璃窗，每层楼座都具有良好的开放视野。两个剧院的观众区域虽然巨大无比，但是却产生了令人感受到亲切和热烈的氛围。

1 号线路的街道从该区域穿过，我们让艺术广场跨越了这条街道。广场的用途十分广泛，它是一个真正自由的公共空间。它隔绝了街道，使这里成为表演的空间。

平面图

1. 办公区域
2. 教室
3. 门厅
4. 绿色空间
5. 大厅
6. 排练室
7. 舞台门
8. 剧场

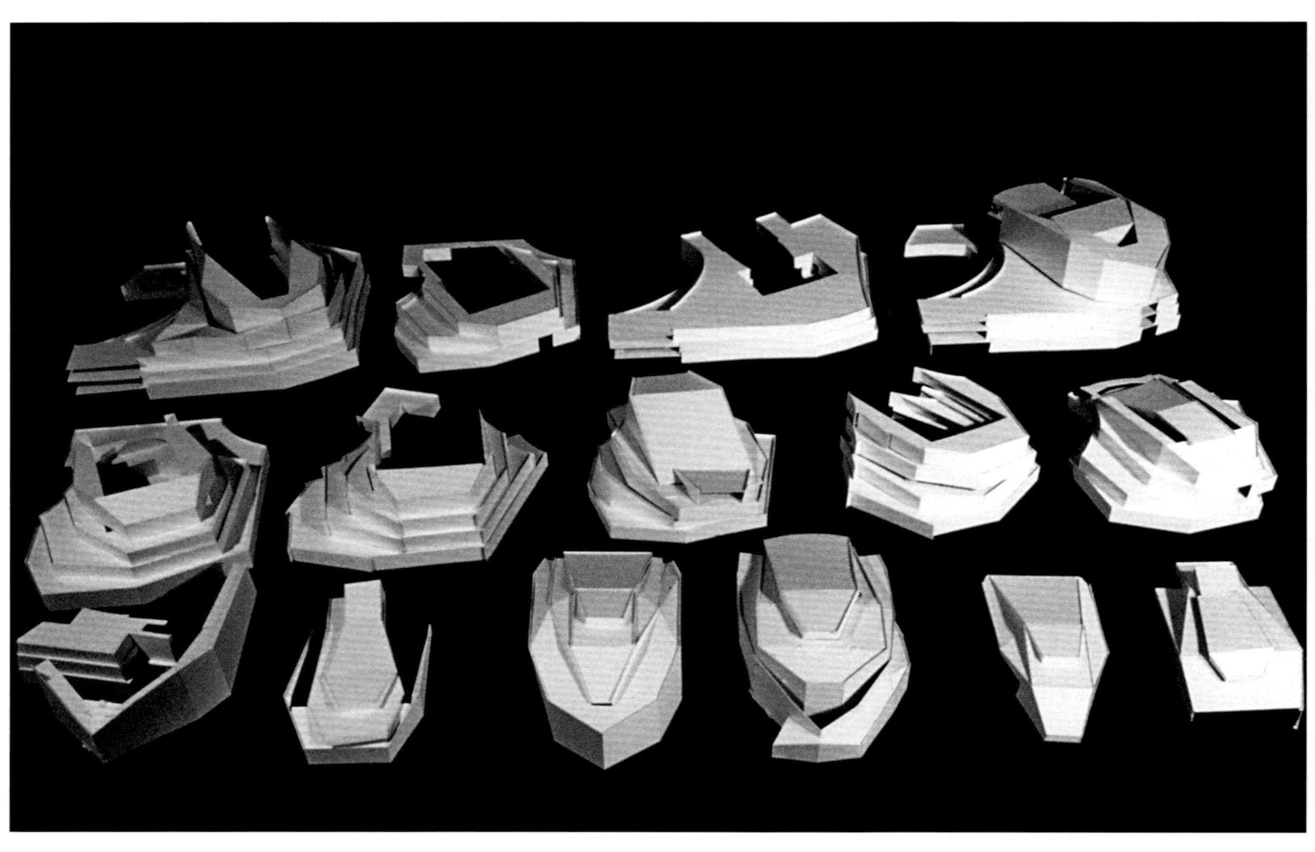

通过艺术广场，艾德里安·阿什特表演艺术中心跨越了比斯坎大道，两座剧院构成的这种框架结构是建立在广泛的模型研究基础之上的

安娜·瓦伦蒂娜·默奇为广场设计了独具特色的喷泉水景

Airport

上图和对页：歌剧院的大厅以艺术家何塞·贝迪亚设计的马赛克图案和栏杆面板为特色

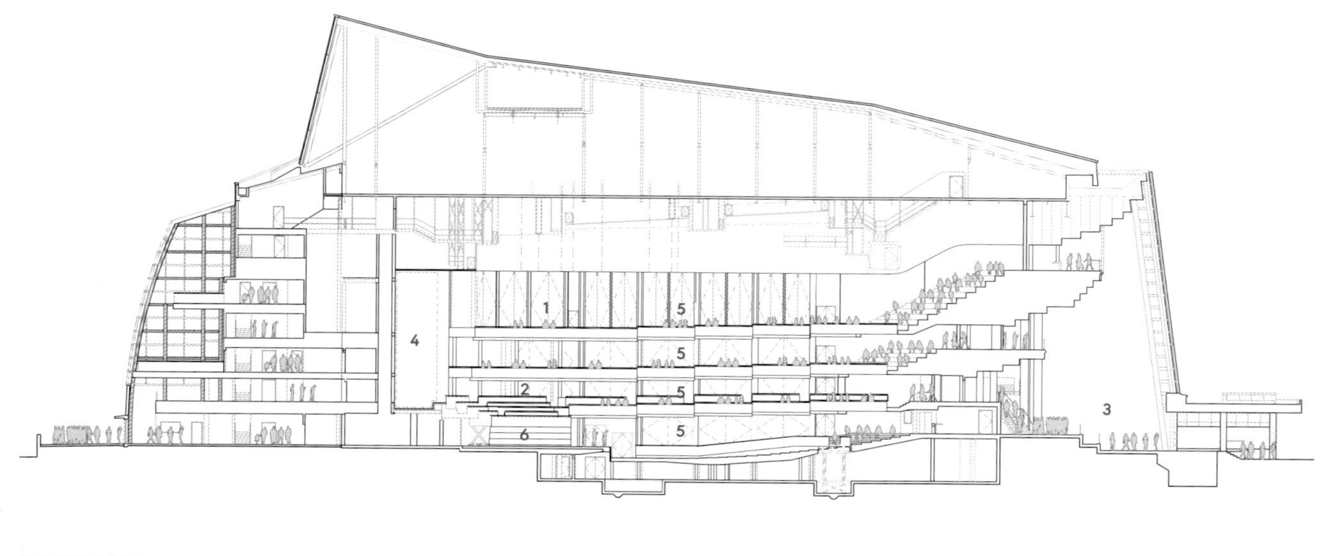

骑士音乐厅剖面图

1. 音效罩篷
2. 合唱舞台升降设备
3. 大厅
4. 风琴室
5. 混响室
6. 舞台

上图和对页：音乐厅大厅内由何塞·贝迪亚设计的马赛克图案和栏杆面板是歌剧院大厅内作品的姊妹篇

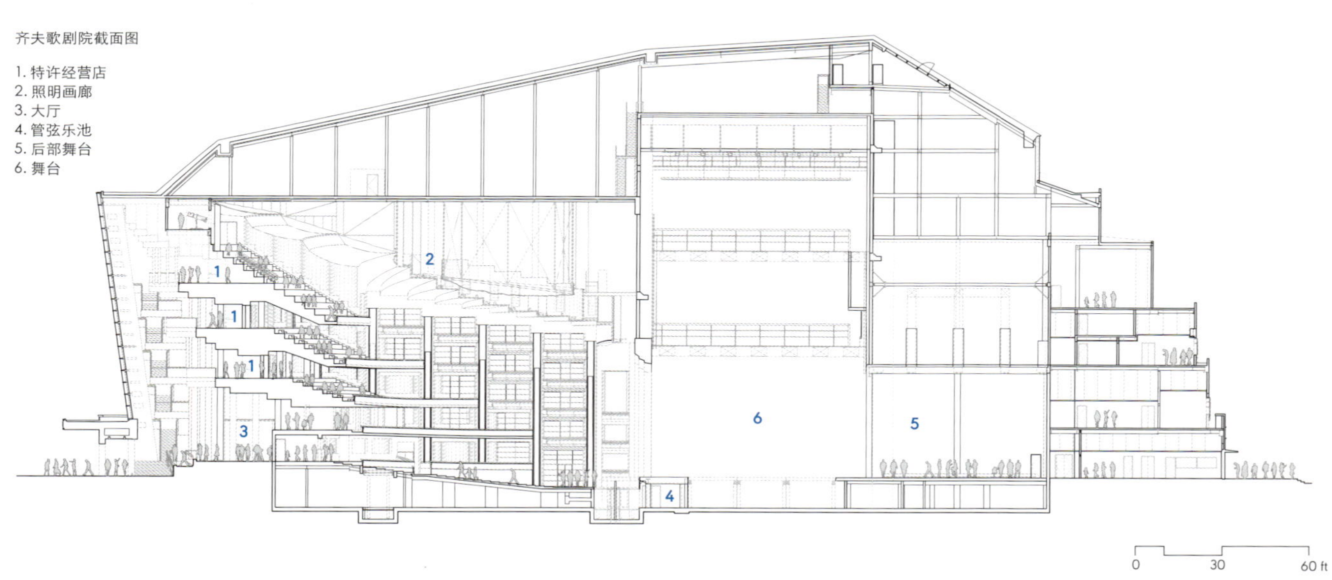

齐夫歌剧院截面图

1. 特许经营店
2. 照明画廊
3. 大厅
4. 管弦乐池
5. 后部舞台
6. 舞台

对页：歌剧院的顶部是一个具有声音反射功能的涡旋造型的穹顶

COMMITMENT
SANFORD AND DOLORES ZIFF BALLET OPERA

2008

明尼阿波利斯市中央图书馆

2006 年，美国明尼苏达州，明尼阿波利斯

在该项目的设计中，我们力图解决一个棘手的问题：公共图书馆的未来是什么？图书馆作为知识宝库的传统功能正在受到互联网的挑战。除非对自身进行改造，否则图书馆可能不会存在太久。目前，很多图书馆都已成为社会的文化和学习中心。

这些新功能变得非常重要：图书馆已经侧重于计算机教学和培训，并为儿童、青少年和新移民提供了专设的区域。我们还设计了一个天文馆，但是尚未建成。

我们设计了一些结构简单、类似阁楼的空间，使其尽可能成为具有灵活性的建筑，从而可以为新的活动重新调整空间布局。这是一个没有横梁的建筑结构，平整的楼板由间距很宽的立柱支撑，这些立柱拥有蘑菇状的柱顶。这种阁楼式设计的特性，也清晰地表现在外观上，不同形式的落地式玻璃幕墙使这种简单性更显活力。楼板的边缘覆盖着赭石色的明尼苏达石料，窗户的尺寸、透明度和深度也各不相同，形成了优美别致的图案。

现在，图书馆的共享区域成为建筑的核心——这是一个三角形的六层空间，充满了动感活力和明亮的光线。它将图书馆最常使用的部分（如阅览室和开放式书架）与更具私密性的工作空间以及不常被人访问的藏书空间隔离开来。这两个部分通过共享区域两端的步行天桥很好地连接在一起，使各个楼层形成一个整体发挥着功能，自然光线也可以照射到这个图书馆的核心区域。

屋顶采用了金属结构的飞翼造型，仿佛漂浮在空间之上，并一直延伸到建筑两端，成为每个入口的标志。飞翼在朝向尼科莱特购物中心的一侧变得较宽，在入口上方形成了一个巨大的悬浮屋顶，犹如一个巨大的门廊。飞翼较窄的一端漂浮在人行道和街道的上方，如同一根纤细的金属手指。

对页：东侧的主入口包括一个悬臂结构的金属顶棚，并跨过屋顶一直延伸到西侧立面

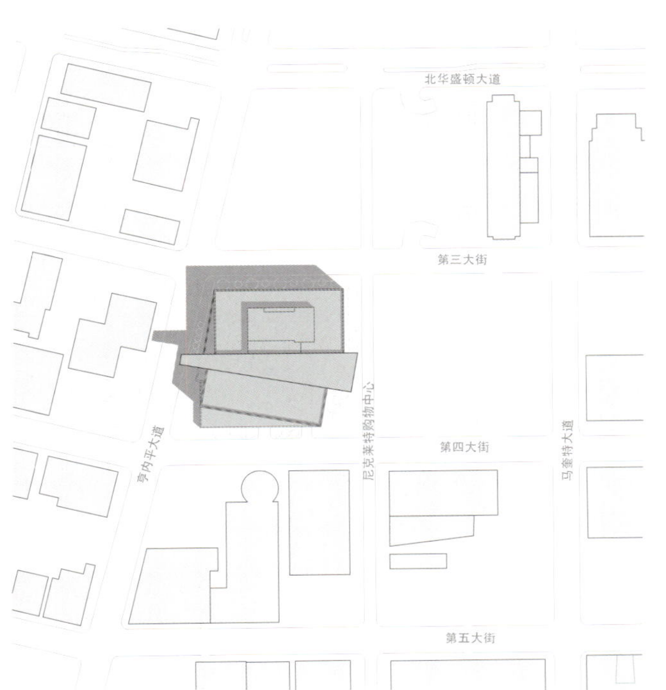

图书馆的设计纳入了很多可持续性策略，在屋顶上种植了具有抗旱性的植被，形成了面积为1720平方米的屋顶花园，减缓了雨水的流量，降低了城市的热岛效应。地面之下的通风系统降低了制冷的成本，充足的光线和节能灯具都超过了国家规定的标准。

2006年，该图书馆赢得了美国建筑师协会康涅狄格分会颁发的设计奖；2009年，图书馆获得了美国建筑师协会和美国图书馆协会颁发的图书馆建筑奖。

DUNN BROS COFFEE

MINNEAPOLIS
LIBRARY
CENTRAL LIBRARY

我一直想设计一个图书馆。我们阅读书籍的方式正在飞速改变，图书馆的功能也正在改变。从结构和地面以下的系统看，我们设计的是一个具有灵活性的空间。因此，可以轻易地改变布局形式，以适应新的功能。

3

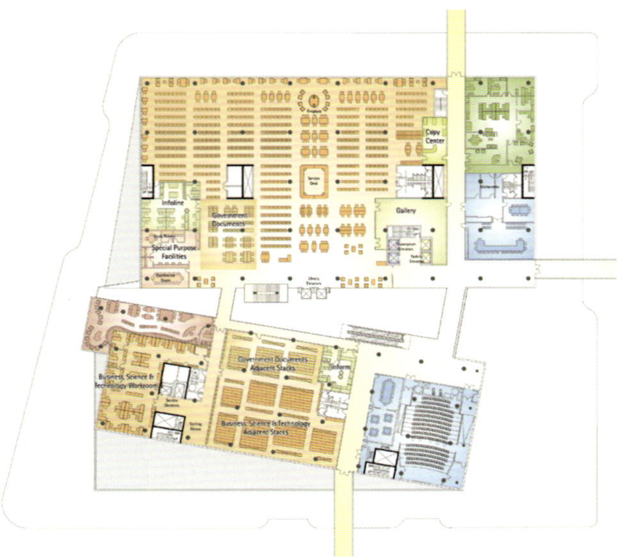

第三层平面图

第一层平面图

pohlad hall
EXIT

图书馆共享区域的电梯上是艺术家本·鲁宾的 LED 作品《四个故事》

2

序曲艺术中心

2006 年，美国威斯康星州，麦迪逊

序曲艺术中心几乎汇集了麦迪逊所有的艺术团体和组织——这是一个完整的街区，靠近州议会大厦和威斯康星大学。这个堪称典范的项目来自于一个开明的捐赠者，客户打算创建一个统一的艺术中心，包括一座经过改造的剧院、一个重新设计的剧场、新设计一个重要的表演大厅、对一个博物馆进行扩建。

该项目的主体是序曲大厅，从市中心望去，采用石灰石和玻璃建造的大厅具有简洁利落的几何造型，并带有一个宏伟的大厅，大厅延伸到人行道，遮蔽了中心的入口。

这个综合建筑保持了麦迪逊市中心面向步行者的友好特色。建于20世纪20年代的克赛尼奇－约斯特百货公司的石头外墙得到了保留，成为进入序曲中心的入口。新建的玻璃穹顶可以让阳光进入到高达四层的圆形大厅。圆形大厅的最底层是舞台，相当于一个室内的圆形剧场。

我们对两座原有的剧院进行了大量的重新设计。作为电影院建造的国会剧院保留了原有的一些细节，包括巴顿大风琴、装饰精美的天花板、壁龛、舞台上的拱形框架和吊灯。为了创造一个可以容纳800 名观众、氛围更亲密、音效更出色的表演场地，我们将一些座位移除，用一个具有原来剧院特色的新大厅取而代之。地峡剧场的内部现在是一个可以容纳 350 名观众，具有伸缩舞台的剧场，被简称为剧院，这几乎是一个全新的剧场。此外，这里还增加了三个灵活的黑盒剧场。

原来的麦迪逊艺术中心经过扩建后，被重新命名为麦迪逊现代艺术博物馆。独具特色的造型设计使它成为熨斗区一角的地标性建筑。沿着州立大街，可以看到博物馆的三角形四层玻璃大厅的棱柱造型。规模庞大的玻璃楼梯让人联想到世界各地现代博物馆的壮观入口。

ORPHEUM

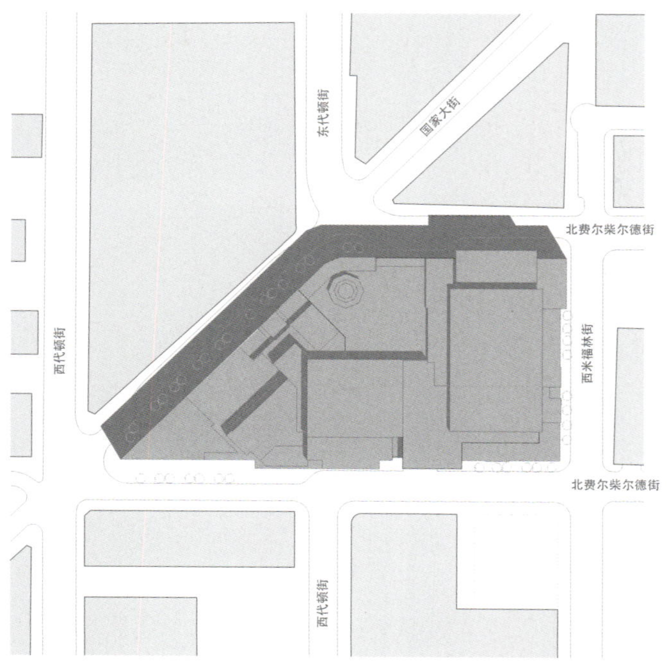

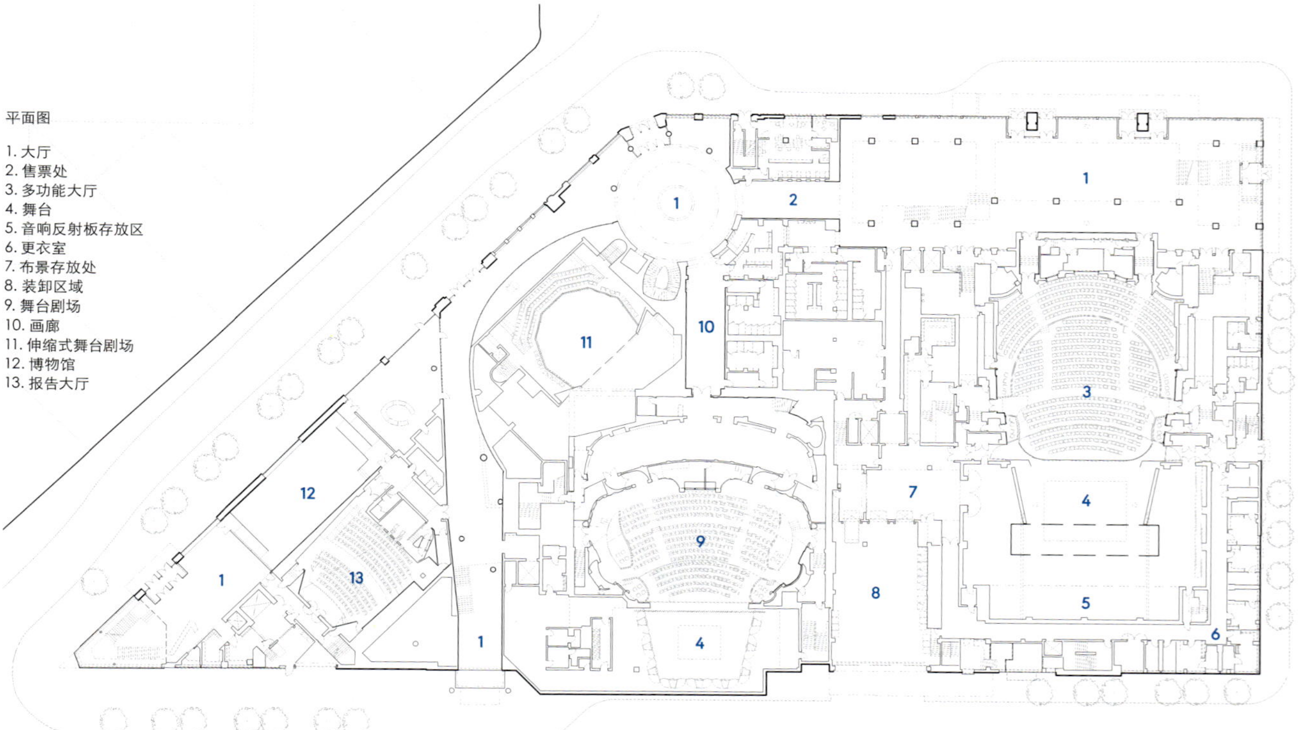

平面图

1. 大厅
2. 售票处
3. 多功能大厅
4. 舞台
5. 音响反射板存放区
6. 更衣室
7. 布景存放处
8. 装卸区域
9. 舞台剧场
10. 画廊
11. 伸缩式舞台剧场
12. 博物馆
13. 报告大厅

0 40 80 ft

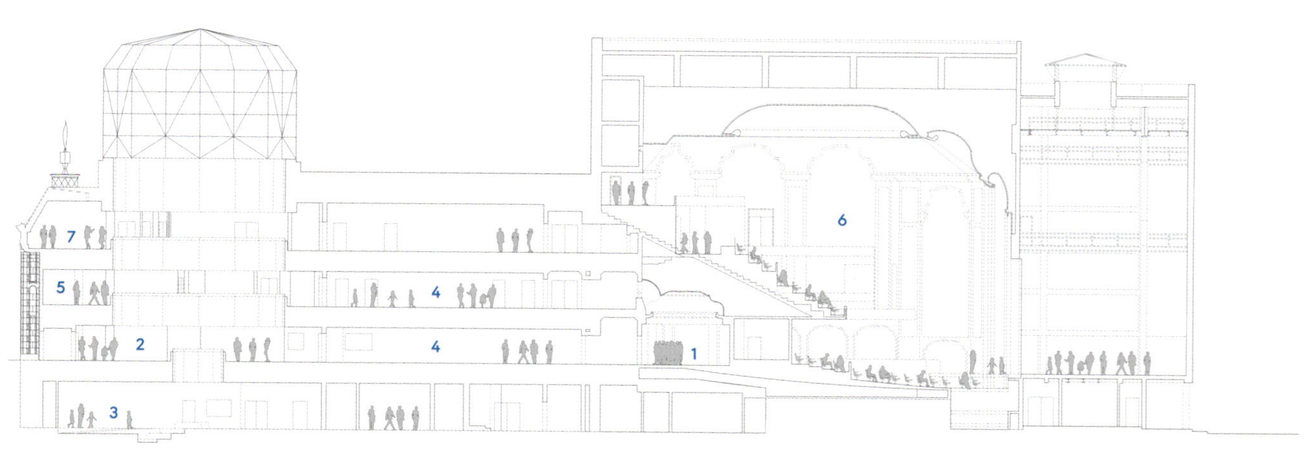

1. 国会大厅
2. 国会房间
3. 圆形舞台
4. 社区画廊
5. 走廊空间
6. 翻新后的国会剧场
7. 科学与艺术学会办公室

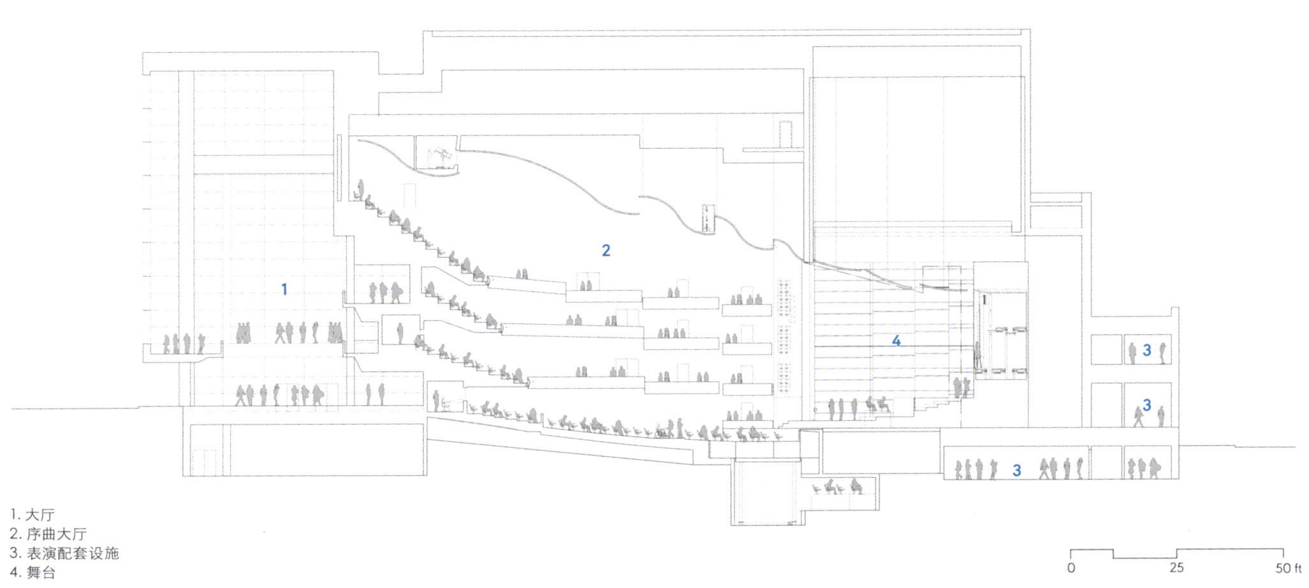

1. 大厅
2. 序曲大厅
3. 表演配套设施
4. 舞台

这座综合建筑包括各种表演空间，从翻新过的剧场（对页上图）、国会剧院（对页下图）到新建的序曲大厅，它的楼座造型如同起伏的波浪（上图）

200

OUTDOORSWEAR

BOK CENTER

BOK中心

2008年，美国俄克拉荷马州，塔尔萨

BOK中心是一个可以容纳18 000名观众的体育和娱乐场馆，是塔尔萨市一直希望拥有的表演和体育中心。它已经成为这里的标志性建筑。BOK中心的设计采用了连贯的螺旋式不锈钢和玻璃幕墙，向内倾斜的外墙像涡旋一样将场地包围在内部。

BOK中心的南侧立面是一面巨大的曲面玻璃幕墙，这道标志性的幕墙高出地面30多米。玻璃幕墙使BOK中心的内部与城市建立了非同寻常的连通性，观众可以在建筑内部的任何位置，包括一些观众席上看到外面的塔尔萨市风光。虽然大面积的玻璃幕墙是透明的，但是一半的墙面上覆盖了精妙的陶瓷熔块图案，可以防止强光的照射。在白天，日光可以透过玻璃幕墙进入到建筑的内部。玻璃幕墙可以承受每小时160千米以上时速的大风，这已经超过了这个多风地区对建筑的标准规定。

BOK中心还收入了一些为建筑特制的具有地域性的艺术作品：塔尔萨和纽约的画家乔·安杜绘制的高达数层，以骏马为题材的画作《梦乡》；雕塑家肯德尔·巴斯特和西蒙·艾伦设计的像云团一样的作品《层次》；切诺基部落的父子比尔和迪莫斯·格拉斯创作的《王国》，它们是四个嵌入水磨石地面的装饰图案，直径达到了7米；还有当地画家马克·刘易斯的25幅描绘塔尔萨大草原的风景画《高草之原》。

2009年，BOK中心赢得了美国钢结构学会颁发的钢结构工程和建筑（IDEAS2）创新设计奖；2011年获得了美国建筑师协会新英格兰分会颁发的设计奖；2012年获得了芝加哥文艺协会设立的美国建筑奖。

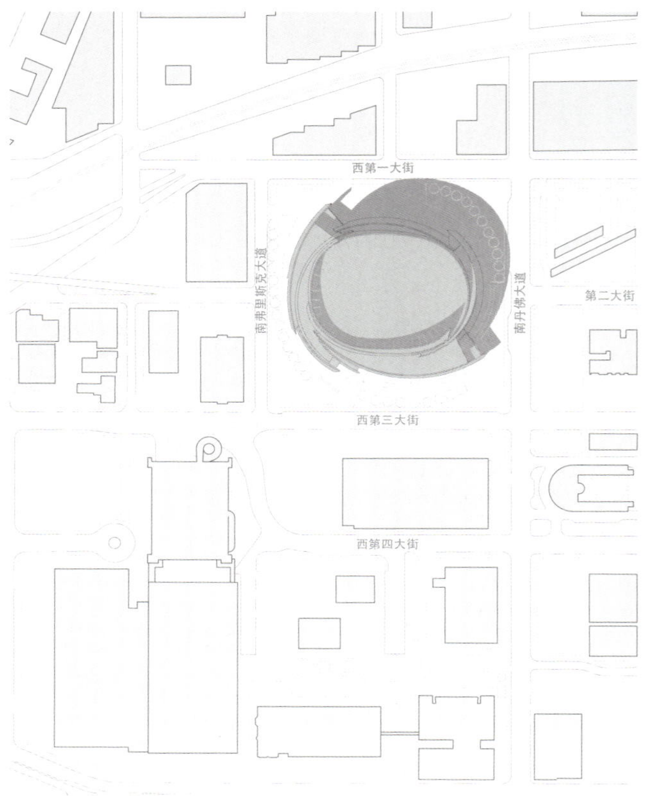
西第一大街
南弗里斯克大道
南丹佛大道
第二大街
西第三大街
西第四大街

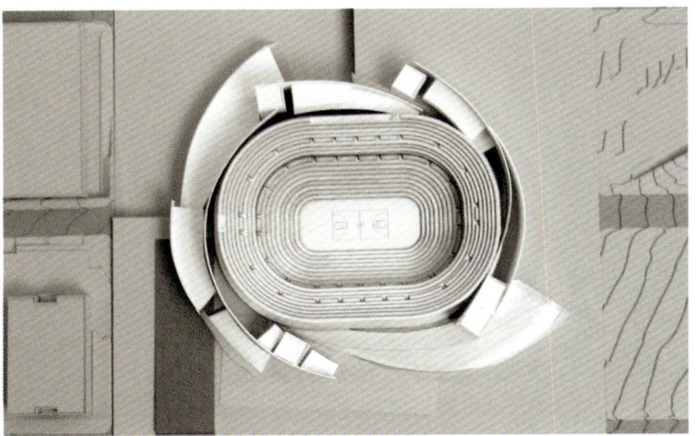

坡道是这里的新元素，使人们可以从最低处进入建筑，还可以沿着平缓上升的坡道来到更高的层面。人们都喜欢这条坡道，它具有迷人的魅力，更适合社交活动，也体现了建筑内部人们进行的运动特点。

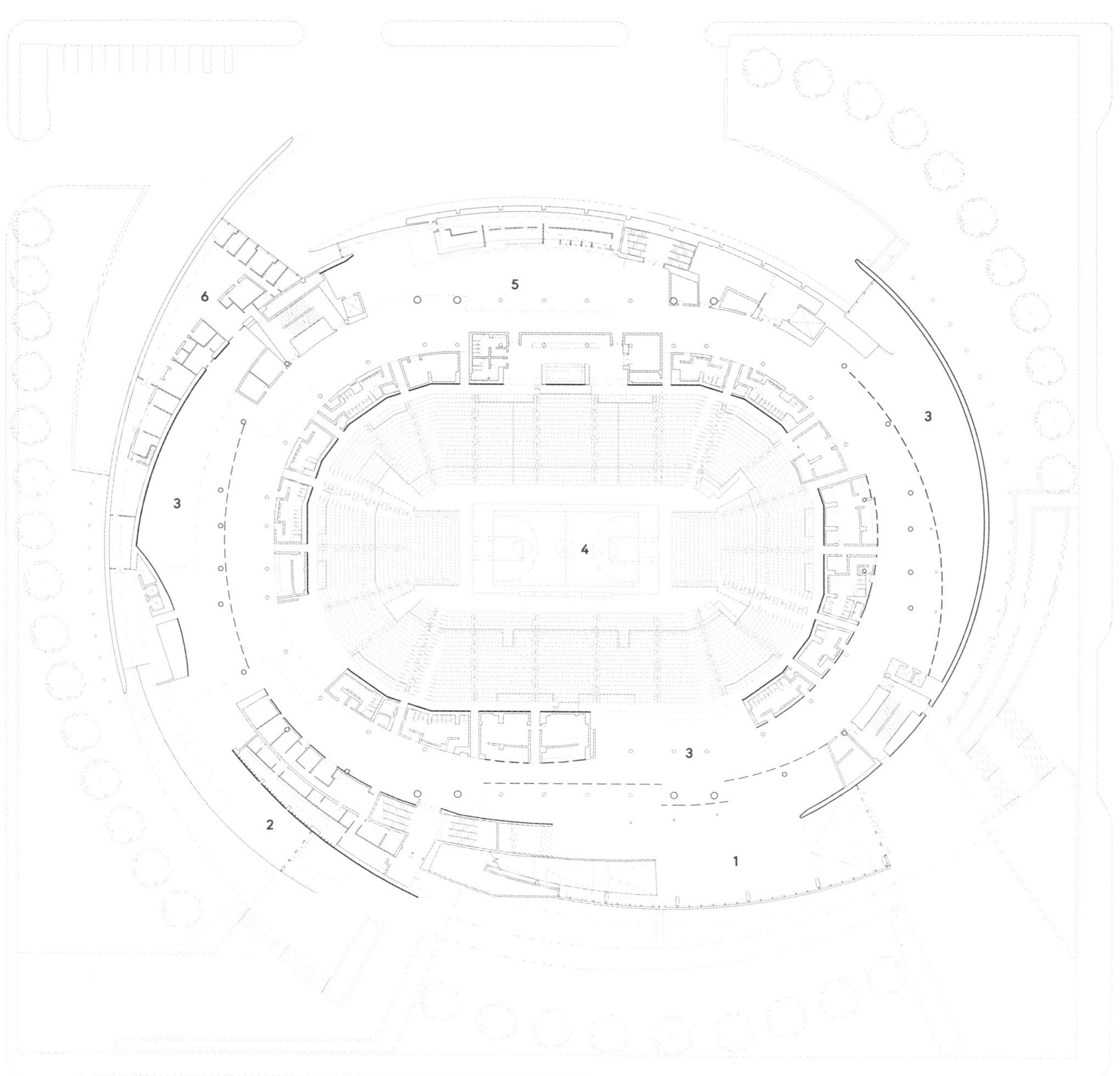

1. 大厅
2. 售票处
3. 主大厅
4. 多功能场地
5. 特许经营店
6. 办公室

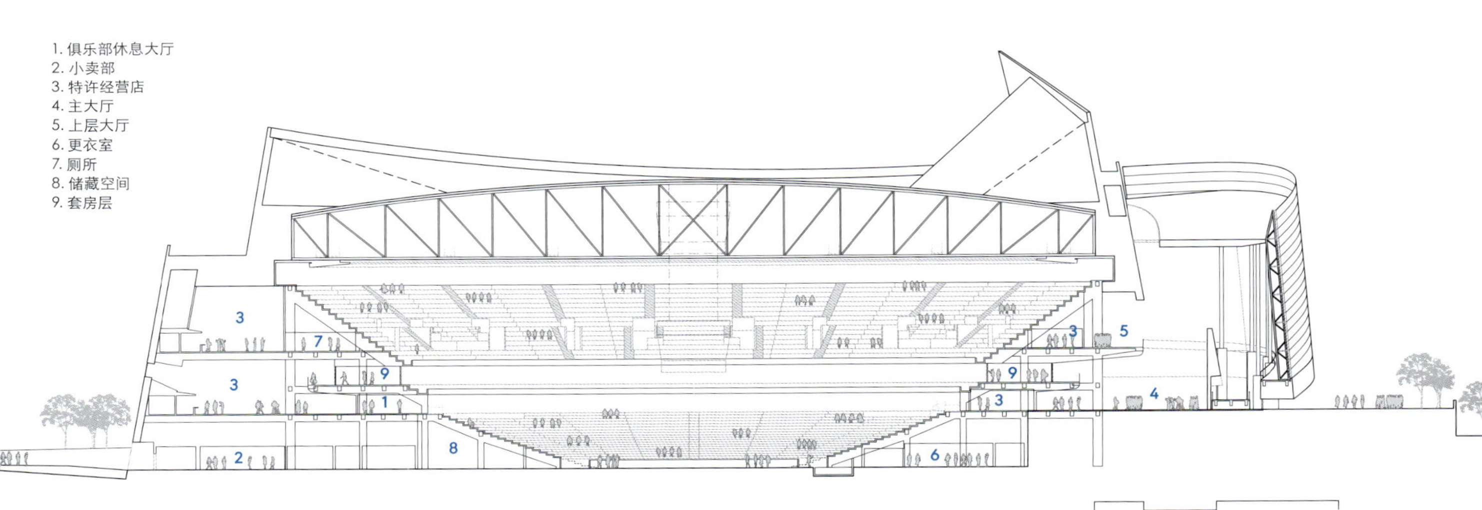
1. 俱乐部休息大厅
2. 小卖部
3. 特许经营店
4. 主大厅
5. 上层大厅
6. 更衣室
7. 厕所
8. 储藏空间
9. 套房层
0
50
100 ft

BOK CENTER

YPF大厦

2008 年，阿根廷布宜诺斯艾利斯

高达 37 层的 YPF 大厦远离布宜诺斯艾利斯喧嚣的街道，人们从各个方向都可以看到它的全貌。它地处马德罗港的一个新街区，从历史悠久的五月广场也能看到它的身姿。凭借着简洁明快的轮廓线条和引人入胜的冬季花园，大厦不仅象征着该公司的尊严形象，也成为布宜诺斯艾利斯的现代标志。

我设计的大厦造型是沿着对角线呈曲线状弯曲的菱形结构，大厦朝向拉普拉塔河的两个侧面完全采用横条状的玻璃面板进行覆盖，与波光粼粼的河水遥相呼应。朝向市区的两个侧面覆盖着玻璃和不锈钢面板，形成了众多超大的窗口，在城市与大厦之间创造了视觉上的关联。这座大厦的一个非凡特色就是位于顶部、高达六层的冬季花园。花园的巨型窗口朝向城市，在大厦的立面上象征性地表达了花园的存在，花园中栽种着高大繁茂的蓝花楹树。夜幕降临后，大厦内灯火通明，人们在很远的地方也能观赏这座尊贵优美的大厦。

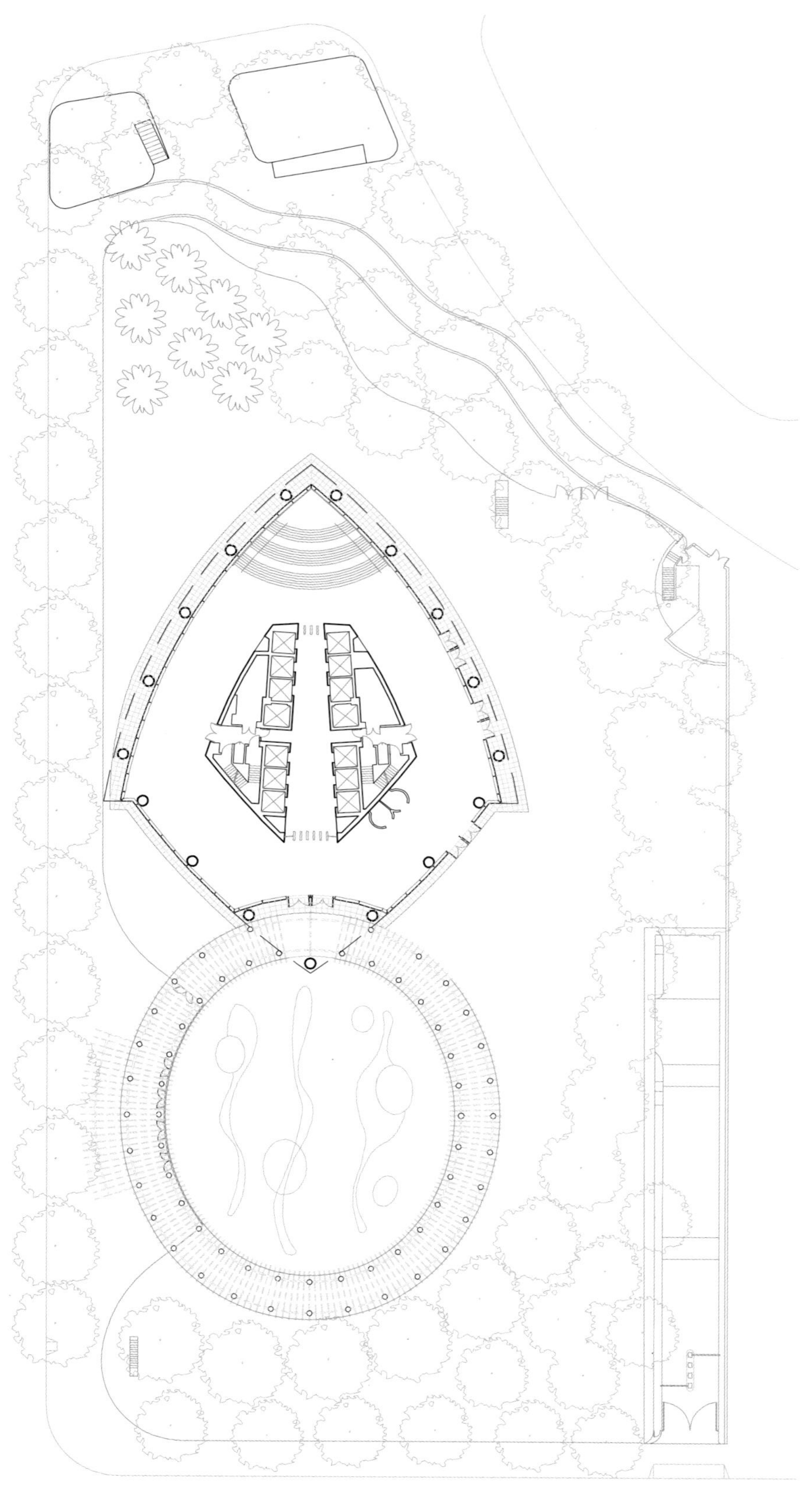

Aria

艾莉亚赌场度假酒店

2009 年，美国内华达州，拉斯维加斯

艾莉亚赌场度假酒店是“城市中心”开发区的核心建筑，这个城市开发项目正对着拉斯维加斯大道。酒店拥有 4000 个房间，是“城市中心”的最高建筑。

酒店由两座相对而立的曲线造型大厦构成，形成了一个开放的中心。在高度有限的情况下，曲线造型的布局可以让每间客房都拥有充足的光线和良好的视野。

两座大厦的东面是赌场和零售区域，西面是一个可容纳 1800 人的剧院，其外观立面采用了三维立体的分层设计。剧院的旁边是一个玻璃幕墙罩面的会议中心，内部弥漫着自然光线，人们置身于其中还可以观赏泳池区域的景观。会议中心的对面是一个两层高的水疗馆，表面覆盖着红色的变质石英岩，这种石材相当于拉斯维加斯的同义词。

艾莉亚赌场度假酒店是世界上获得 LEED 金奖评级的最大酒店，它的幕墙采用了新一代的玻璃涂层，在允许最多的自然光线进入内部空间的同时，还能阻止内部热量的增加。大厦的遮阳篷不仅遮蔽了耀眼的阳光，还让酒店的造型更显活力。

高效的用水系统也是该项目的重要成就，按照美国的标准，酒店每年可以节约 117 000 立方米的用水，其中 40% 是酒店用水，60% 是景观的灌溉用水。除了 LEED 的认证评级之外，该酒店还获得了为可持续性酒店运营设立的“绿钥匙生态评级”活动的最高评级。

STOP

Cesar Pelli

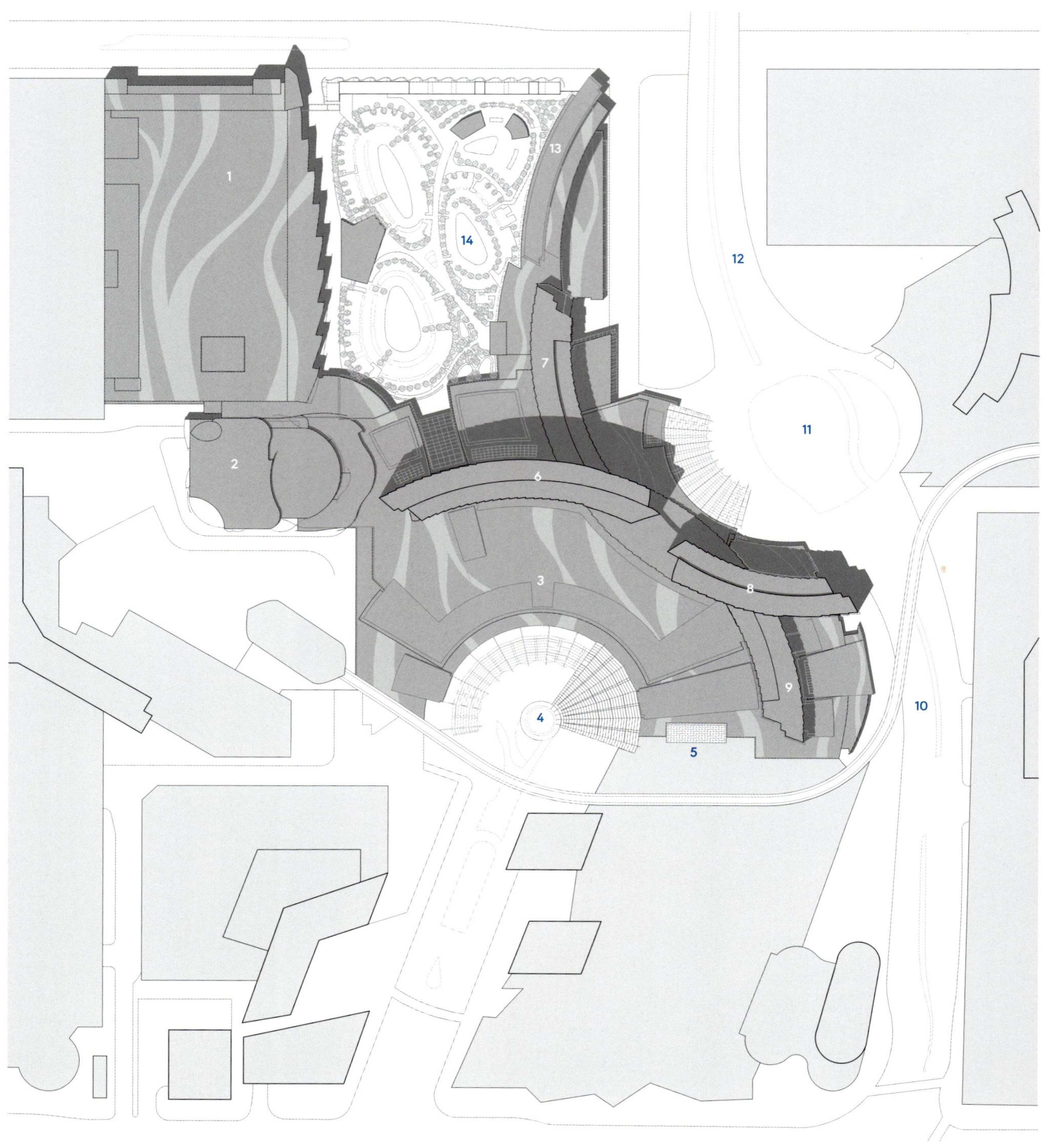

1. 会议中心
2. 剧院
3. 赌场
4. 赌场环行街
5. 登记处
6. 南侧酒店大厦
7. 西侧酒店大厦
8. 北侧酒店大厦
9. 东侧酒店大厦
10. 哈蒙大道
11. 哈蒙环行街
12. 西哈蒙大道
13. 水疗馆
14. 游泳池

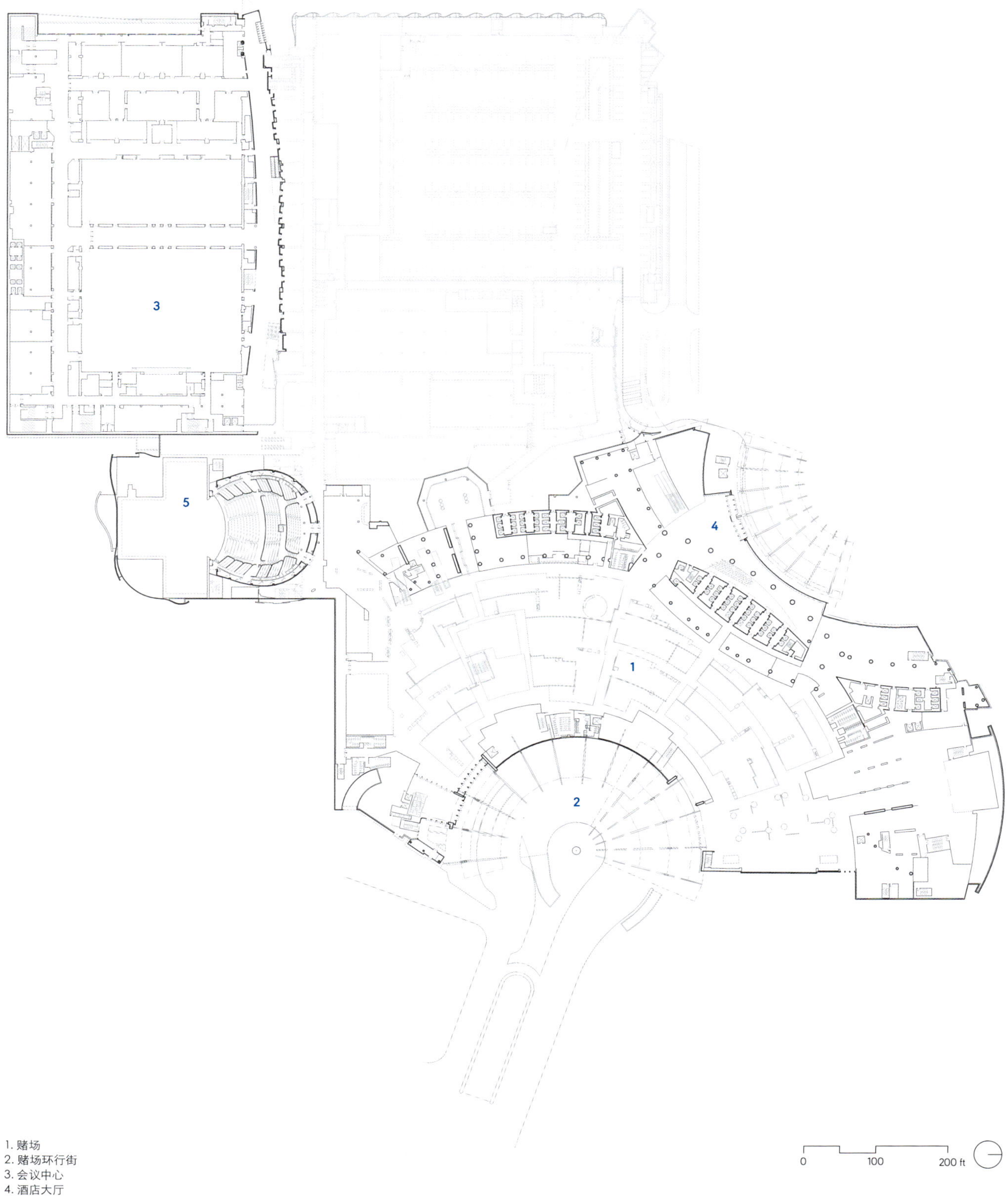

1. 赌场
2. 赌场环行街
3. 会议中心
4. 酒店大厅
5. 剧院

酒店接待大厅的后面是玛雅·林创作的雕塑作品《银河》。酒店的走廊内自然光线充足，
优雅的曲线造型和带状景观丰富了人们进出房间时的视觉感受

他们需要的是优雅和现代化的建筑。大厦犹如两个共舞者，
呈现出波动起伏的动感造型。

上图：酒店有四个泳池，其中一个的背景十分引人注目
对页：会议中心的对面是一个车库墙面上布满了彩色金属面板和楔形玻璃，并由金属网遮蔽起来

planet hollywood

康涅狄格科学中心

2009 年，美国康涅狄格州，哈特福德

通过国际比赛的竞争，我们获得了康涅狄格科学中心的设计任务。在设计中，我极力去捕捉科学所蕴含的激情与神奇。

科学中心由三个主要的元素构成：两个用于展览的封闭空间和一个科学走廊，后者是位于两个展览空间之间的六层狭窄空间。科学走廊有一个形象的 S 形屋顶——这条"魔毯"是建筑的标志形象。建筑的表面覆盖了透明的玻璃、轻便的反光金属面板、太阳能光伏面板，墙面上还有一个大型的 LED 屏幕。

参观者可以从建筑临街的西侧入口进入科学中心，随即登上宽敞的楼梯来到与过街天桥交叉的科学走廊。这个魅力无穷的空间也是建筑的中心流通点，参观者可以在这里看到博物馆内所有的展览和迷人之处。建筑东面的玻璃幕墙十分高大，吸引着参观者来到外面位于康涅狄格河畔的景观广场。

为了获得 LEED 的金奖评级，我们在建筑的设计中采用了多种可持续性策略，包括使用节能机制、本地建造的建材、回收利用的建筑材料（95% 的钢材是从报废汽车中回收的）、高性能的玻璃外墙和可以产生能量的燃料电池。这些措施和策略都有助于科学中心在运营中践行可持续性概念。

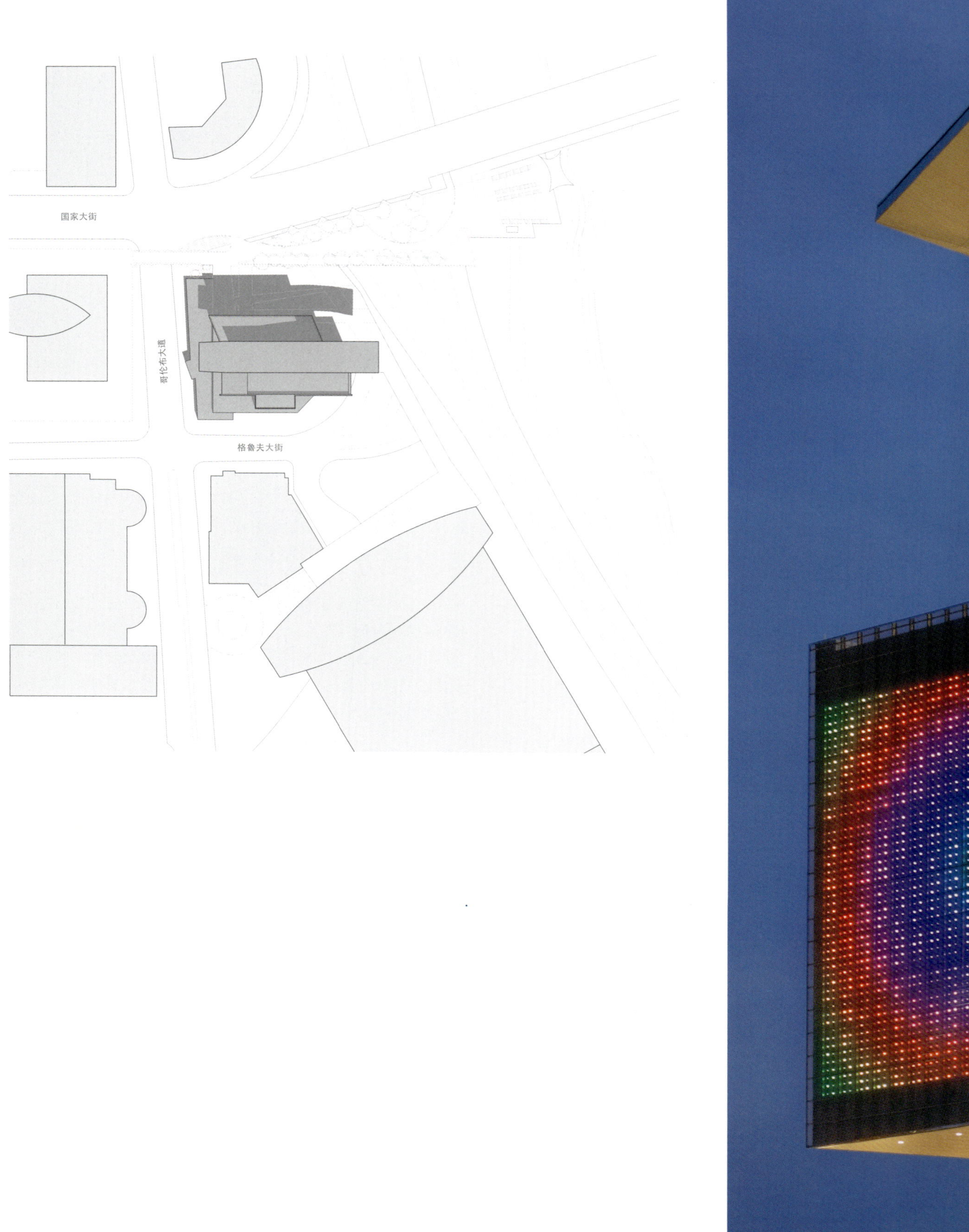
国家大街
哥伦布大道
格鲁夫大街

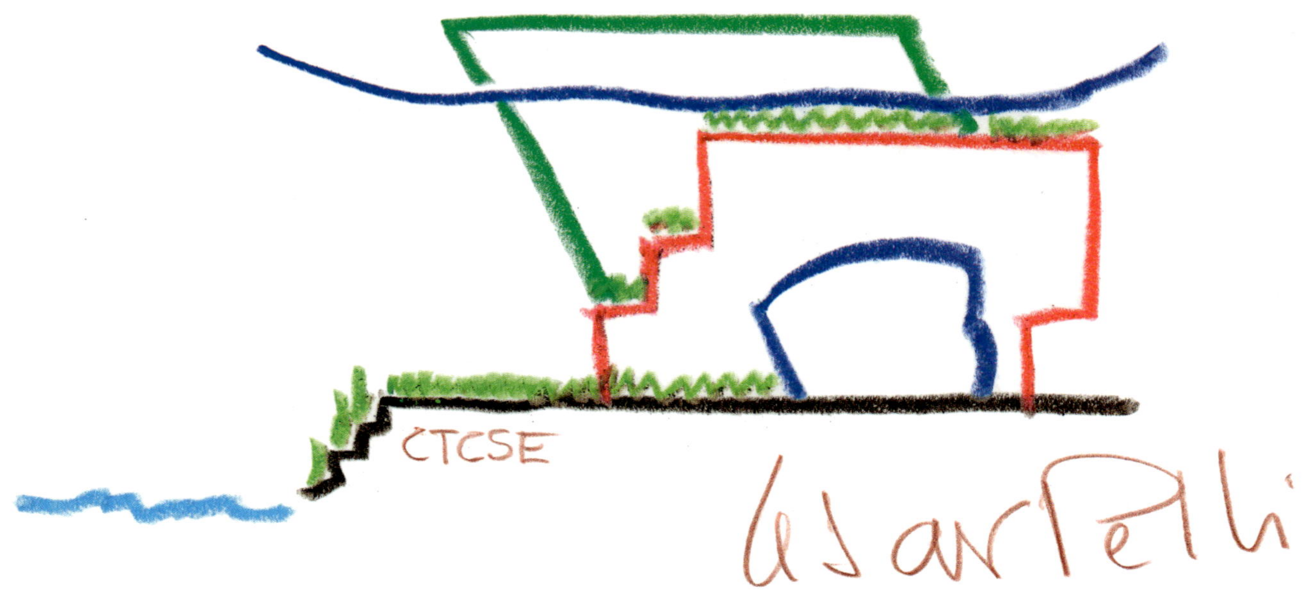
CTCSE

建筑的屋顶仿佛一条飞毯，我们想让这一造型暗示它可以飞跃康涅狄格河。

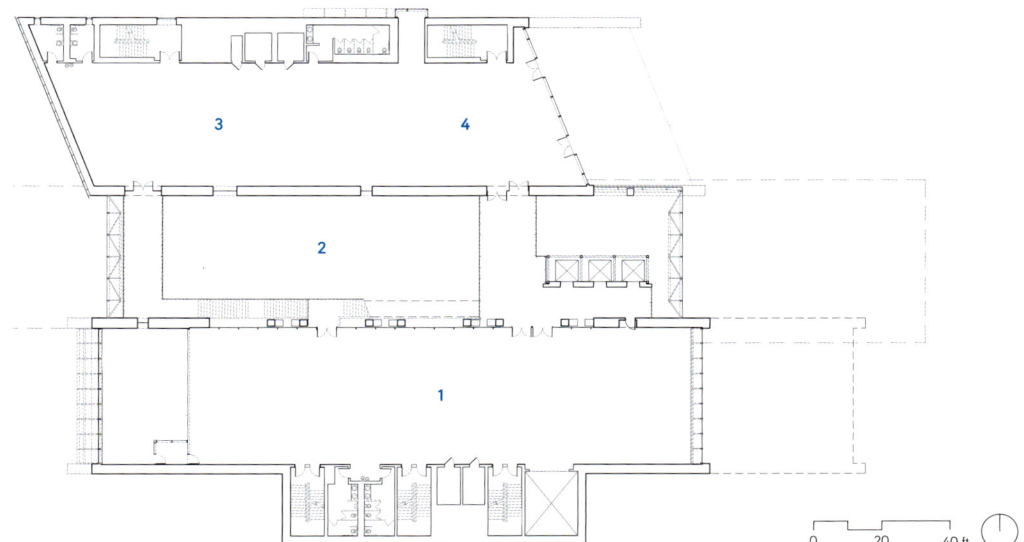

第五层

广场层

1. 咖啡馆
2. 儿童展览区
3. 展览中心
4. 礼品店
5. 剧场
6. 售票处
7. 科学走廊

0 25 50 ft

对页：在博物馆中部的科学走廊内，人们可以看到各种互动的展示，以及在建筑中穿行的参观者

上图：建筑东侧的立面有一个突出的玻璃房间，犹如一个凸肚窗为参观者提供了俯瞰康涅狄格河的视野

Marriott

LEFT LANE
MUST
TURN LEFT

合作艺术与人文高中

2009 年，美国康涅狄格州，纽黑文

合作艺术与人文高中致力于艺术教育和表演，位于纽黑文市艺术和娱乐区的中心地带。它包括一个真实大小的公共剧场、一个黑盒实验剧场、展览空间和传统高中的一切设施。为了保持生动的街头场景，我们在建筑的一层设置了很多零售商店，以及通往剧场大厅和展馆的入口。

这里是纽黑文绿地的一个街区，学校的附近有很多剧院、艺术画廊和耶鲁大学的建筑、艺术、音乐和戏剧学院。学校的剧场、展览空间和工作室与当地的艺术机构共享，促进了相互的合作。

我们力求设计一所出众的高中，成为纽黑文市中心现有建筑的好邻居，一个开启艺术生涯的兴奋之地。面向学院大街一侧的外观立面很长，由砖结构部分、玻璃幕墙和铜质面板组成。在学院大街和皇冠大街的拐角处，是一个双层高度的玻璃舞蹈工作室，表明这是一个以艺术活动为主的学校。同样，在学院大街一侧的立面上，我们参考内部工作室的绘画和版画作品，以丝网印刷的形式在绝缘玻璃面板上制作了枫树、橡树和榆树三种树木叶子的图案。这种压花玻璃有助于降低建筑的能量消耗，在允许光线通过、保证良好视野的同时，降低了太阳能增益，并提高了私密性。

这是一个美观、迷人和设计大胆的建筑。在 2014 年，该建筑获得了美国建筑师协会康涅狄格分会的嘉奖。

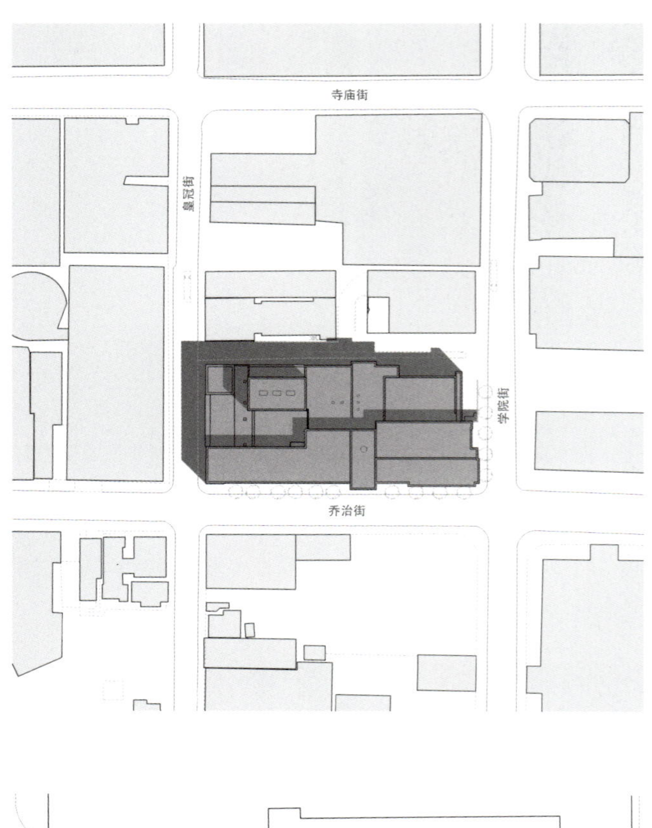

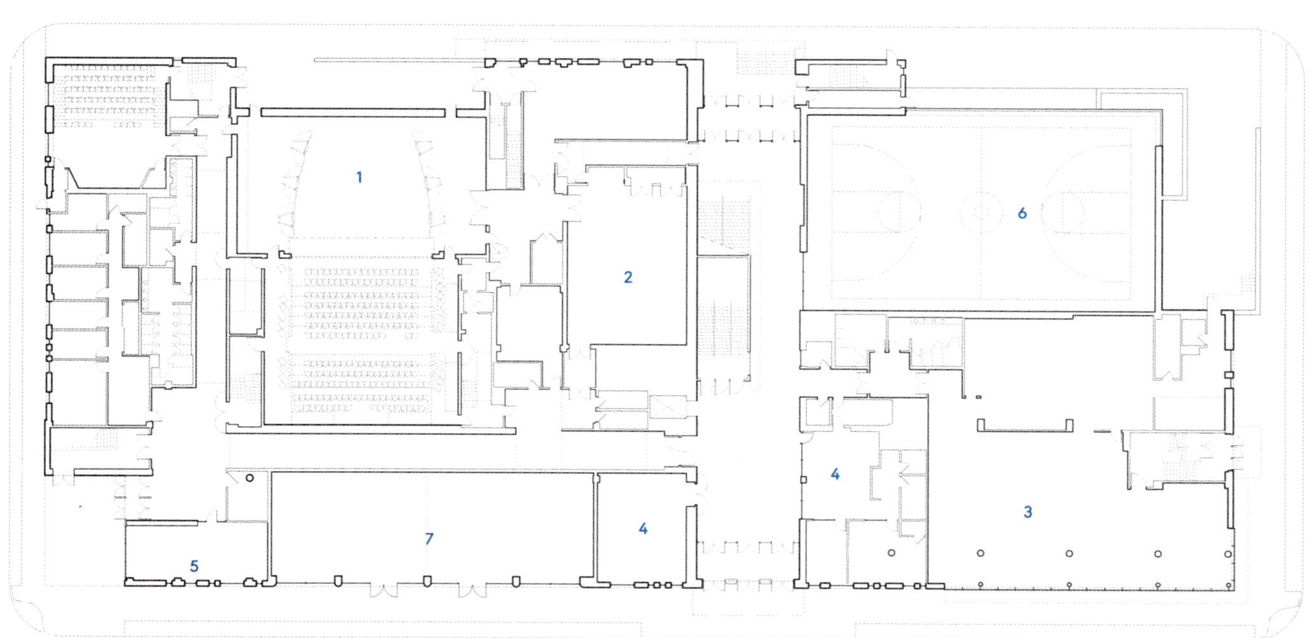

1. 大礼堂
2. 黑盒剧场
3. 自助餐厅
4. 教室
5. 展览空间
6. 体育馆
7. 零售店

上图：学校较长的西侧立面与学院大街相邻，内部设有宽敞的楼梯
对页：剧场的空间具有高度的灵活性和适应能力

这是一所致力于艺术的学校，建筑巨大的遮檐也表明了这一点。

OMNI HOTEL
park (p)

Park Here
NEW HAVEN HOTEL

自由大厦

2009 年，墨西哥，墨西哥城

自由大厦犹如一座巨大的雕塑，它的平面布局是一个简单的、每个侧面都呈曲线状的等边三角形。大厦朝向戴安娜喷泉，以示敬意。为了加强这种关系，我将喷泉所在的角落设计成波浪起伏的形式，以引人注目的外观突显了喷泉的存在，并成为大厦入口的标志。在这个角落，大厦拔地而起、直刺天空。

大厦的外观优雅别致，落地式玻璃幕墙的比例恰到好处，白色的铝合金遮阳篷沿着大厦曲线的三角形布局围绕在四周。曲面的玻璃幕墙通过无数的小反射面展现出光线的变化无穷。大厦的造型不仅让人回想起古老的文明，还与现代化的墨西哥城保持了和谐一致。

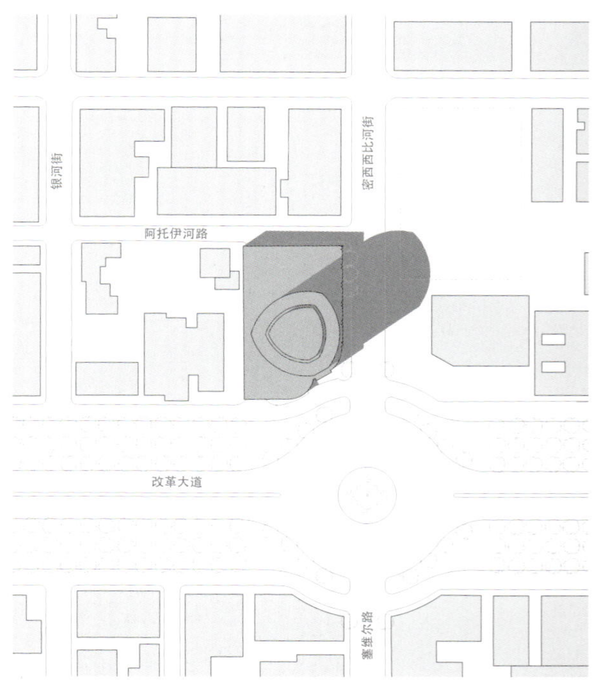

大厦位于纵横交错的林荫大道旁，与这些大道上巨大的环行路和雕塑一起创造了城市的景观

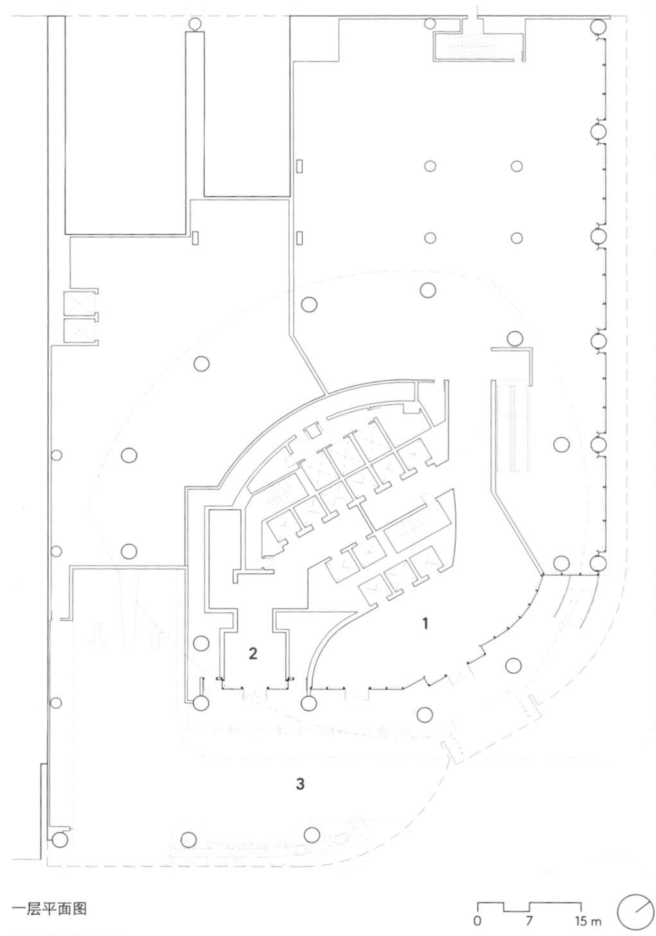

一层平面图

1. 酒店穿梭大厅
2. 住宅大厅
3. 出租车乘降站

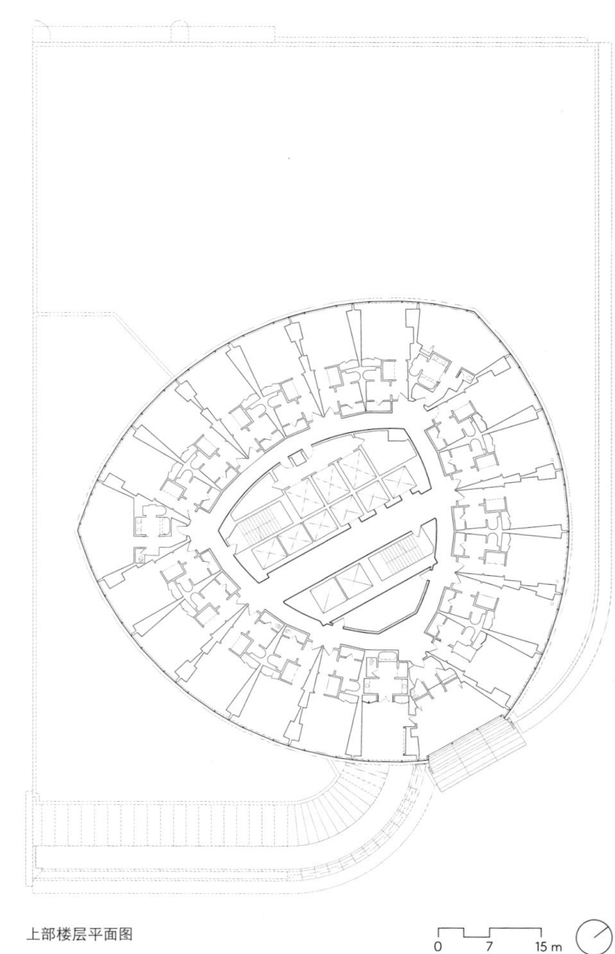

上部楼层平面图

AEROMEXICO

希尔豪斯大道的人行天桥

2010年，美国康涅狄格州，纽黑文，耶鲁大学

希尔豪斯大道是纽黑文市保护最好的历史街区之一，那里有亨利·奥斯丁和亚历山大·杰克逊·戴维斯的宅邸。耶鲁大学委托我们设计两座人行天桥，作为一个机动车桥的替代物，与希尔豪斯人行道共同发挥作用。在设计中，我们与盖伊·诺德森结构工程事务所进行了合作。两座天桥的跨度为18米，飞架在法明顿运河绿色通道之上，人们在桥上可以将绿树成荫的街景尽收眼底。据传，查尔斯·狄更斯和马克·吐温都把这里称为美国最美的道路。

新的天桥拥有很多菱形洞孔，令人联想起新英格兰地区曾被广泛采用的桥梁结构类型——格构桁架。这是由纽黑文的建筑师伊希尔·唐在1820年创造的专利——在结构中使用了以对角线形式排列的细杆。桥梁的主体结构和护栏（主要的承重构件）是两个钢板制成的大梁，并带有6毫米厚的波纹状穿孔网。

与格构桁架一样，希尔豪斯大道的人行天桥代表了桥梁设计的进步。这些镂空不仅减轻了结构的重量，还可以使阳光穿过并照射到下面的人行道和自行车道。根据结构的要求，这些大梁的波动幅度随着桥梁跨度的不同也有所变化，从而创造了高效的设计。护网中波动幅度最大的部分位于桥梁的两端和中部，从而可以采用更薄的网板，并减少对加固部件的需求。

人行天桥的细节设计来自于格构桁架桥梁技术，这是由康涅狄格的建筑师在 19 世纪创造的。
波动起伏的多孔护栏为桥梁提供了支撑结构

观察老师的学习

弗雷德·克拉克

那是 20 世纪 60 年代末的春天，在奥斯丁一个细雨之后的傍晚，我怀着有些失落的心情徘徊在参加教师晚会的嘉宾之间。忽然传来一阵响亮的笑声，吸引着我穿过了草坪。那是戴安娜·巴里莫尔的欢快笑声，这是我第一次见到她和西萨·佩里——德克萨斯大学奥斯丁分校建筑学院的客座评论家。当时我还是那里的学生，于是也加入了这场愉快的交谈。不过，大家的谈话虽然趣味横生，但并不是关于建筑的话题，而是摄影、绘画和披头士，对于这些当时的热点文化话题，我们滔滔不绝地发表了各自的思想和观点。这对欢快俊美的夫妇给我留下了难以磨灭的印象，他们渊博的知识和充沛的精力具有极大的感染力，让我产生了一见如故的感觉。

几周之后，我意外地收到了西萨的来信，为我推荐了他所在的洛杉矶格伦事务所的设计部门的一个工作职位。这封信我当时一定读了近百次，难以置信的我打电话给西萨，确认了职位的真实性后，毫不犹豫地接受了这一职位。然后，我步入了人生中最重要的旅程。

如今，将近 50 年的时间过去了，西萨和我在这 50 年的时间里一直并肩工作——那封信中单纯的善意在今天依然萦绕在我的脑海里。那只是打印在格伦事务所信笺上的几行话语，下面是佩里用黑色记号笔书写的独特签名。但是它却表达出他的郑重和热情，而且他所提供的不仅是一个工作机会，而是一份探索和发现最高建筑实践形式的邀请。

西萨具有作老师的天赋，在这样的背景之下，我们的关系稳步发展。起初，在格伦事务所的时候，我们之间更像是师徒的关系，西萨在工作室中耐心指导我和其他年轻设计师的日常工作。不过，有些时候我则是他的同事——作为一个值得信赖的合作伙伴参与到讨论和决策之中。这一切都自然地发生和进行，回想起来，我认为这都是由于西萨宽容随和的性格所致——他从不故步自封，对任何建议和贡献都敞开胸怀，即使它们来自于最年轻的团队成员。

在建筑工作中，指导有时是一个无声的过程。西萨为我们创造了互相学习和促进的环境，使我这个年轻的设计师有机会安静地观察和学习建筑技艺。作为一个 1969 年的大学生，这比我能够想到的任何学习方法都更重要、更有效。这也最终使我们在工作中的关系不断加深，携手迈向共同的目标。

1977 年，佩里成为耶鲁建筑学院的院长，我也因此来到纽黑文帮他创立了自己的建筑事务所，并继续我的教学工作。随着众多非凡的项目任务不断到来，事务所逐渐发展壮大。在很多方面，他依然发挥着导师的作用。我们几乎每天都并肩工作，我目睹了西萨在建筑工作中如何去发现新的事物。强烈的好奇心和敏锐的观察力使他不断进步并接受新的思想和理念。这种目睹和观察老师如何学习的机会，成为我重要的人生经历。

尽管建筑学与天赋和技能有着必然的联系，但是它与性格和价值观的形成和发展也密不可分，其中最重要的因素就是时间。多年来，我一直指导着年轻设计师的工作，并能够看着他们成为才华出众的专业人员和真正的朋友，我对此深感满意。也许，师生关系的最大特点就是随着时间的推移，像池塘中的涟漪那样，微妙地扩大影响，为培养执着的信念提供有效的载体，从而使他们在整个职业生涯中坚守这一信念。

我深深感谢西萨·佩里这位伟大的合作伙伴和朋友，感谢他在多年以前给我提供了共事的机会。他将师从埃罗·沙里宁时的所学毫无保留地传授给我。同样，我也努力将这些传授给我的年轻同事。这样，经过几代乐观、年轻的建筑师共同努力，西萨·佩里令人钦佩的个性和才华塑造了我们的建筑，也塑造了我们。

路易斯安那泽维尔大学圣凯瑟琳·德雷克塞尔教堂

2012 年，美国路易斯安那州，新奥尔良

以泽维尔大学的创始人命名的圣凯瑟琳·德雷克塞尔教堂是校园内举办礼拜仪式的中心场所。遵照第二次梵蒂冈大公会议的礼拜仪式指导规则（由天主教会在 20 世纪 60 年代初期制定的一系列文件，包括教堂设计的指导），教堂采用了八边形的平面布局和石灰石基座，铜面的屋顶上耸立着高达 4.5 米的十字架。该教堂采用了与校园建筑一致的材料和色彩，以及宗教建筑的传统结构。

出于防洪的需要，教堂的第一层高出地面 1.2 米。一条 24 米长的坡道缓缓通向教堂，道边栽满了各种植物，为参加教堂仪式的人们创造了一条甬道。

在拥有 430 个座位的圣殿内，顶棚高 20 米。阳光从顶部的一圈天窗射入，并被圣坛四周多孔的铝制幕墙散射到四处。这里是一个高耸的中殿，通过透明的墙壁形成了一个神圣和欢快的空间。主教堂的四周环绕着众多的彩色玻璃窗，这些由艺术家何塞·贝迪亚设计的玻璃窗描绘了耶稣受难的过程。此外，这里还有新奥尔良玻璃艺术家劳雷尔·波尔卡里设计的挂毯式抽象作品。

与主圣殿直接相邻的是一个设有 40 个座位的白天礼拜堂，从外部看，它就位于钟塔的下面，是一个更小的八边形建筑。在教堂的外部，一个花园将白天礼拜堂环绕在内，人们可以在里面静坐冥思。

这座教堂体现了高度的可持续性设计策略，包括使用充足的日光，降低人工照明和能源的需求；在景观设计中采用了易于维护的本地植物品种，降低了饮用水的消耗；建筑的朝向和窗口的定位使太阳能增益降至最低，从而减少了用于制冷的能源消耗。所有家具和木制品采用的木料都获得了环保认证，而低 VOC（挥发性有机化合物）材料的使用确保了室内的空气质量。

下图和对页：教堂的石灰石墙壁和具有动感的样式产生了轻盈亮丽的感受，顶部是多面体的铜质穹顶

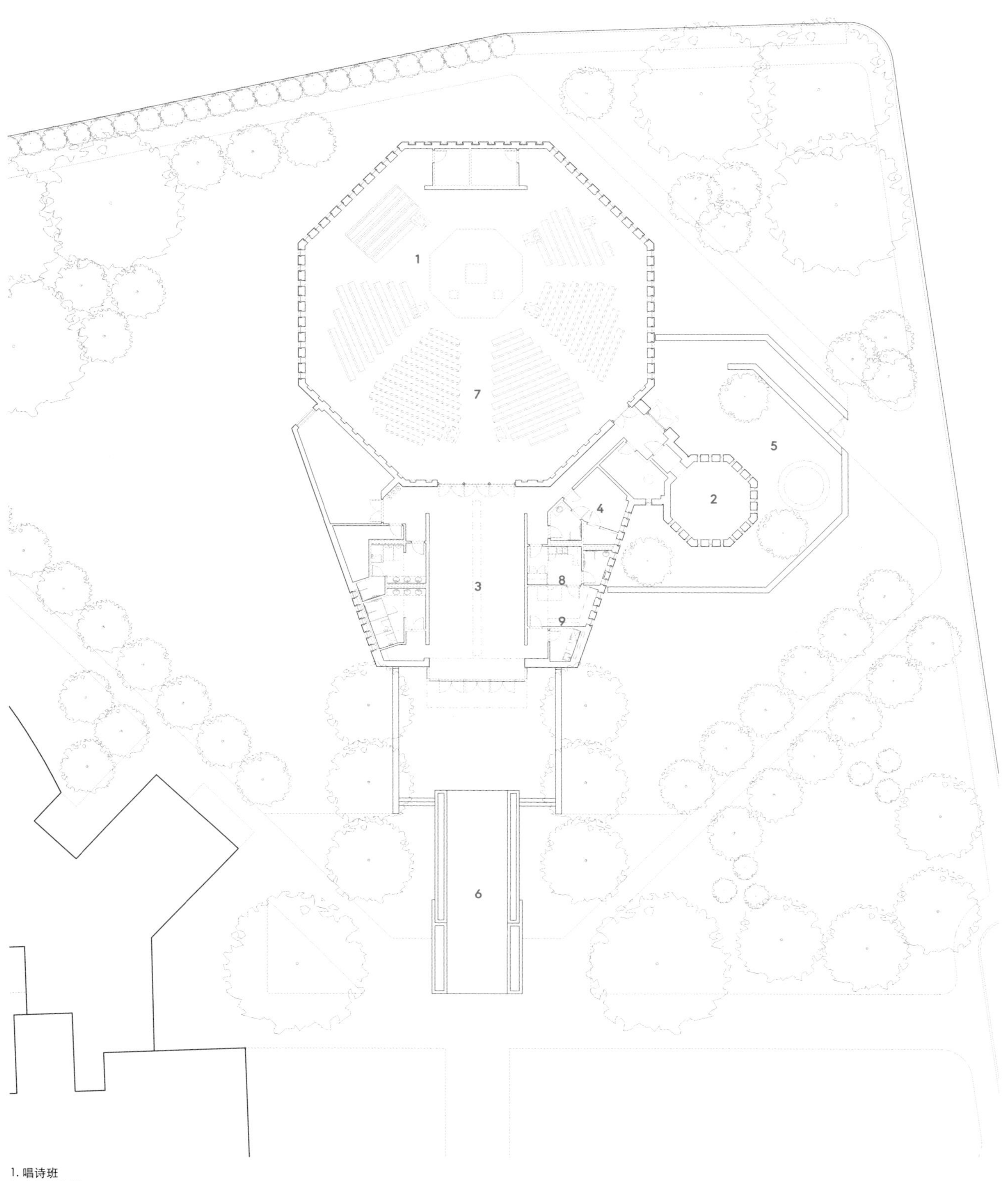

1. 唱诗班
2. 白天礼拜堂
3. 前厅
4. 办公室
5. 室外集会空间
6. 甬道
7. 圣殿
8. 圣器存放室
9. 圣器制作室

圣殿穹顶的内壁明亮照人，上面是斯塔弗莱瑟工作室设计的高达 3.65 米的耶稣复活圣像

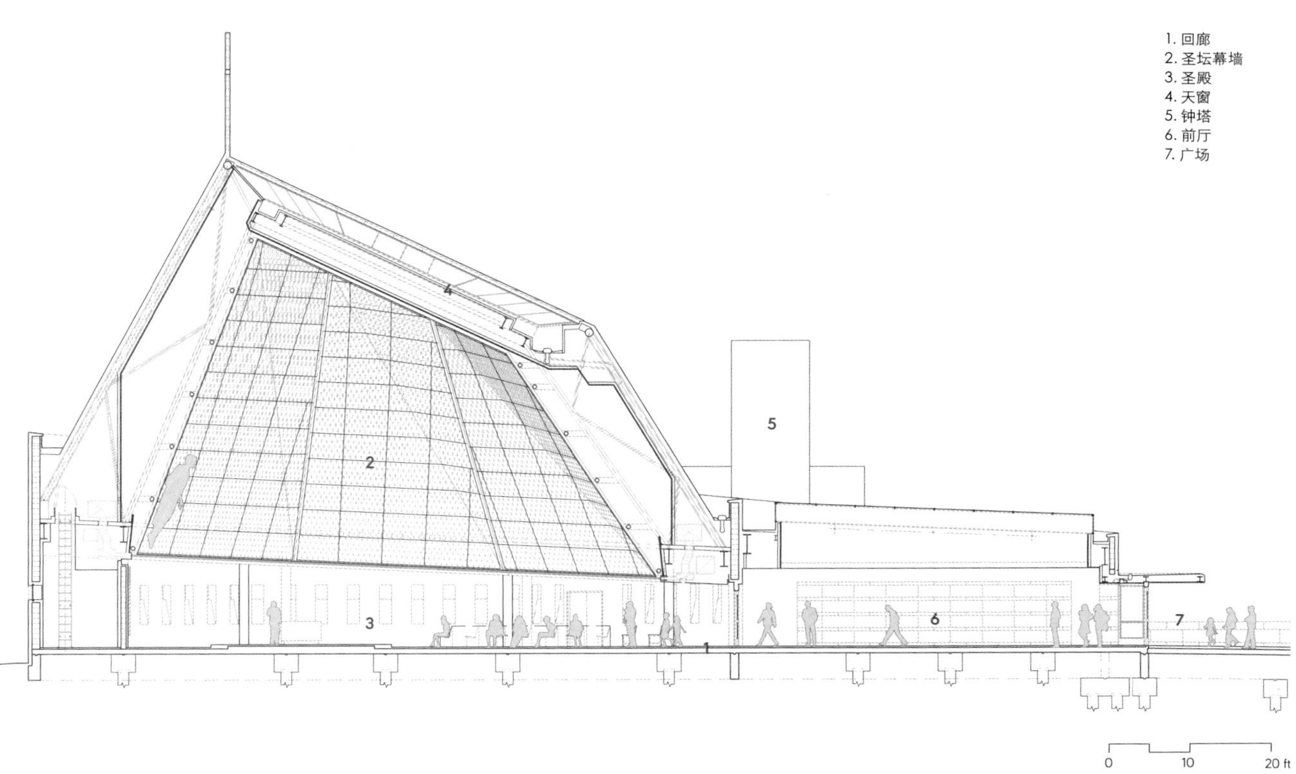
1. 回廊
2. 圣坛幕墙
3. 圣殿
4. 天窗
5. 钟塔
6. 前厅
7. 广场
1
2
3
4
5
6
7
0
10
20 ft

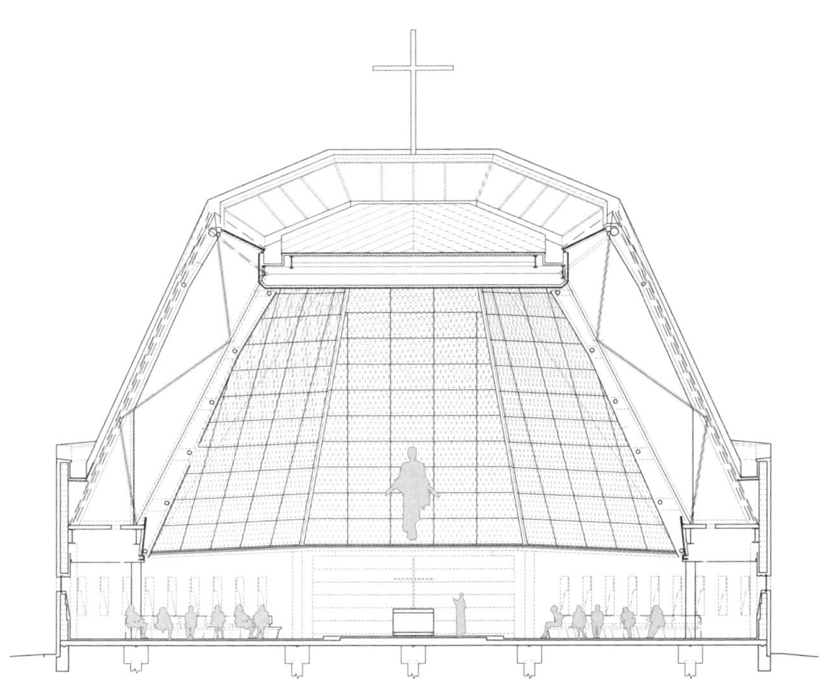
0
10
20 ft

加勒比艺术家何塞·贝迪亚（上图）和新奥尔良艺术家劳雷尔·波尔卡里（对页）设计的艺术玻璃窗分别受到了耶稣受难故事和非洲织品的启发

在设计宗教的神圣空间时，你必须将自己沉浸于对神明的崇拜之中。

he Theatre School at DePaul University

德保罗大学戏剧学院

2013 年，美国伊利诺伊州，芝加哥

该戏剧学院是通往德保罗大学林肯公园校区的门户之地。这个用于教学和表演的建筑在白天的时候供学生和教职人员使用，在夜晚则成为戏剧爱好者的乐园。建筑的开放性和透明性使戏剧教学的过程公开化，为整个街区带来了激情和活力。

我们设计的立方体造型建筑高达五层，其外表覆盖着石灰石、半透明和透明的玻璃材料。在建筑的一角，向外突出的是实验剧场，成为大学的标志。在夜晚，建筑的北侧立面发出柔和的灯光，像一座灯塔标示着戏剧学院的方位。当灯光亮起时，人们透过犹如纱幕般的半透明玻璃幕墙，可以隐约看到黑盒剧场的内部，这是一个拥有 100 个座位，具有灵活性的剧场。

戏剧爱好者和过路的行人都可以一睹幕后的各种活动。建筑的一层设置了落地式玻璃幕墙，展示了内部的场景制作车间、五金车间和涂饰工作室。在大街上，可以看到封闭玻璃大厅内聚集的戏剧爱好者，他们是等待观看富勒顿剧场内演出的观众。该剧场可容纳 250 名观众，并具有伸缩式舞台。戏剧学院是一个优美的建筑，一个伟大的戏剧学院，一个完美的邻居。

我们希望创造一个真正的观演建筑，一个使用者可以参与其中的建筑。建筑的中部是一部巨大的楼梯，人们可以从那里进入建筑。

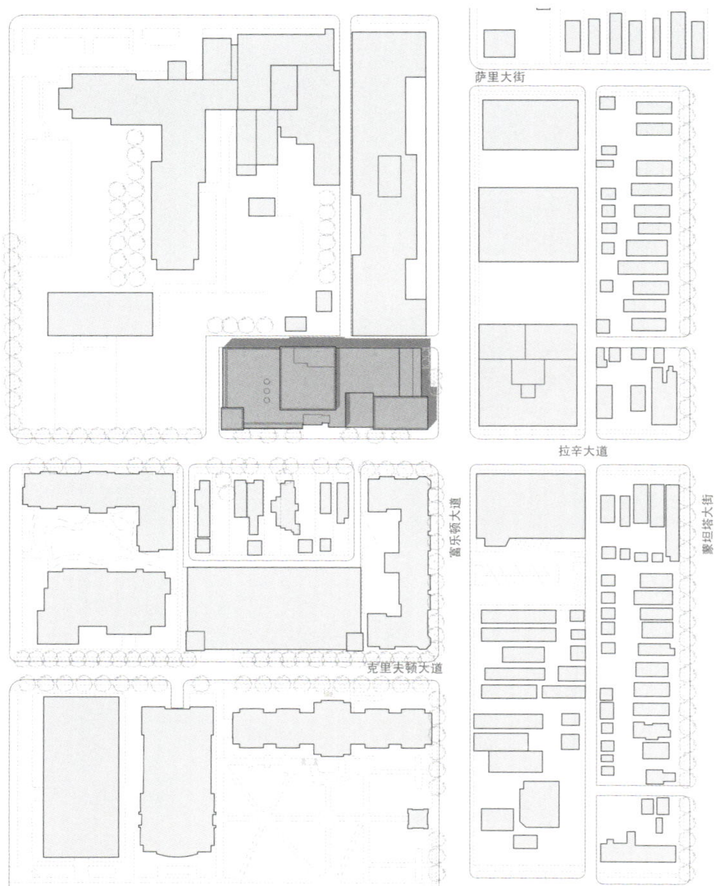
萨里大街
拉辛大道
富乐顿大道
冢坦塔大街
克里夫顿大道

eatre Scho
TH

THE THEATRE SCHOOL
ol at   Paul University
U-HAUL

上图和对页：透明的大厅让外面的人们可以一睹建筑内的各种活动，为相邻街区带来了勃勃生气

1. 售票处
2. 特许经营店
3. 公共大厅
4. 学生大厅
5. 涂饰工作室
6. 平台
7. 商店

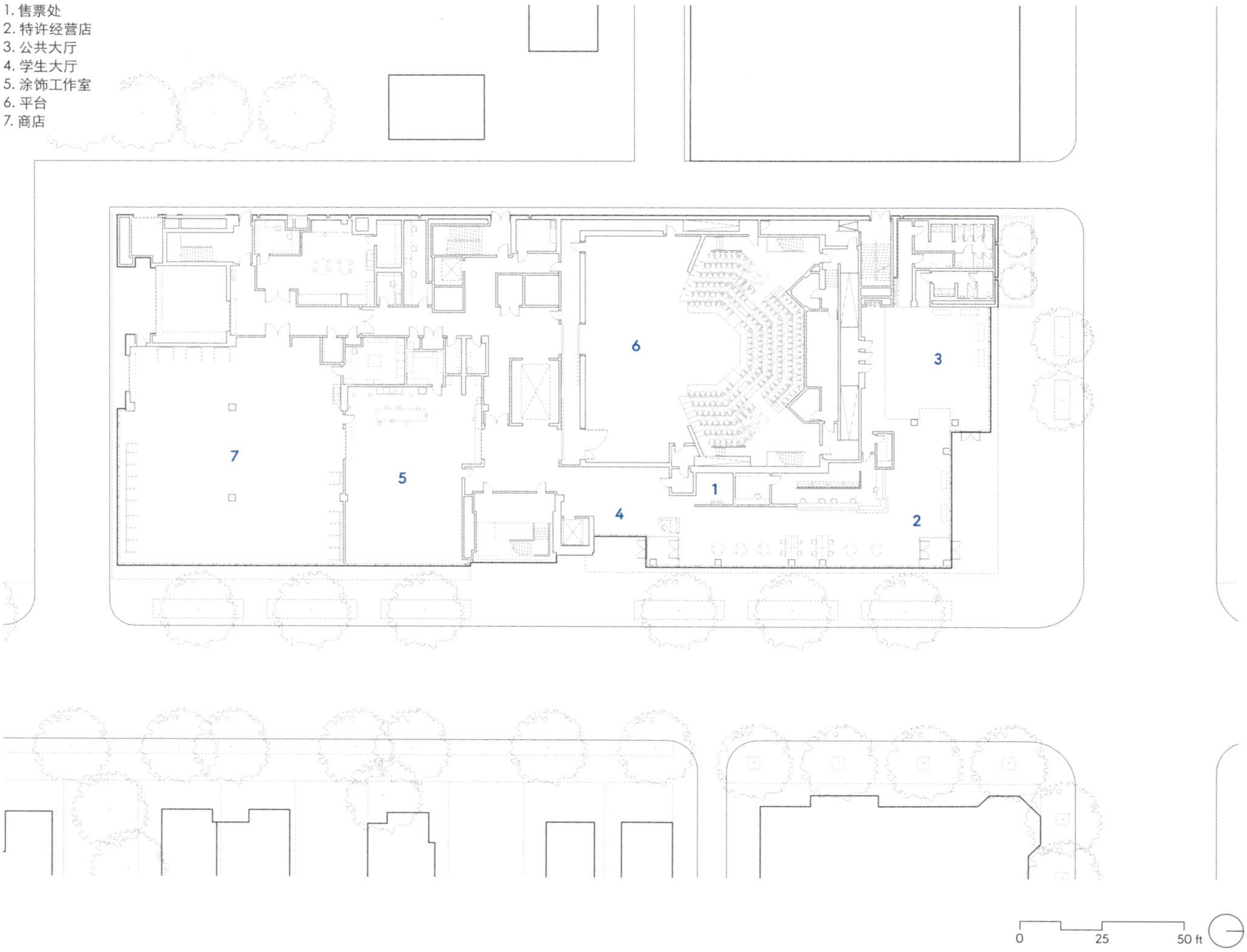

0 25 50 ft

THE THEATRE SCHOOL
FOUNDED IN 1925 IN HONOR OF KENNETH
SAWYER GOO

建筑内部拥有众多的空间，包括排练室（对页上图）、化妆室（对页下图）和用于演出服装设计制作的空间（上图）

液压开合的吊桥实现了二层的连通性，可以将大型的舞台布景从一层运送到舞

543210

建筑内随处可见的生产制造活动成为街上行人观看的表演，这些观众通过玻璃幕墙可以看到这些活动的过程，例如场景的制作

FREEDOM FREEDOM
FREEDOM
FREEDOM
FREEDOM
FREEDOM
FREEDOM
FREEDOM
FREEDOM
FREEDOM
FREEDOM

新门加里波第广场和意大利联合信贷银行总部

2013 年，意大利，米兰

在一次国际竞赛中，我们为历史悠久的米兰城市中心北部所制订的多功能开发总体规划被选为最终方案。我们重新利用了加里波第火车站附近被废弃的铁路站场，为城市创造了一个宏伟的全新门户。作为米兰最大的重新开发项目之一，它包括住宅、办公、零售、酒店等组成部分，这些建筑底层部分的设计都十分注重过往行人的活动。

我们设计了开发项目最大的构成部分：用于办公和零售的综合建筑，其总面积达到了 70 600 平方米，此外还有一个面积为 60 000 平方米的裙楼，主要用于零售、餐饮和停车等服务。这一开发项目在相邻的街区之间为行人建立了全新的连通性，此前，这些街区都是彼此隔绝的。新门还包括一个新的公共空间——吉·奥伦蒂广场，广场与科摩大道相连，后者是遍布着时尚精品店、餐馆和咖啡店的著名商业步行街。

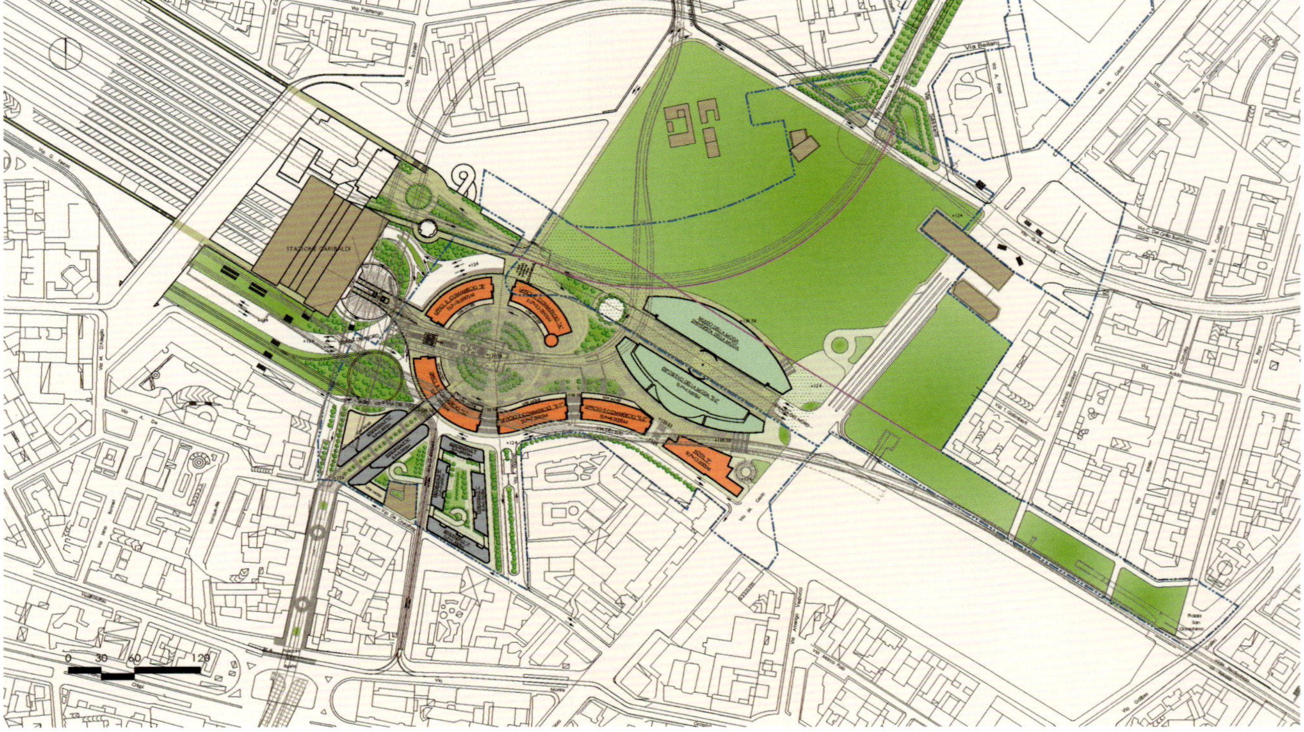

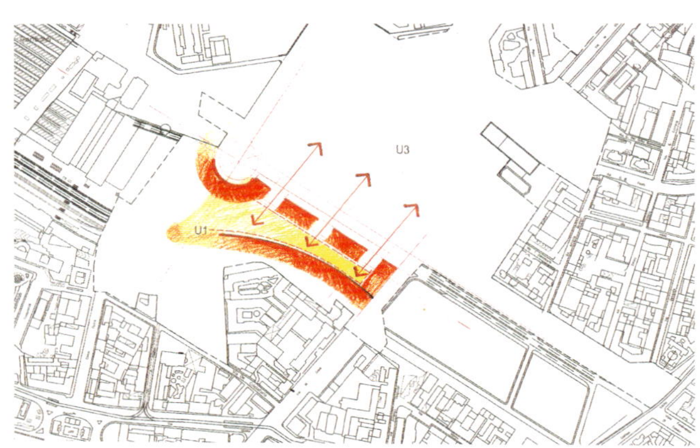

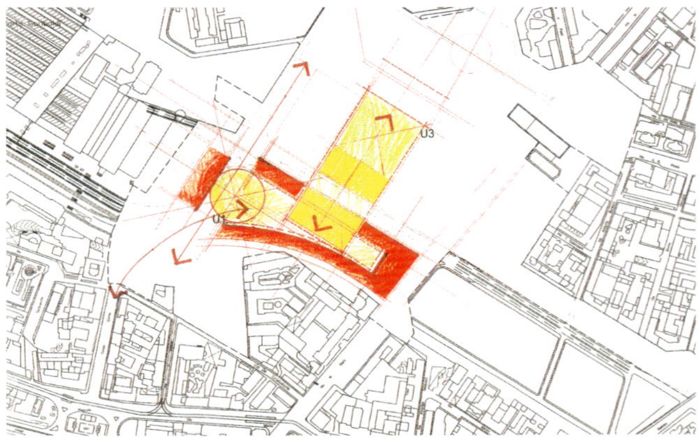

概念图

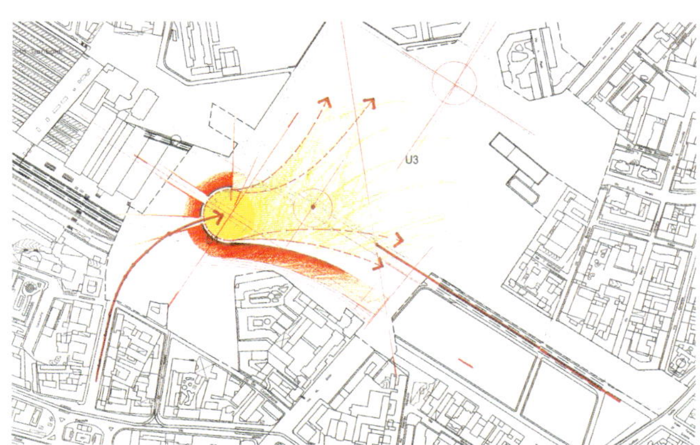
U3

U3
U1

UniCredit

UniCredit

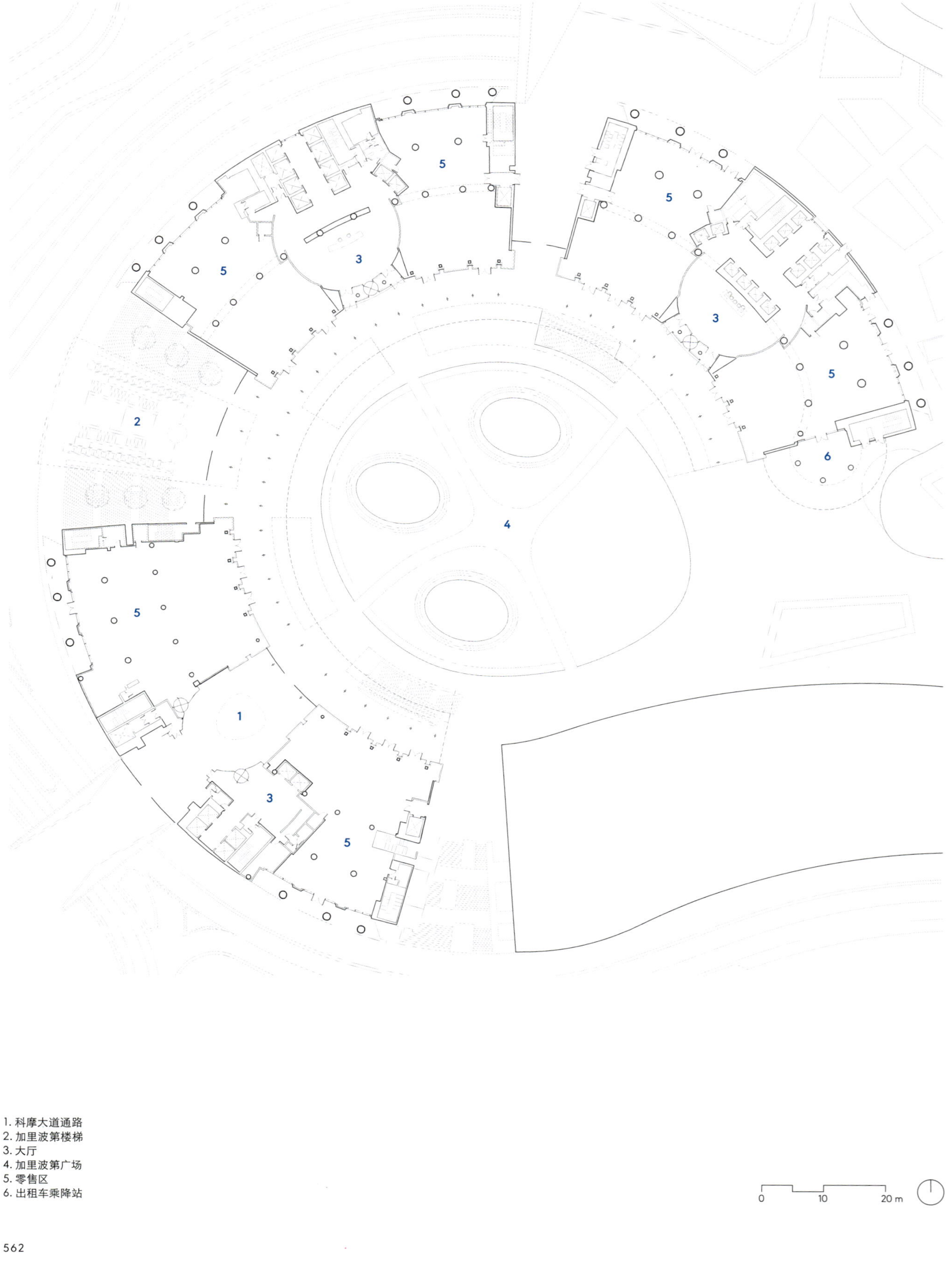

1. 科摩大道通路
2. 加里波第楼梯
3. 大厅
4. 加里波第广场
5. 零售区
6. 出租车乘降站

意大利联合信贷银行总部

这三幢办公大厦和它们的裙楼是新门加里波第广场的最大组成部分，这是米兰城市中心北部的多功能开发项目。在一次国际竞赛中，我们赢得了这个占地 7 公顷的开发项目的总体规划设计任务。它为城市创造了一个宏伟的全新门户。

三座大厦的高度分别为 31、22 和 11 层，它们狭窄的曲线造型形成一座圆形的广场，这个新的公共空间将建筑与周围的环境衔接在一起。这些建筑朝向广场一侧的外观立面还安装了遮阳篷，强调突出了建筑连贯流畅的造型。

在广场的周围，一个天篷将三座大厦的裙楼连接在一起。遍布于两个楼层的商店位于广场的上方，下沉的一层是传统的零售和餐饮区域。除了零售功能之外，裙楼里还设有停车场，并与加里波第火车站直接相通。向南延伸的广场与科摩大道交汇，那里是一条商业步行街，遍布着时尚精品店、餐馆和咖啡店。

项目的可持续性成为设计中的重要考虑因素，所有的建筑都获得了 LEED 的金奖认证。通过高效的滴灌系统、基于气候变化的控制器，抽取地下水作为非饮用水，以及采用低流量装置等措施，饮用水的需求降低了 30%。通过使用高性能的玻璃幕墙、具有热回收功能的专用外部通风单元、用于空间供热和制冷的局部风机盘管、利用河水排热或除热、水热泵和高效的照明和日光控制系统，该项目的能源消耗与米兰类似的建筑相比，降低了 37%。这里的建筑还使用了回收利用的建材，至少 50% 的建筑垃圾得到了重新利用。

在建筑的内部，通过过滤措施实现了较高的空气质量，建筑内的监控系统确保了温度的适宜性。日光可以直接照射到 90% 的内部区域，从而获得更为理想的工作环境。

2012 年，该项目获得了安波利斯十大摩天大楼奖。

这个城市综合建筑的核心是加里波第广场，广场的四周大厦林立，一个较低的遮阳篷将公众集会空间围绕在内

RIPLEY
JUMBO
easy

科斯塔内拉大厦

2016 年，智利，圣地亚哥

高达 300 米的科斯塔内拉大厦是圣地亚哥乃至整个南美洲的最高建筑。

该大厦靠近安第斯山，这一得天独厚的地理位置为这座大厦的设计创造了独特的背景。它是一个真正的摩天大厦，具有所有优秀摩天大厦的一些共性，例如定义鲜明的垂直轴线——天地相连的"世界之轴"。这座大厦的用户是智利的零售巨头桑克萨集团。我们受到了山峰的启发，使大厦略微呈现出纤柔的椎体造型，在顶部设计了一个简单的皇冠造型，这一造型不仅美观，还展现出壮观的气势。在安第斯山独特背景的衬托之下，大厦简单、明快的造型显得尤为醒目。

RIPLEY

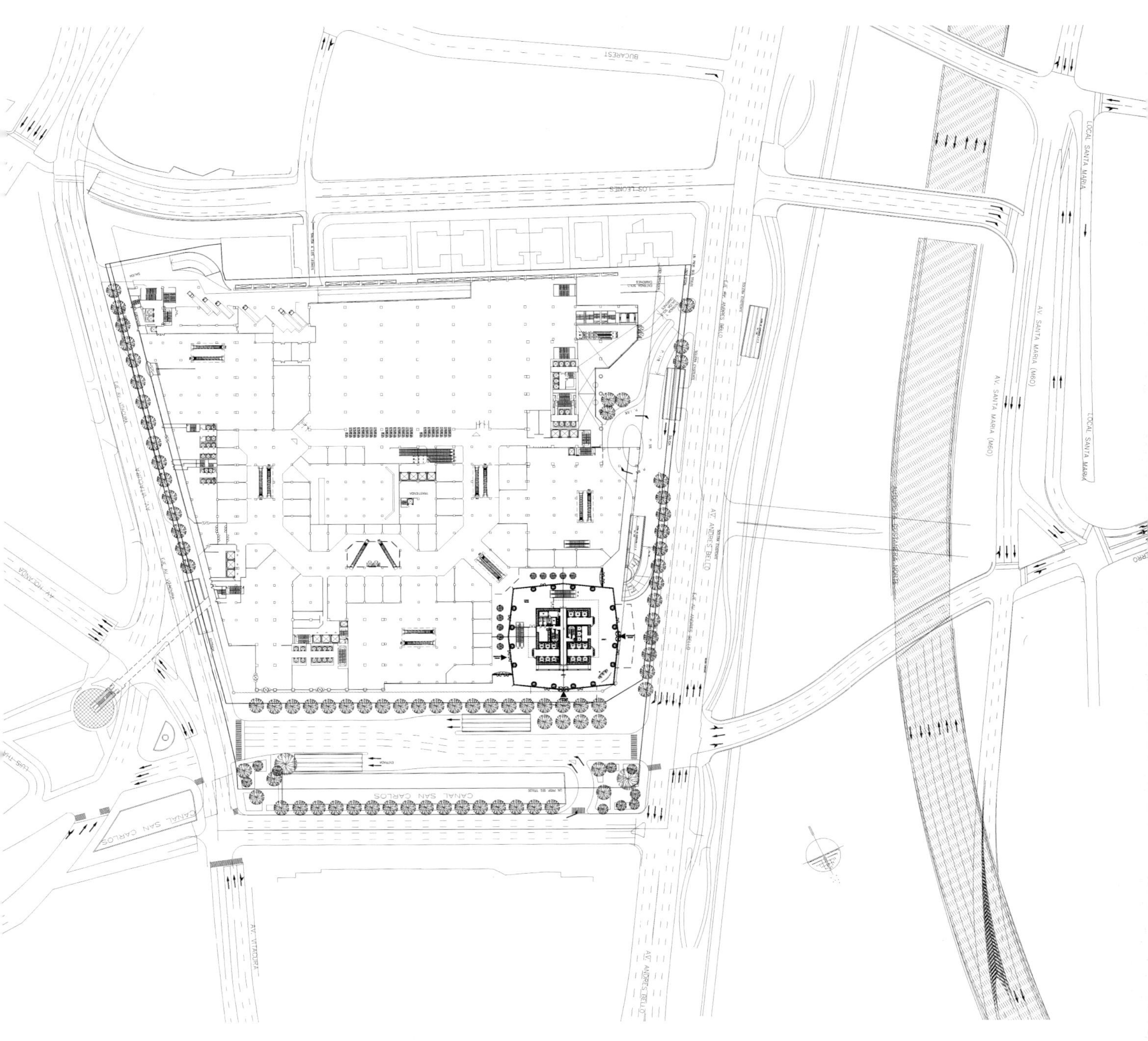
BUCAREST
LOS LEONES
AV. ANDRES BELLO
AV. SANTA MARIA (M60)
LOCAL SANTA MARIA
CANAL SAN CARLOS
AV. VITACURA

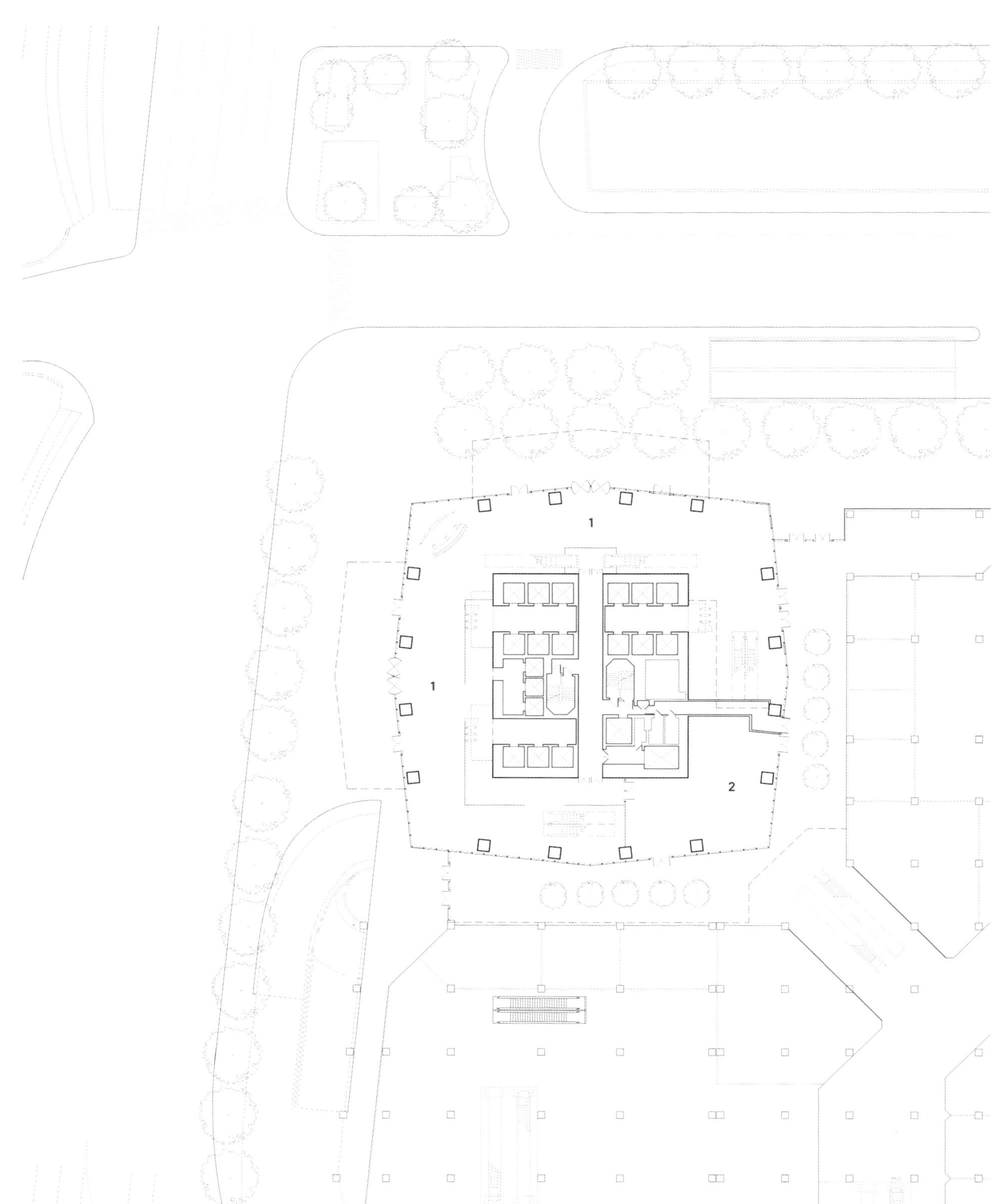

一层平面图

1. 大厅
2. 办公区

在大厦顶部的观景平台，人们可以俯瞰城市的全景；在夜晚，平台笼罩在紫色的灯光之中

MEDEL
17

汉彻大礼堂

2016 年，美国爱荷华州，爱荷华

汉彻大礼堂虽然为爱荷华大学所使用，但是对学校之外的观众也具有极大的吸引力，它在舞蹈和音乐新作品的演出效果方面得到了广泛的认可。建筑屹立在高于爱荷华河面的地带，可以抵抗近年来愈发猛烈和频繁的洪水袭击。

我们设计的结构造型在水平方向上连贯流畅，以呼应蜿蜒的河流景观，整个设计都借鉴了周围的自然景观。

大礼堂在横跨爱荷华河的主校区内创建了一个引人注目的中心建筑。礼堂采用了不锈钢的主结构，并进行了表面磨光处理，在爱荷华明媚的阳光照耀下，散发出柔和的光芒。

全新的汉彻大礼堂不仅为人们提供了视觉盛宴，也兑现了作为非凡表演艺术中心的承诺。

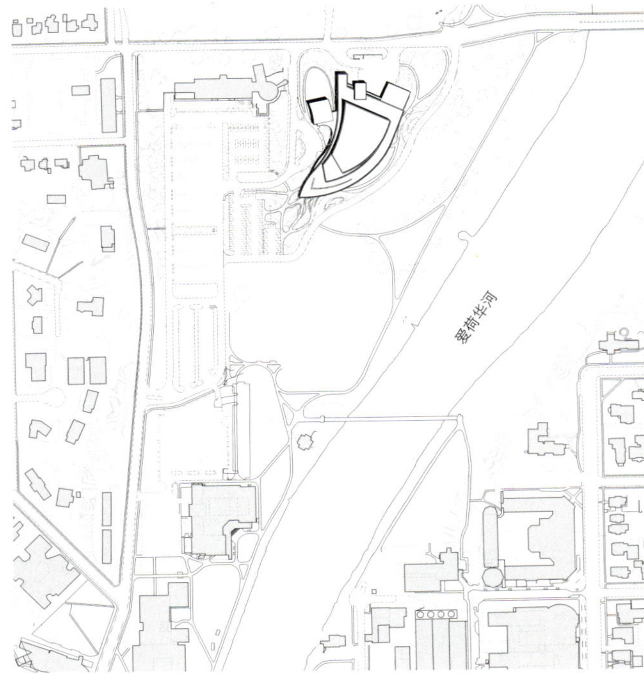

从汉彻大礼堂宽敞的露台上，人们可以将爱荷华河的风光尽收眼底

HANCHER

对页：大厅内的空间引人注目、层次分明，而且拥有极佳的景观视野
上图：校园背景衬托之下的排练室内外部情景

一层平面图

1. 场景制作室
2. 接待区
3. 舞台
4. 排练室
5. 演出大厅
6. 大厅

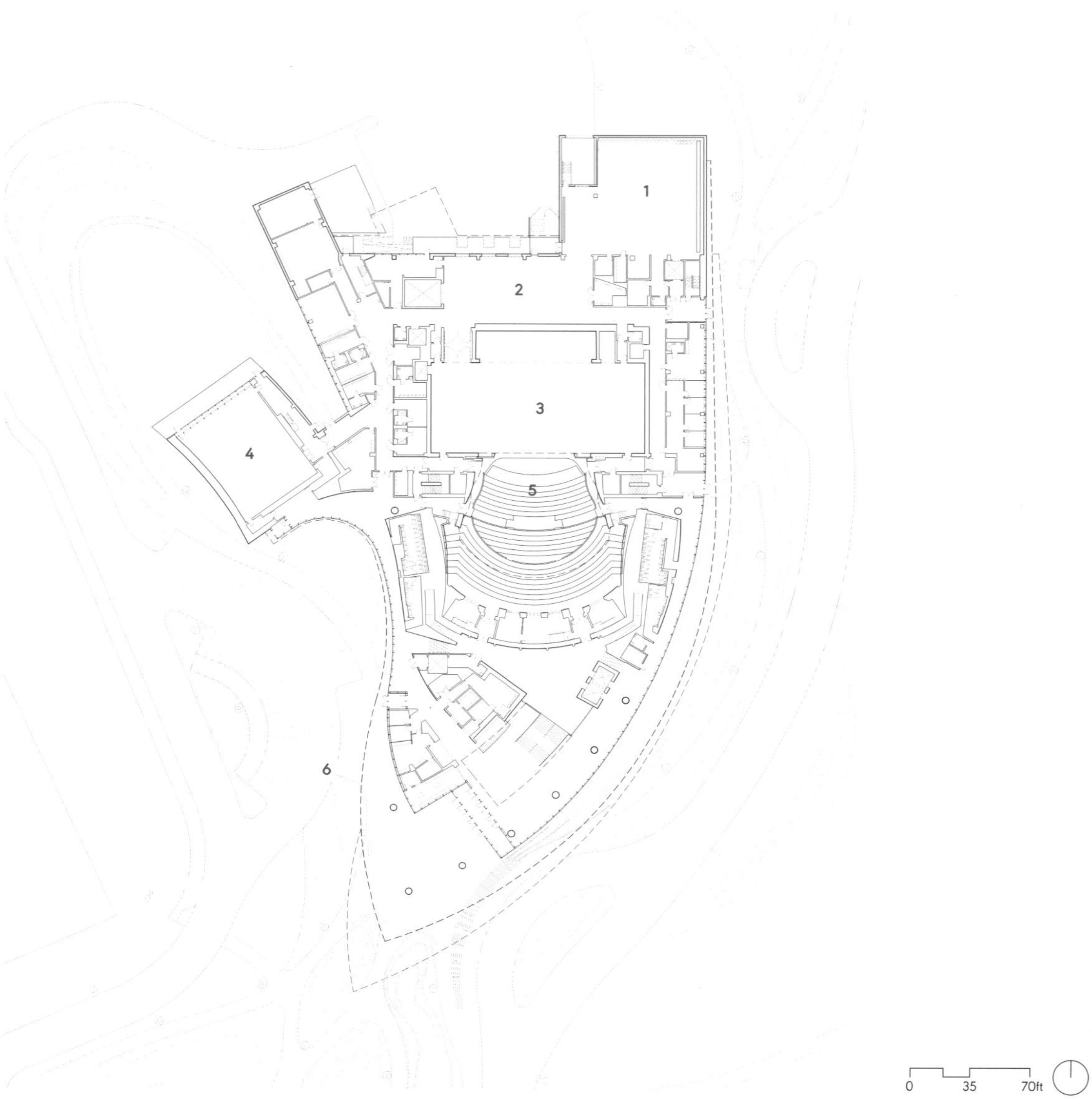

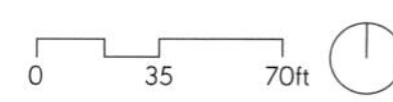

建筑剖面图

1. 后台空间
2. 演出大厅
3. 大厅

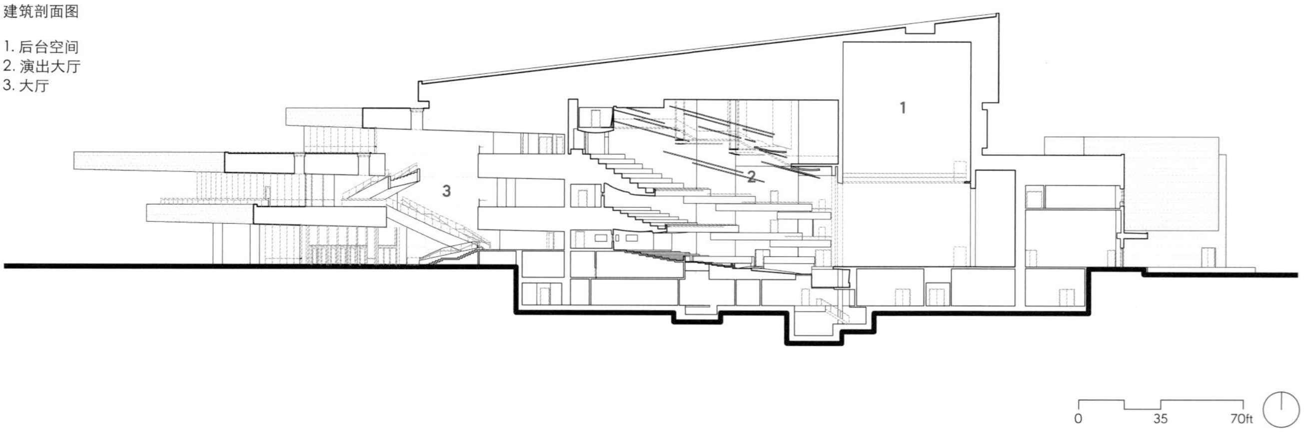

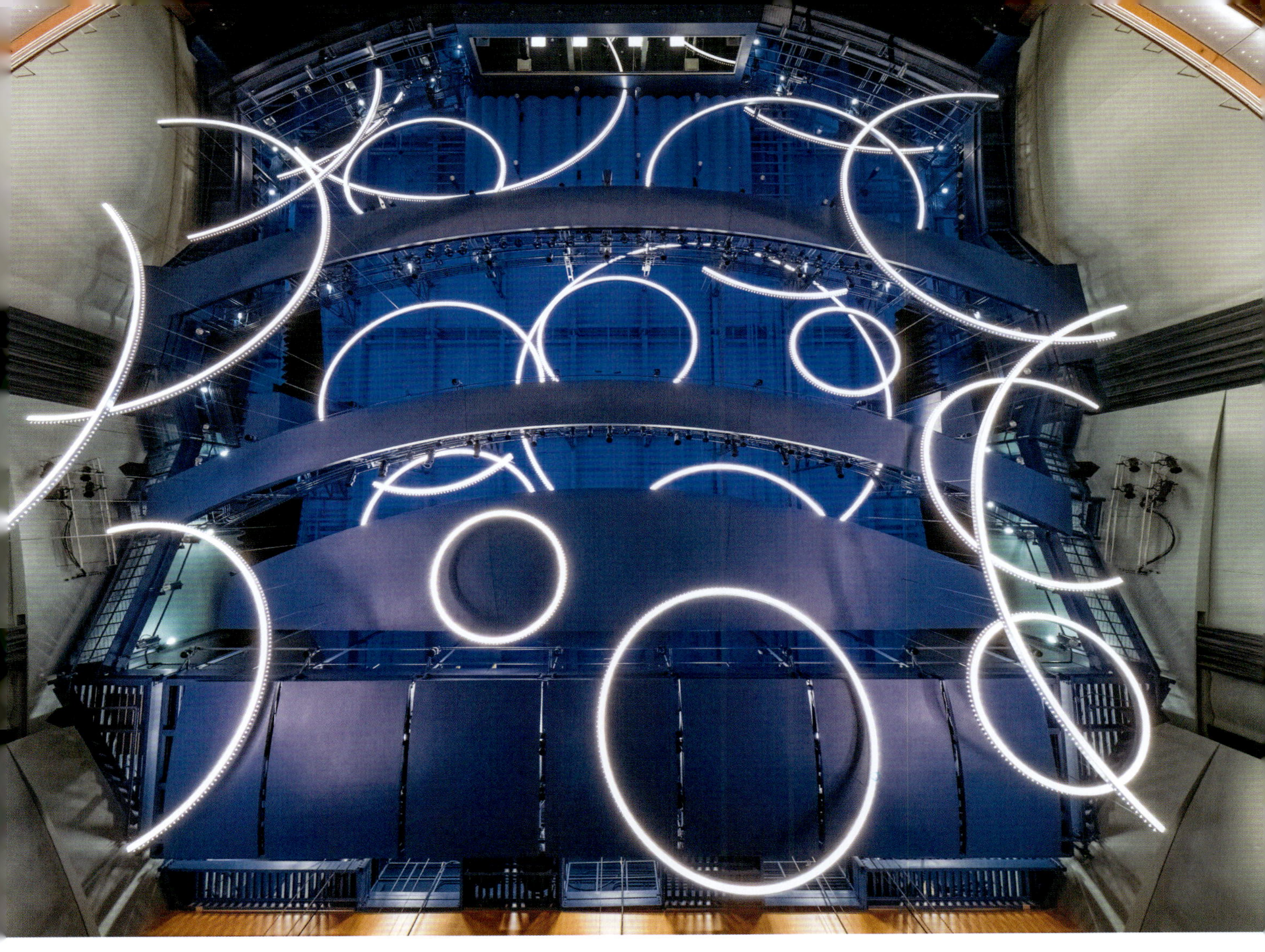

表演空间的上部是弧形的灯光照明系统，其设计灵感来自于环状的几何造型，同时与建筑的外部造型产生共鸣

马拉尔广场

2016 年，阿根廷，马德普拉塔

该项目位于阿根廷最大的海滨度假城市马德普拉塔，由三幢住宅大楼组成。这些大厦坐落在大西洋海岸多岩石的奇卡海滩之上，那里是马德普拉塔最著名的海滩之一。这些大厦凭借着令人欣喜愉悦的环境和设计完善的设施，使轻松舒适的海边生活成为可能。

我们的设计以弧线造型为基础，形成风车型的平面布局，创造了活泼生动的轮廓。在这种动感十足的平面布局内，每层可以拥有四间公寓，每间都带有宽敞的阳台，并可以观赏美丽的海景。在海边的悬崖之上，三座大厦犹如雕塑般的纤柔造型，仿佛共舞的美女。

由于这些大厦所处的地点十分陡峭，巴尔莫里事务所设计了一系列露台与倾斜的地形相匹配，重新塑造了自然的海岸线。这些露台上包括漫步和休闲的空间，以及一个室外游泳池。

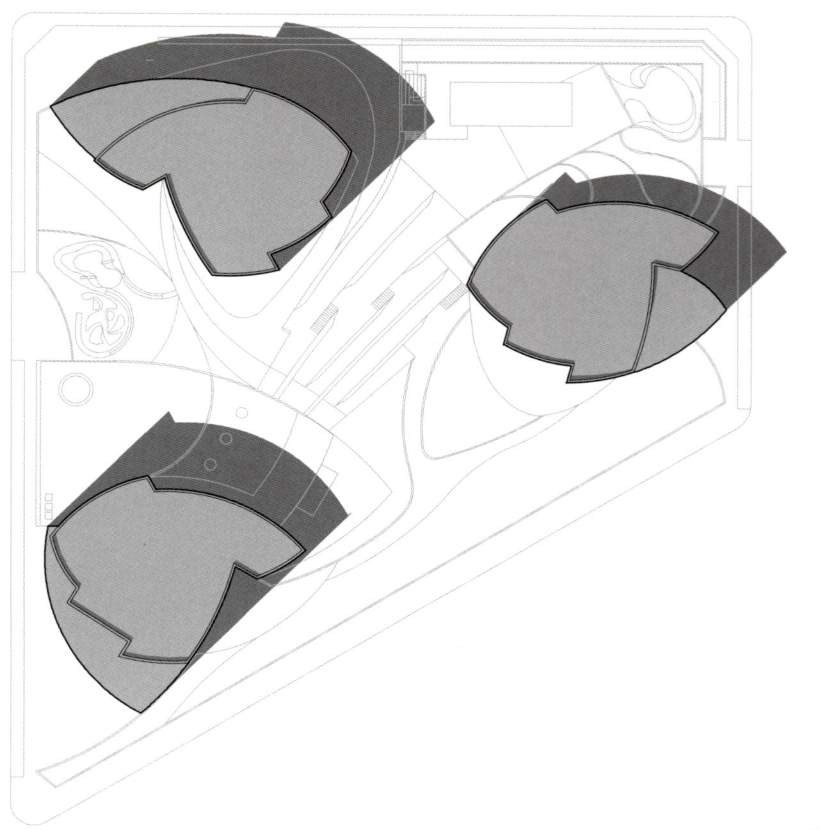

上部楼层平面图

1. 卧室
2. 客厅及餐厅
3. 厨房
4. 大厅
5. 电梯

WINTRUST
ARENA

温特鲁斯特体育馆

2017 年，美国伊利诺伊州，芝加哥

在国际竞标中，我们赢得了温特鲁斯特体育馆的设计任务。该项目为全国最大的会议中心——迈考密展览中心增添了一个中等规模的场馆。新的体育馆也是德保罗大学篮球队的主场，这是一项重新开发计划的重要部分，该计划旨在将周边地区变成充满活力的娱乐区。

位于观众席上方的屋顶向上拱起，通过这种优雅的曲线造型、浅灰色的薄膜屋顶和轻质的玻璃幕墙，使建筑传承了芝加哥浓厚的工程建筑传统。光滑的曲面屋顶以大跨度的弧线造型悬浮在场馆的顶部，十分引人注目，在夜晚的灯光下，人们可以立刻辨别出这就是全新的体育馆。

CHOOSE
CHICAGO
WINTRUST
ARENA

21st STREET
INDIANA AVENUE
PRAIRIE AVENUE
CERMAK ROAD

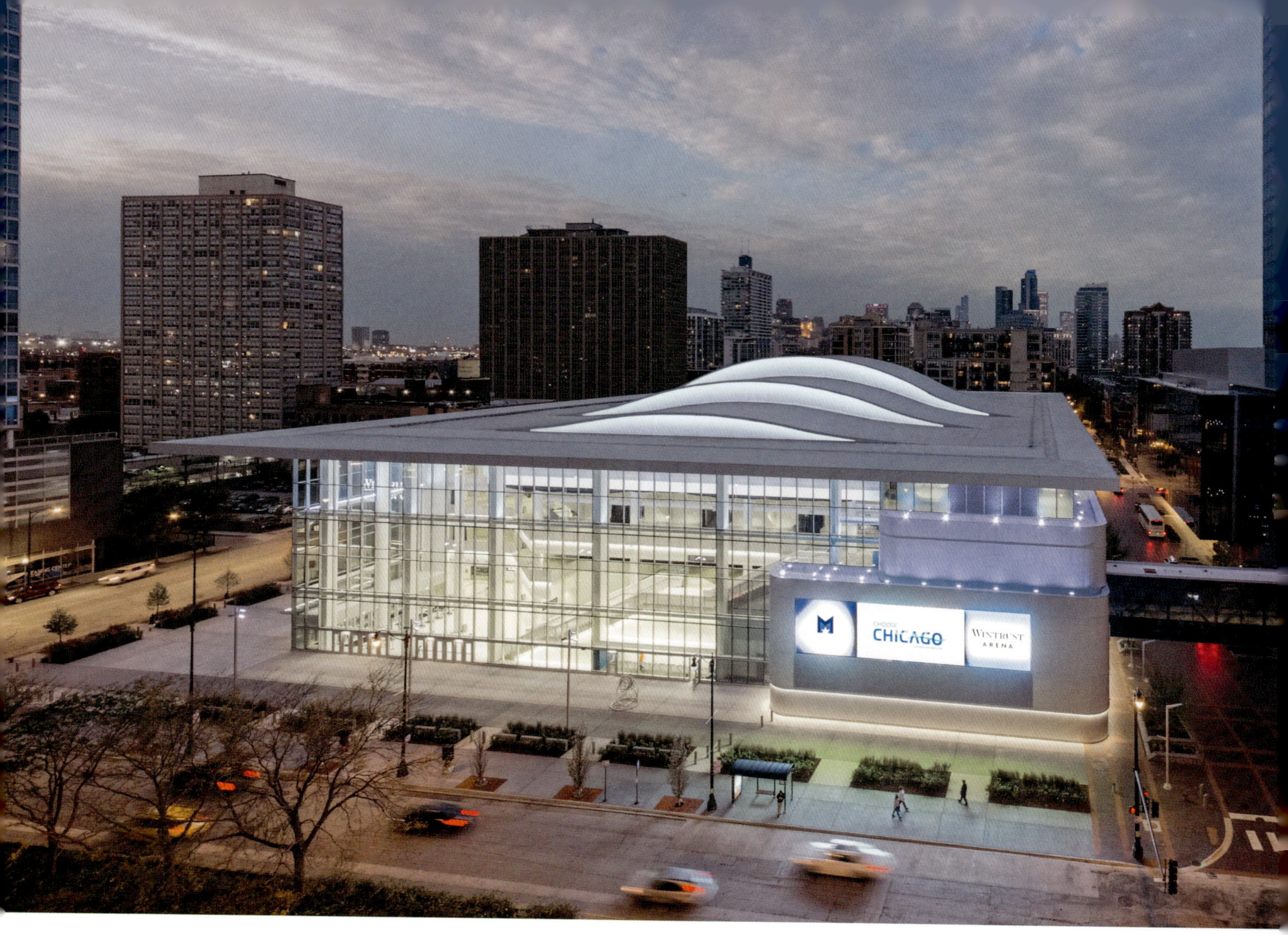

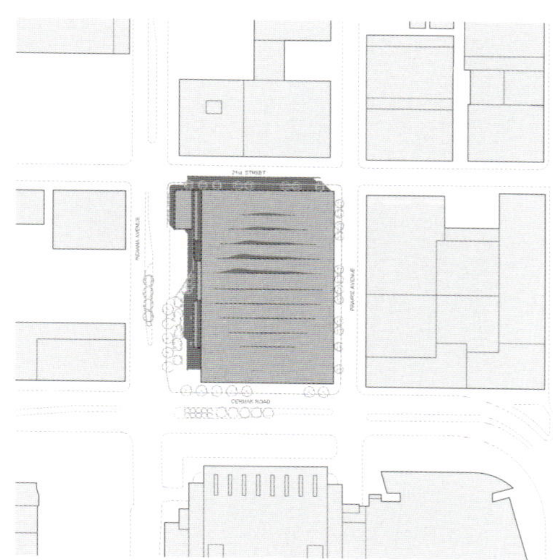

举办活动的楼层

1. 大厅
2. 售票处
3. 机械室
4. 多功能场地
5. 生产制作区域
6. 培训室
7. 更衣室
8. 装卸区
9. 厨房

0 30 60 ft

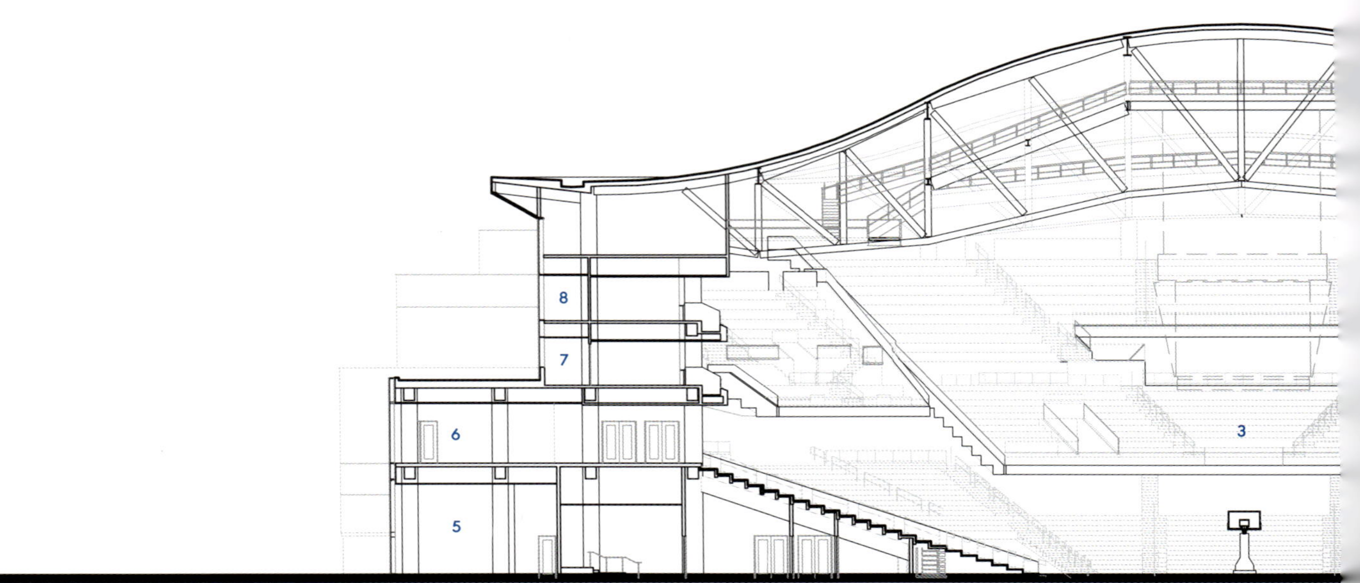

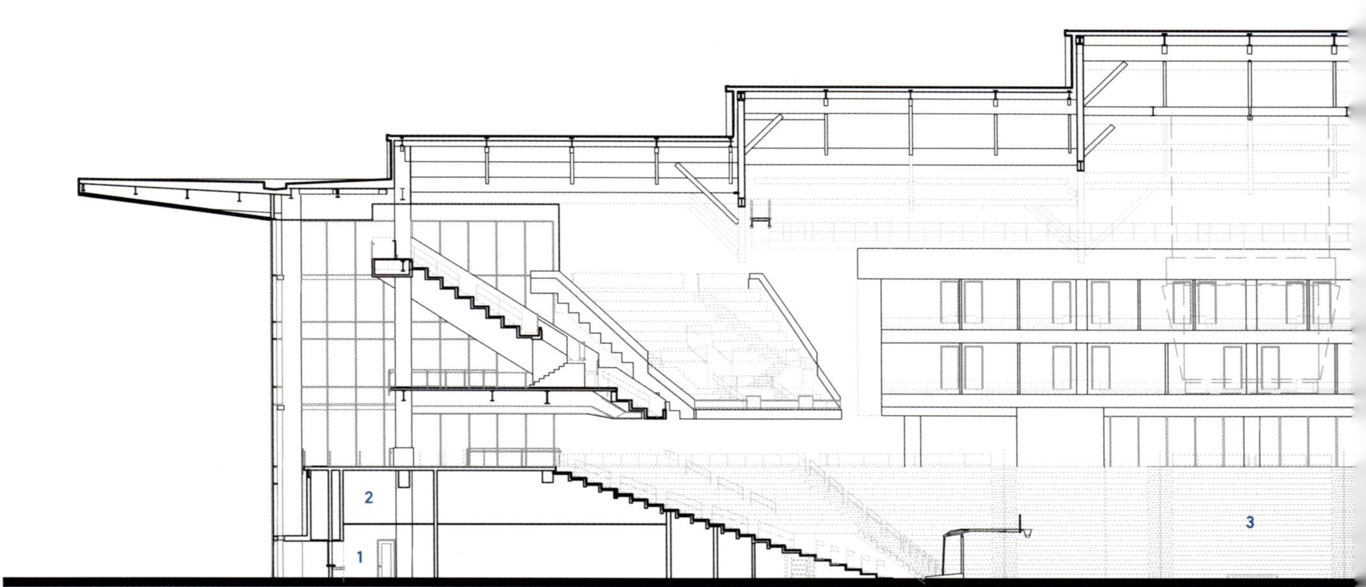

1. 售票处
2. 大厅
3. 多功能场地
4. 厨房
5. 培训室
6. 俱乐部
7. 下层套房
8. 上层套房
9. 生产制作区域

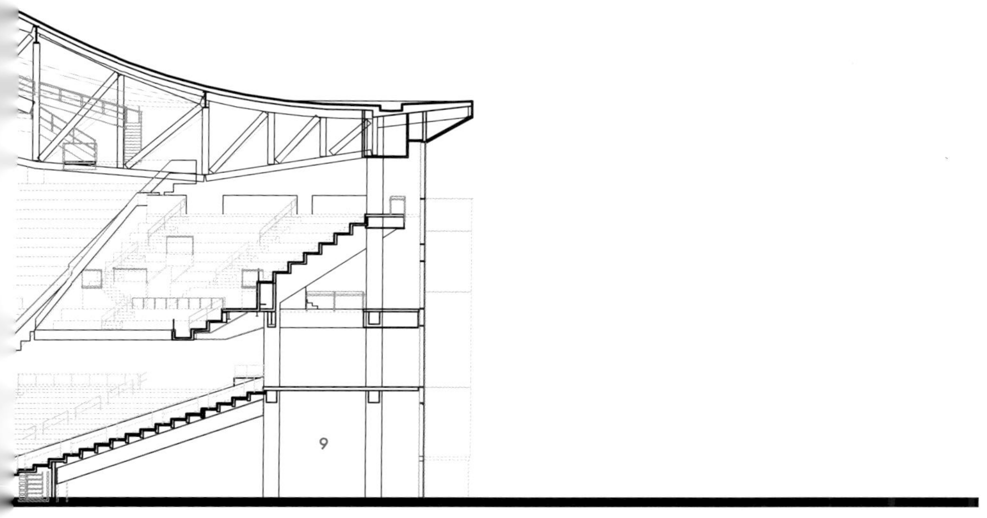

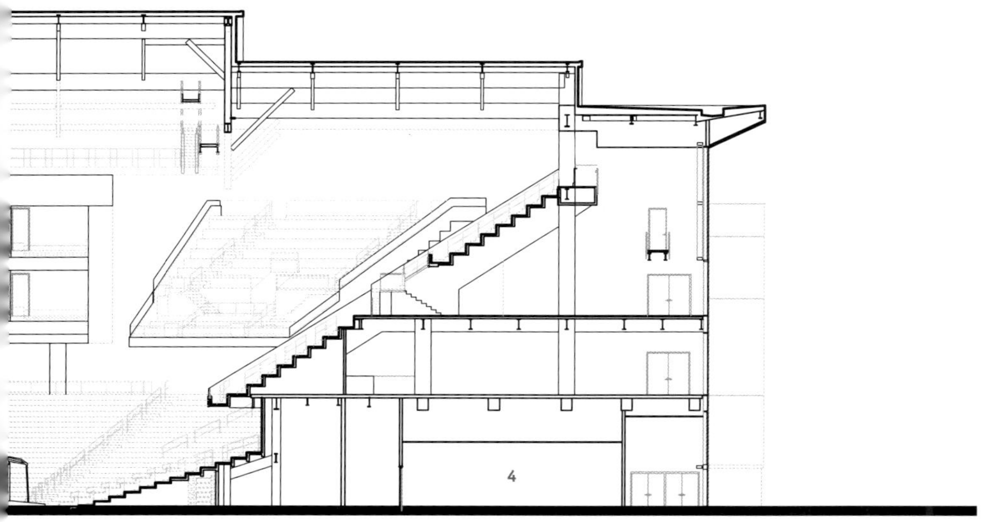

0 30 60 ft

GEORGETOWN
MARQUETTE
PROVIDENCE
ST. JOHN'S

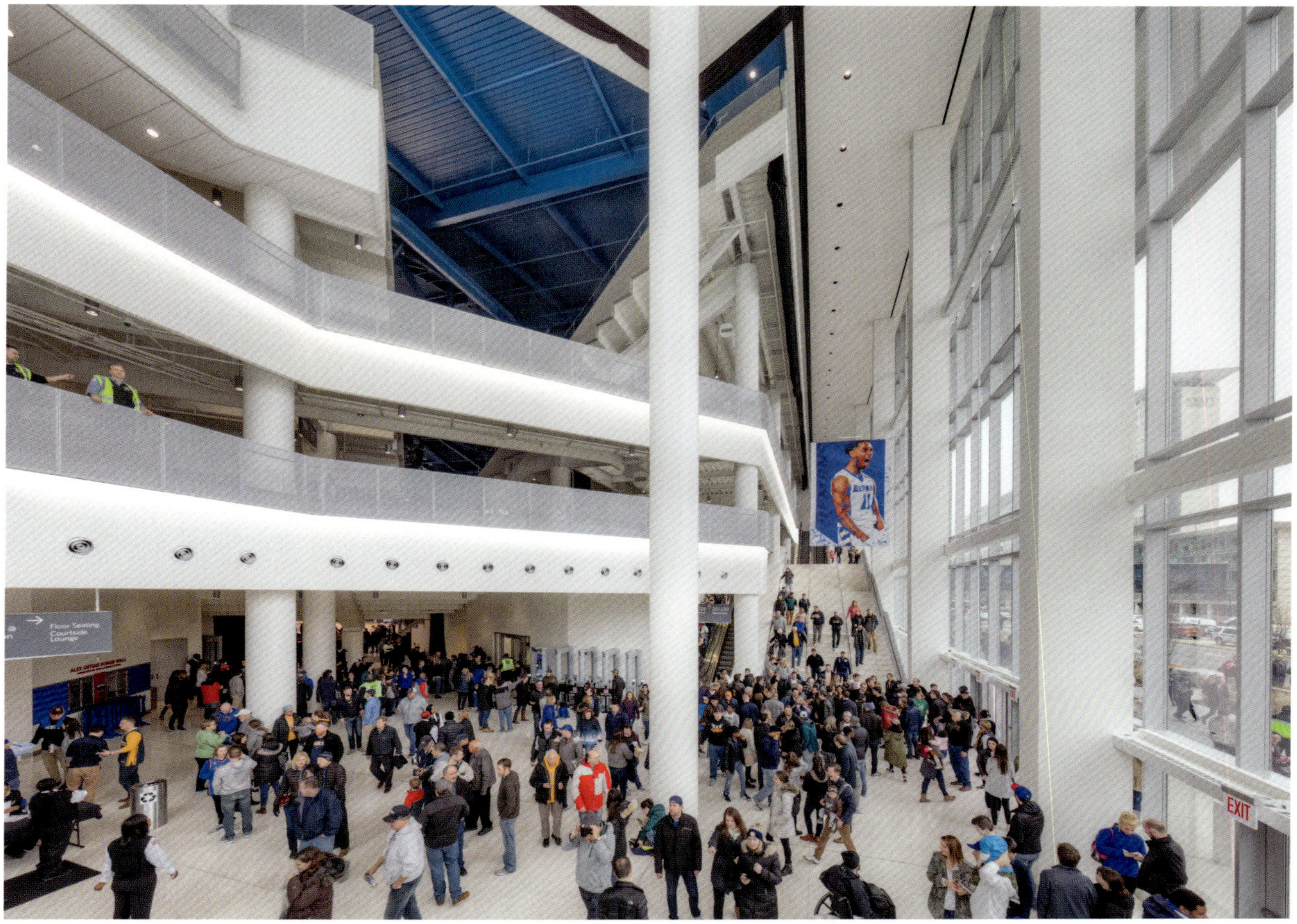
Floor Seating
Courtside Lounge
EXIT

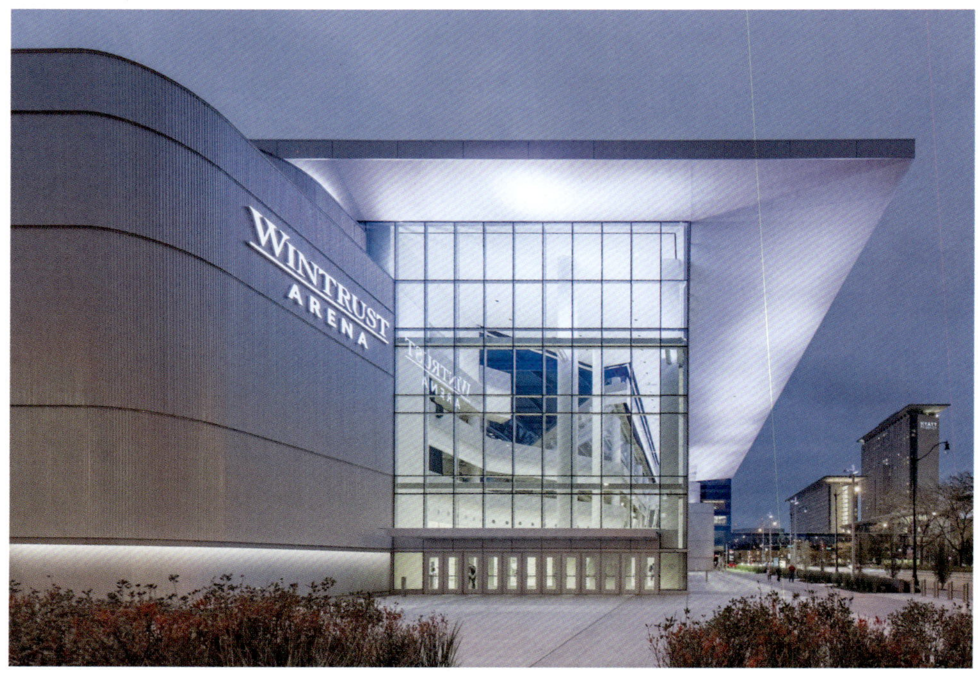

WINTRUST
ARENA

塞维利亚大厦

2017 年，西班牙，塞维利亚

通过国际竞赛，我们获得了塞维利亚大厦的设计任务。大厦所在的地点曾经是 1992 年塞维利亚世界博览会一部分的场地。该项目包括一座高达 37 层的酒店、办公大厦和一座用于零售的四层裙楼构成。大厦不仅定义了新的塞维利亚天际线，还与城市的标志性建筑——吉拉尔达大教堂交相辉映。

塞维利亚是一座具有独特魅力的美妙城市，既保留了过去几个世纪形成的传统美感，又紧跟 21 世纪的现代步伐。我的设计意图是创造一个现代化的，但是却具有塞维利亚风格的大厦。它要既能体现出现代的风貌，又能展现城市悠久的历史和特色。幸运的是，该项目的建设地点位于古老的瓜达尔基维尔河畔——那里曾是世界博览会的举办地点，这无疑给我们的设计带来了很大的自由度。

几乎所有的塞维利亚建筑都采取了遮阳的措施，这有助于我们在设计中突出大厦的特点。通过采取多种策略，我们为大厦提供了遮阳的功能，体现了独有的特色。在大厦的南侧、东侧和西侧立面，每层都采用了悬臂结构的楼板，但是在北侧的立面没有采用这种结构。这种悬臂结构的楼板与横向和纵向的遮阳篷相结合，在正午的时候也可以保护大厦免受烈日的直射。

该项目占地约为 4 公顷，几乎所有的公共设施都对公众开放，包括扩大的广场、低层建筑的屋顶花园和大厦顶部的观景平台。我希望屋顶花园中的小径能够成为塞维利亚人和游客喜爱的漫步通道。大厦的顶部是一个公共空间——宽敞的观景平台，人们在这里可以俯瞰东面的塞维利亚、南面的特里亚纳、以及西面和北面乡村的秀丽景色。

大厦较低的部分犹如张开的双臂，将游客迎入这个公共空间。当你走向大厦时，这个空间缓缓下降并逐渐变窄，形成了塞维利亚街道典型的狭窄特色。在炎热的夏天，长方形的帆布遮阳篷为街道提供了遮阳的功能。这条狭窄的街道最终变得开阔，将大厦环绕其中。

凭借着带有遮阳结构的外观立面，这座修长挺拔、活力十足的大厦已经被人们视作城市的标志性建筑。

较低的翼楼正在建设之中，屋顶的公共空间以美化的景观为特色

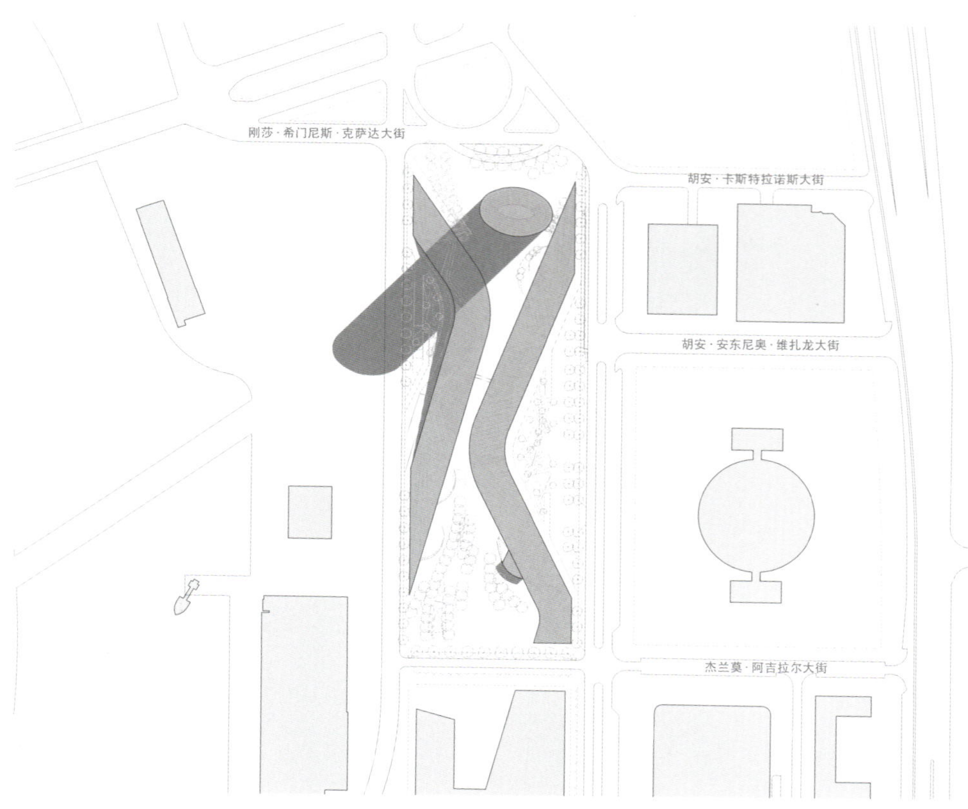

较低的翼楼设有固定的遮阳篷，在每天最热的时刻可以降低太阳能增益

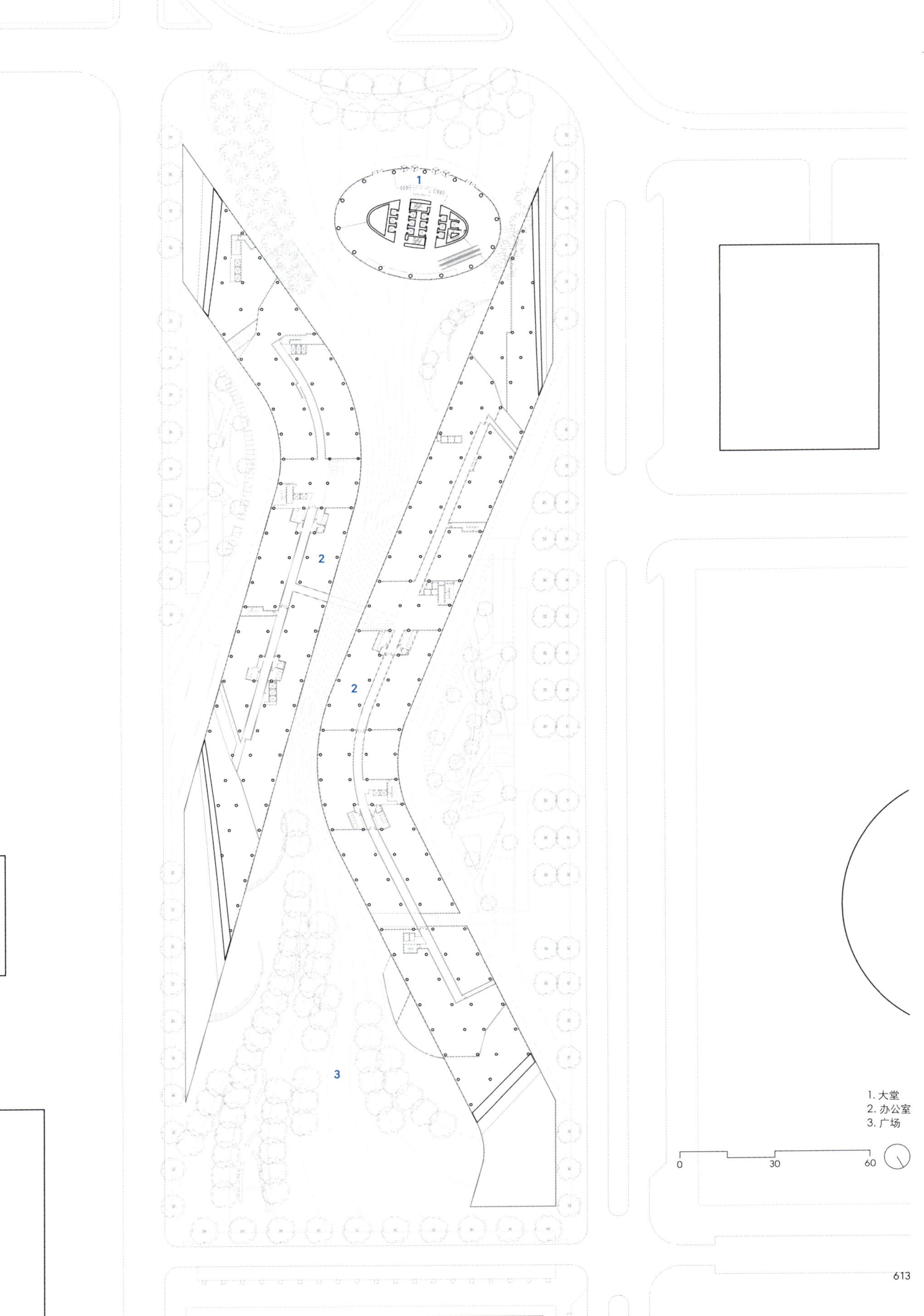

1
2
2
3
1. 大堂
2. 办公室
3. 广场
0
30
60

nH HOTELS

托雷·马克罗银行大厦

2016 年，阿根廷，布宜诺斯艾利斯

高达 30 层的托雷·马克罗银行总部大厦正在卡塔利纳斯 – 诺特区的最后一块空地上进行建设，那里是布宜诺斯艾利斯市中心重点规划的商业区。

对我来说，这座大厦的设计工作是一次十分珍贵的机会。它的平面布局接近于椭圆的形状，随着大厦的升高，平面布局呈现出向内凹陷的曲线造型。这种犹如雕刻般的形状是非常高效的，使建筑适应了形状不规则的场地条件。倾斜的顶部更加鲜明地体现出大厦独有的特色。

具有反光性的玻璃幕墙显得格外光滑和整洁，这种 1 米 ×3.8 米规格的玻璃面板附着在垂直的硅玻璃上。不锈钢结构的圆柱框架在大厦的外部标示出每层的位置，而较窄的玻璃窗使大厦看似一个用曲面玻璃制作的雕塑品。

大厦的设计符合 LEED 金奖评级的要求，应用了高性能的建筑配套系统，采用了具有可持续性的建筑材料。

托雷·马克罗银行总部大厦已经成为一个引人注目的建筑，并有望成为布宜诺斯艾利斯最美丽的建筑之一。

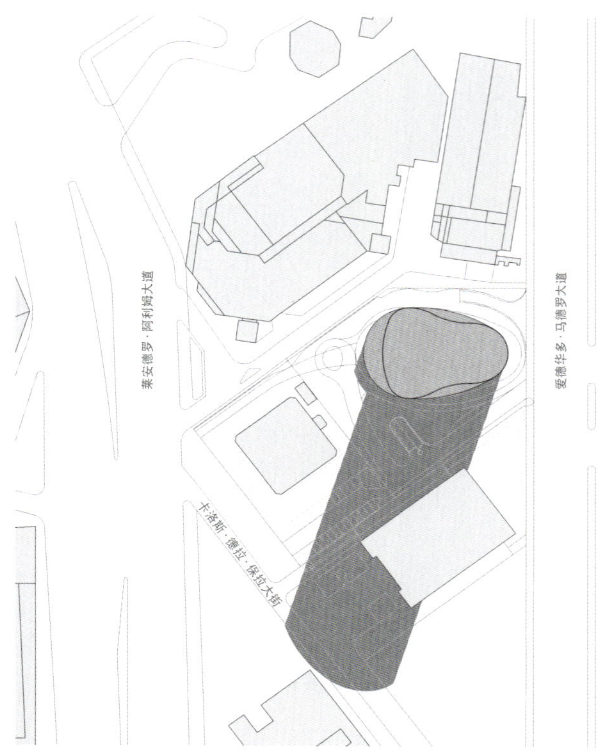

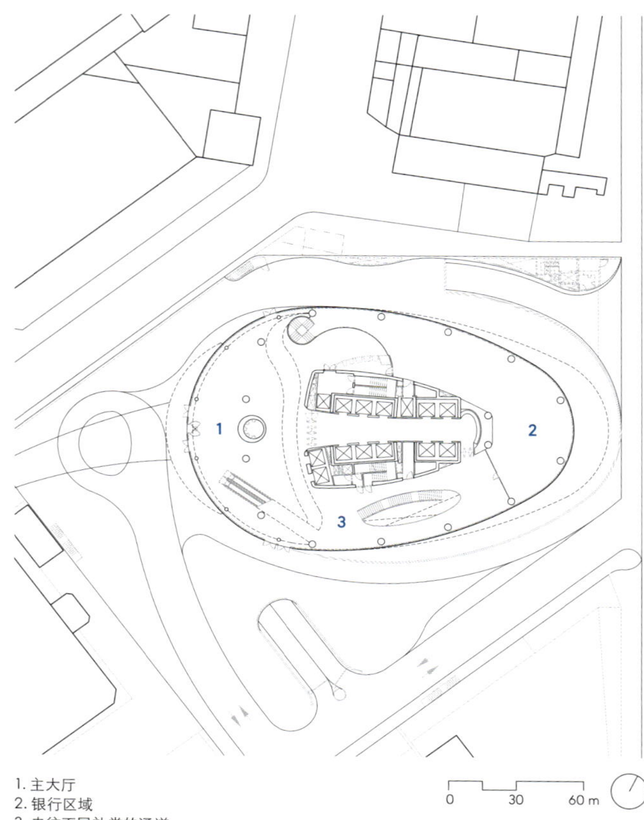

1. 主大厅
2. 银行区域
3. 去往下层礼堂的通道

HAMBURG SÜD

赛富时大厦和转运中心

2018 年，美国加利福尼亚州，旧金山

赛富时大厦是旧金山的最高建筑，与金门大桥一起成为天际线的定义元素。我们在 2007 年的国际竞赛中赢得了该大厦及其底部的转运中心的设计任务。

赞助这次竞赛的是跨海湾联合权力机构（Transbay Joint Powers Authority），这是旧金山市为了开发新的转运中心而设立的公共实体机构。为了帮助筹集资金，建设场地的一部分被用于出售，由开发商和建筑师组成的团队被邀请参加了竞赛。佩里－克拉克－佩里事务所及其合作伙伴海恩斯公司提交的设计方案重点关注了可持续性发展、周边的发展和资金的可行性问题。

我和弗雷德·克拉克设计的这座大厦高达 326 米，它的结构简单，是一个具有永恒底蕴的方尖碑造型，60 层的大厦呈现出修长的椎体轮廓，大厦的外部墙面由光芒四射的金属网格和透明的玻璃构成。随着垂直高度的增加，大厦在水平方向上逐渐缩入，更加突出了大厦拐角处的曲线造型。大厦的玻璃外墙越过楼顶形成了一个透明的冠状空间，仿佛融化在天空之中。

在建筑的底部，赛富时大厦与转运中心衔接，该中心包含了 11 条海湾地区交通线路。在转运中心的顶部是一个与大厦直接相连的公园，其面积达到了 2.2 公顷，可以用来举行各种娱乐、教育和自然的活动。

大厦的每层都集成了金属遮阳篷，经过调整可以在保证充足光线的同时降低太阳能增益。高性能、低放射性的玻璃也降低了大厦内的制冷负荷，一部分的制冷功能是通过环绕在大厦地基周围的热交换盘管来实现的。

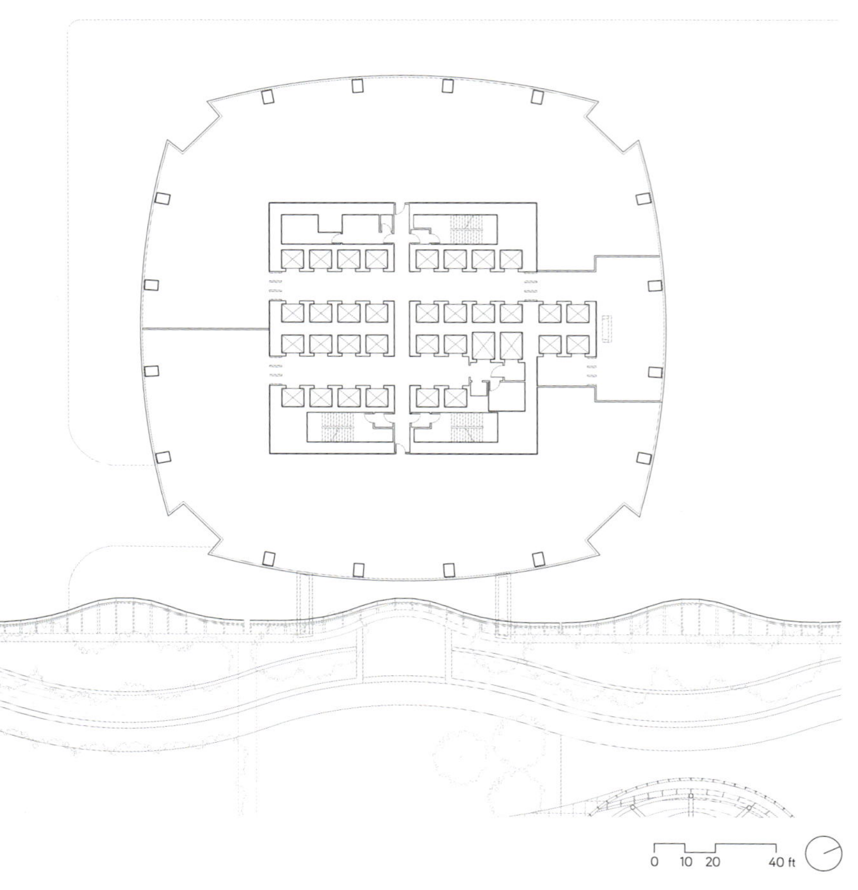
0 10 20 40 ft

DO NOT
BLOCK
INTERSECTION

赛富时转运中心

在国际竞赛中，我们获得了赛富时转运中心的设计任务，弗雷德和我一起领导了这次设计工作。当投入使用后，这里将成为最先进的多模式交通枢纽站，将旧金山市中心的11条交通系统线路连接在一起，并将城市与该地区、该州和国家的其他部分相连。这是一个具有高度可持续性的设计，包括建筑顶部一个面积为2.2公顷的公园，它的建成将确保这一多功能新区域的稳步发展。转运中心众多高悬的空间充满了明亮的光线，成为旧金山宏伟的入口大门，与世界级大都市的地位相适应。

新的转运中心沿着米森大街延伸跨越了四个街区，还有一个位于该市金融区南部的街区。中心的多孔外墙由倾斜的钢柱支撑，缓缓起伏于街道的上方，创造出优雅、亮丽和友好的形象。在街面上，吸引游客驻足的商店和咖啡店为周边地区带来了活力。在高处，屋顶公园的花草树木让游客们流连忘返，将转运中心这个交通枢纽变成了一个城市的旅游景点。

转运中心的设计核心是屋顶公园，这里拥有密集的自然景观，可以举行多样的活动，并设置了十多个入口和连接周围建筑的天桥。各种主动和被动的功能设施与这里的景观交织在一起，其中包括一个圆形剧场、咖啡馆和儿童游乐场，还有供人们阅读、野餐和休息的安静区域。由彼得·沃克合伙人景观设计事务所设计的公园展现了旧金山湾区的生态多样性，从橡树到沼泽湿地应有尽有。

MINNA STREET
NATOMA STREET

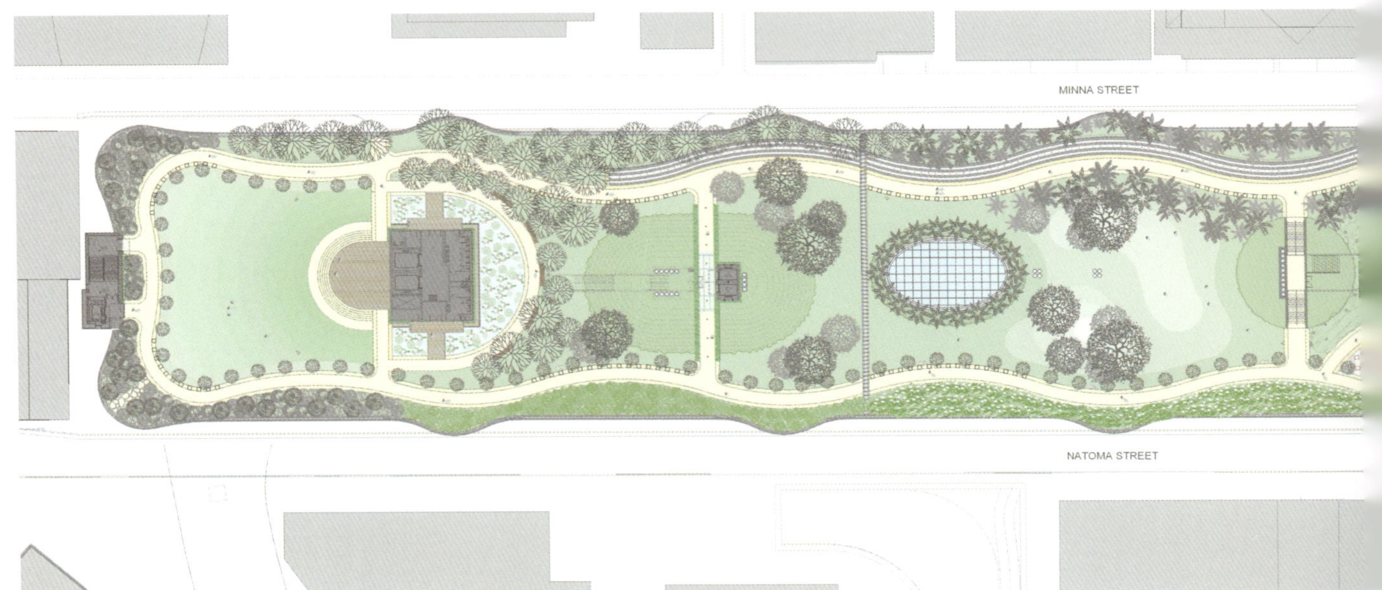

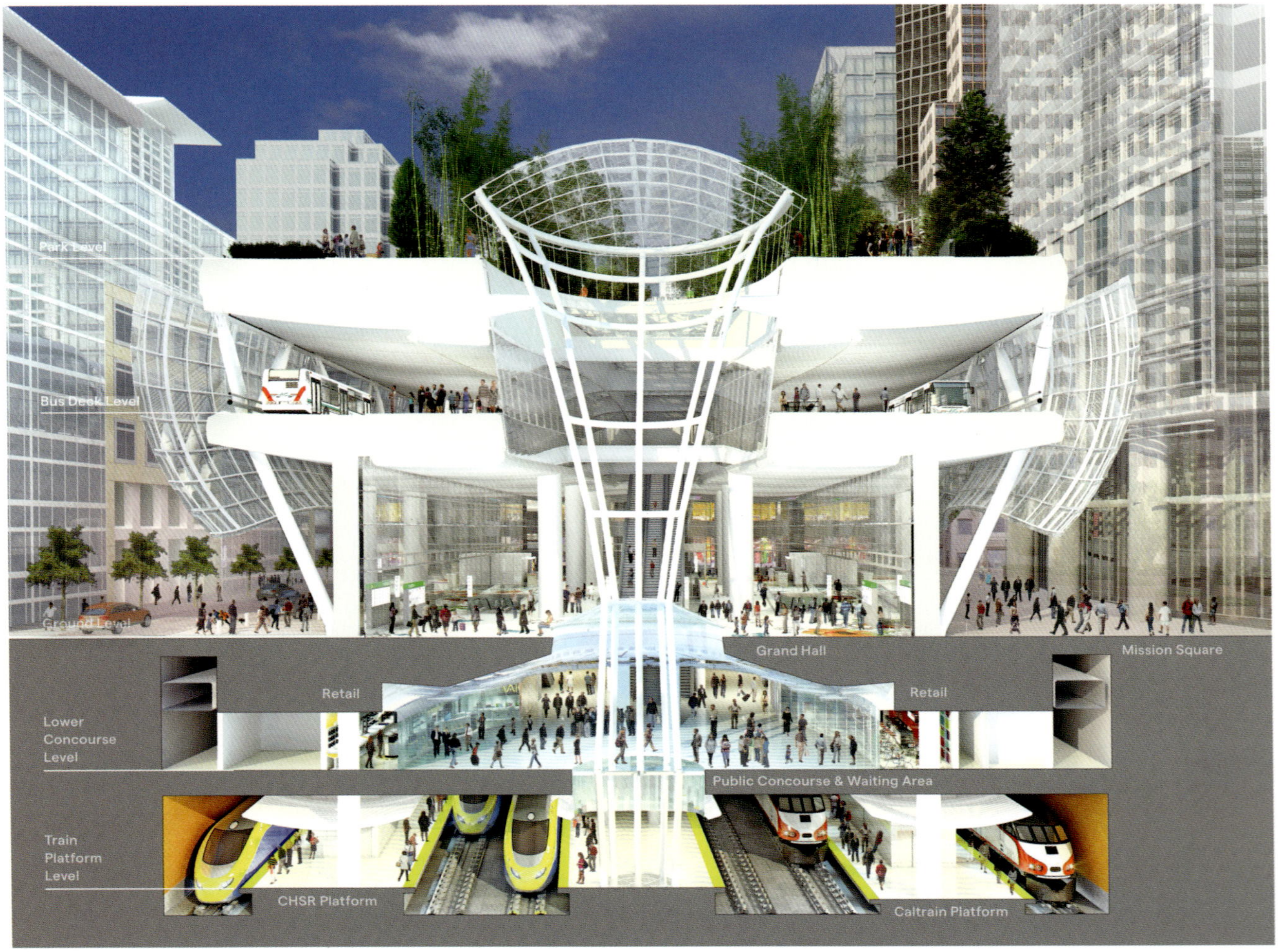

Park Level
Bus Deck Level
Ground Level
Grand Hall
Mission Square
Retail
Retail
Lower
Concourse
Level
Public Concourse & Waiting Area
Train
Platform
Level
CHSR Platform
Caltrain Platform

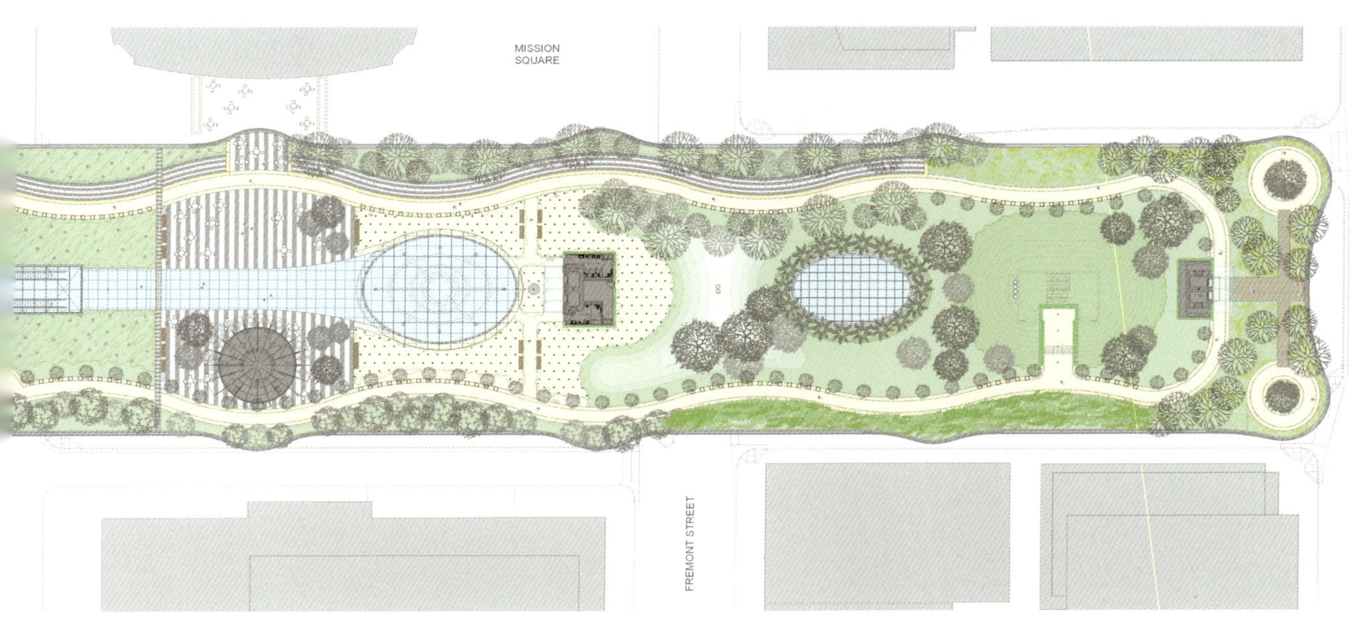
MISSION
SQUARE
FREMONT STREET

对页：跨越四个街区的建筑采用了空中城市公园的形式，并在下方创建了多个层次的结构。从中穿过的光柱让建筑内部充满了天然的光线

赛富时转运中心的结构框架覆盖着穿孔的金属面板系统。这是由英国数学物理学家罗杰·彭罗斯爵士设计的，他曾发明了“彭罗斯拼图”。赛富时转运中心与赛富时大厦相连，并延伸至几个街区

上图和对页上图：赛富时转运中心的施工照片，它位于赛富时大厦的身后
对页下图：西萨·佩里站在一根光柱的前面，这些立柱可以为多个楼层提供照明

回顾和反思

西萨·佩里

当我了解到我的建筑设计有助于创造更好的城市，我的建筑有望成为艺术品时，就知道我要成为一名建筑师。那时的我虽然还不到 20 岁，但是却感觉到自己将会把一生都奉献给这项事业。我一直是这样做的。

最初，当结束了在阿根廷和美国的建筑学业，以及与埃罗·沙里宁的共事经历之后，我希望能设计自己的建筑。但是，我认为我可能永远不会拥有自己的事务所，因为我从未想过此事，而这对于建筑实践却是非常重要的。我还知道，我不具备从别人那里祈求工作机会的性格和能力。因此，为了能够进行设计，我认为自己需要在一个能够获得设计任务的团队中负责设计工作。

经过推荐，我来到了洛杉矶的 DJMM 事务所，他们当时正在寻找一位设计总监。在协商了工作中的自由程度之后，我接受了这个职位。我在 DJMM 事务所的第一个机会就是制订洛杉矶圣莫妮卡山圣伊内兹峡谷总体规划的替代方案，这就是城市核心项目，我与托尼·拉姆斯登共同进行了初始设计，后来他成为我的设计总监助理。这一项目在业界得到了广泛的好评。

在 DJMM 事务所期间，我还设计了很多著名的建筑，包括美国通信卫星公司实验室的总部、特利丹公司实验室总部和库库伊花园（檀香山的公共住房项目）。我的这些作品引起了建筑评论家埃斯特·麦考伊德的关注，于是他把我推荐给洛杉矶的维克多·格伦联合事务所，当时他们正在寻找一位设计合伙人。四年之后，我离开了 DJMM 事务所，加入了格伦事务所。

一些年轻的设计师也跟随我来到了格伦事务所，我们决定参加维也纳联合国总部的国际公开设计竞赛。我们设计的方案十分新颖、且令人兴奋，被评选为一等奖。我们一起去往维也纳领奖，但是当地政府却决定采用第四名获奖者的方案，这位维也纳建筑师设计的是一组单调乏味、死板厚重的建筑。这其实是维也纳的巨大损失。

在格伦事务所，我拥有更多的设计自由和更好的支持条件，因此能够设计出一些更加优美和大胆的建筑，例如圣贝纳迪诺市政厅、东京的美国大使馆和太平洋设计中心。

在格伦事务所工作了九年之后，我意识到自己的潜力在合作的关系中受到了限制。于是，为了获得更大的灵活性，我辞去了设计合伙人的职务，但是仍然为事务所工作。

辞去这一职务的消息传出后，我收到了一些建筑学院院长职位的推荐，其中包括我熟知并敬仰的耶鲁大学建筑学院，我欣然接受了这一邀请，来到纽黑文担任了耶鲁大学建筑学院的院长一职。在我的一生中，大部分时间都在进行教学活动，我对教学工作的喜爱丝毫不亚于设计工作。

对我来说，这是一段令人激动与兴奋的时期。在 20 世纪 60 年代的危机之后，我让学校重新焕发了活力，并吸引了当时很多著名的建筑师担任工作室的教师。

担任院长职务不久之后，我被选为纽约现代艺术博物馆改造和扩建项目的设计者。作为一位无须方案设计实践工作的名校院长，虽然让我感到快乐，但是这次设计曼哈顿标志性建筑的机会仍然令我难以抗拒。

考虑到我的理想，以及在沙里宁的事务所、DJMM 和格伦事务所的工作经历，我深知要创造优秀、高效和可靠的建筑需要拥有自己的事务所和合作伙伴。因此，这也是我实现梦想、创建属于自己的事务所的一次良机。

当时，我的妻子戴安娜·巴尔莫里正在奥斯威戈的纽约州立大学任教，曾经被我带到格伦事务所的年轻、聪明的设计师弗雷德·克拉克正在莱斯大学任教。在我的请求下，他们来到纽黑文加入了我的团队。同时，我还与格伦事务所进行合作，由他们负责与施工相关的文档管理工作。

现代艺术博物馆的扩建是一项十分棘手的工作，我们必须能以原有的结构为基础，在资金有限的前提下设计出一个新的博物馆。我们的设计由博物馆的董事会进行监督，董事会的主席是精明能干的布兰切特·洛克菲勒女士。董事会成员还包括诸如菲利普·约翰逊、戈登·邦夏和爱德华·拉雷比·巴恩斯这样的著名建筑师。我始终对我的设计感到满意和骄傲，它一直出色地发挥着功能和作用。新的博物馆是一座优美和令人惊叹的建筑。不过，这一切都已不复存在，在2004年由谷口吉生进行的扩建中，博物馆变得面目全非，只有住宅公寓还保留着我的设计。

现代艺术博物馆的设计工作持续了大约七年。在这一时期的最后阶段，我收到了奥林匹亚及约克公司的邀请，参加了位于下曼哈顿的世界金融中心的设计竞赛。我们设计的方案满足了客户的需求，并重点关注了当时的审美标准，最终被选为获胜作品。

世界金融中心是一个成功的项目，为我们的事务所承担大规模综合项目的设计工作奠定了基础。从那以后，我们又设计了很多类似的项目。

在20世纪90年代初期，我们应邀参加了一次国际竞赛，为马来西亚国家石油公司设计两座位于吉隆坡的大厦。按照要求，我们与KLCC有限公司的董事会以及马来西亚的首相马哈蒂尔进行了会谈。在会谈中，我们了解到对方需要的是一种马来西亚风格的设计，但是他们却无法具体说明这到底是一种什么样的风格。

我认为这一要求至关重要，因此我们努力设计，让大厦尽可能具有马来西亚的风情，尽可能具有现代化的风貌，尽可能充满激情，我们最终获得了成功。事后我们了解到，我们是唯一一家认真对待这一需求的事务所。

另一个重要的国际竞赛是设计旧金山的赛富时转运中心。这是一个结构非常复杂的优美建筑，拥有各种动感十足的空间和一个面积为1.82公顷的屋顶公园。我们期望它能够在2019年对外开放。紧接着，我们又为赛富时设计了一座摩天大厦，计划于2018年完工并投入使用。这是一座高耸入云的美丽大厦，将成为旧金山最高的建筑，同时也是这座魅力之城的完美象征。

当我创立自己的事务所时，招聘了一些具有潜力和前途的学生作为设计师。如今，他们当中的一些仍然与我们在一起，并成为事务所的主要负责人，肩负着更大的责任。2005年，我们将事务所改称为佩里－克拉克－佩里建筑事务所，以示对弗雷德·克拉克（领导纽黑文办事处在全球的所有项目）和我的儿子拉斐尔·佩里（领导纽约办事处的项目工作）与日俱增的价值和贡献的认可。我相信，我们的事务所将会创造出更多、更伟大的设计。

西萨·佩里小传

美国建筑师协会会员，（英国）皇家建筑师协会会员

西萨·佩里出生于阿根廷，并在那里获得了图库曼大学的建筑专业毕业证书。他获得学士学位后来到了美国，进入伊利诺伊州立大学香槟分校学习。硕士毕业之后，他来到布鲁姆菲尔德山，在埃罗·沙里宁的事务所里，他开始了第一份工作。他作为项目设计师参与了众多的建筑项目，包括纽约肯尼迪机场的 TWA 航站楼和耶鲁大学的莫尔斯和斯泰尔斯学院。见习期结束之后，他出任了 DMJM 的设计总监，随后又成为格伦联合事务所的设计合伙人，这两家事务所都在洛杉矶。在那些年月里，他设计了很多获奖项目，诸如加州圣贝纳迪诺的市政厅、洛杉矶的太平洋设计中心以及日本东京的美国驻日大使馆。

1977 年，佩里先生担任了耶鲁大学建筑学院的院长，并创立了西萨·佩里建筑事务所。他于 1984 年辞去了院长一职，但是继续讲授建筑学的课程。自从建立了事务所，佩里先生便与主要的负责人一起创作并指导每一个项目。2005 年，事务所更名为佩里－克拉克－佩里建筑事务所，体现了事务所主要负责人发挥的作用日益重要。

佩里先生极力避免带有形式主义偏见的设计。他认为建筑应该对市民负责，建筑的美学品质应该来自于每一个项目的具体特点，比如它的位置、施工技术和它的用途。为了寻求对每一个项目采取最为恰当的表现方式，他的设计涵盖了范围广泛的解决方案和材料运用。

佩里先生撰写了大量关于建筑问题的文章和著作。1999 年，他撰写了《年轻建筑师的观察力》一书，并由莫纳塞利出版社出版。他的作品也不断地被发表和展出，一共有九本书籍和众多的专业刊物刊登了他的设计和理论。他一共获得了十四项荣誉学位，以卓越的设计荣膺了 300 多项大奖。他还是美国建筑师协会、美国艺术暨文学学会、国家设计学会、国际建筑学会和法国建筑学会的成员。

1995 年，美国建筑师协会为佩里先生颁发了金质奖章，他在建筑领域的杰出成就得到了认可。2004 年，凭借马来西亚吉隆坡双子塔的设计，佩里先生获得了阿卡汗建筑奖。

荣誉学位

1990，纽黑文大学人文学博士，名誉博士学位

1990，普瑞特艺术学院人文学博士，名誉博士学位

1993，阿根廷图库曼国立大学名誉博士学位

1993，阿根廷门德萨大学名誉博士学位

1994，阿尔贝图斯马格纳斯学院人文学博士，名誉博士学位

1996，罗杰威廉姆斯大学美术博士，名誉博士学位

1998，阿根廷贝尔格拉诺大学名誉博士学位

1999，阿根廷 21 世纪商业大学名誉博士学位

2000，康涅狄格学院名誉博士学位

2000，阿根廷东北大学名誉博士学位

2004，明尼苏达德卢斯大学人文学博士，名誉博士学位

2007，迈阿密大学人文学博士，名誉博士学位

2008，耶鲁大学美术博士，名誉博士学位

2012，科尔多巴国立大学名誉博士学位

2014，德保罗大学人文学博士，名誉博士学位

职业资格证书

1980，美国建筑师协会会员

1995，日本一级注册建筑师

专业机构成员

1982，美国艺术与文学学会院士

1990，国家设计学院会员

1990，米盖尔·利略基金会荣誉会员

1992，阿根廷布宜诺斯艾利斯康奈科斯基金会会员

1993，墨西哥建筑师协会荣誉会员、法国建筑学会通信会员

1994，国际建筑学会院士、维伊普里国际城市图书馆委员会会员

1996，东京建筑师和建筑工程协会荣誉会员、法国建筑学会会员、俄罗斯建筑和建设科学研究院会员、科尔多巴建筑师协会荣誉会员

2002，加泰罗尼亚建筑师协会荣誉会员

2008，加泰罗尼亚建筑师协会荣誉会员

教学经历

1950—1952，图库曼国立大学教学资格

1968—1977，洛杉矶加州大学客座教授

1972—1974，耶鲁大学客座教授

1977—1984，耶鲁大学建筑学院院长

1987，阿根廷图库曼国立大学名誉教授

1996，阿根廷布宜诺斯艾利斯大学名誉教授

1999，耶鲁大学建筑设计专业“埃罗·沙里宁”客座教授

相关书籍

《20 世纪 80 年代的美国建筑》，华盛顿特区：美国建筑师协会出版社，1990 年，162–169 页，218–225 页

安格尔·大卫《西萨·佩里（建筑师中的艺术家）》，北曼凯托：Capstone 出版集团，1995 年

B.J. 阿切尔，《商业住宅：建筑师、埃米里奥·安柏兹、彼得·艾森曼、维托利奥·格雷戈蒂、矶崎新、查尔斯·摩尔、西萨·佩里、塞德里克·普莱斯、奥斯瓦尔德·马蒂亚斯·翁格斯》，纽约：里佐利国际出版集团，1980 年

《建筑与复调音乐：今日伊斯兰世界的建筑（阿卡汗建筑奖）》，伦敦：Tames & Hudson 出版社，2004 年，120–139 页

比克福德·阿奈尔，《路易斯维尔之塔：人性的竞争》，纽约：里佐利国际出版集团，1985 年

正三马场，《你能成为他们那样的建筑师吗？》，Okokusha，日本，2004 年，188–195 页

乔治斯·宾德尔（编），《亚洲和澳洲的高层建筑》，视觉出版集团，维多利亚，澳大利亚，2001 年，第 9 页，152–153 页，第 210 页、213 页

西萨·佩里，《西萨·佩里当代作品精选》，迈克尔·J. 克罗斯比作序建筑大师系列，马尔格雷夫，维多利亚，澳大利亚：视觉出版集团，1993 年

《西萨·佩里》，埃斯特·麦考伊、西萨·佩里、约翰·帕斯蒂尔、加文·麦克雷·吉布森的论文，东京：A + U 出版有限公司，1985 年

约翰·S. M. 陈，《画笔下的建筑》，纽约：麦格劳 – 希尔教育集团，1994 年

《伦敦，21 世纪城市 + 欧洲城市建筑展览目录》，安达卢西亚委员会，2004 年，94–98 页

哥伦布地区商会有限公司，《建筑一瞥（第七版）》，印第安纳州哥伦布市：游人中心，1998 年，98–101 页

迈克尔·J. 克罗斯比，《科德角夏季建筑：波尔希默斯·萨弗里·达西尔瓦的作品：新古典主义者》，西萨·佩里撰写的前言，澳大利亚维多利亚市：视觉出版集团，2008 年

迈克尔·J. 克罗斯比，《西萨·佩里：近期的主题论文》，瑞士巴塞尔：博克豪斯出版社，1998 年

迈克尔·J. 克罗斯比，《幕墙：西萨佩里事务所的最新开发成果》，瑞士巴塞尔：博克豪斯出版社，2005 年

《网络空间：数字建筑世界》，澳大利亚维多利亚市：视觉出版集团，2001 年，“国家现代艺术博物馆”，188–21. F

安娜·德布雷亚，《拉美建筑大全：现代反思和当代作品汇编》，西萨·佩里作序纽约：阿克塔出版社，2015 年

《建筑细节》，澳大利亚维多利亚：视觉出版集团，2000 年，42–47 页

艾定增、李舒主编，《西萨·佩里：国外著名建筑师丛书 第二辑》，中国北京：建筑出版社，1991 年

图兰·杜达和杰弗里·佩恩，《从个人到集体：杜达/佩恩建筑事务所》，西萨·佩里作序诺瓦托：ORO Editions 出版社，2013 年

《表达结构：大规模建筑技术》，费尔韦瑟、弗吉尼亚，瑞士巴塞尔：博克豪斯出版社，2004 年，18–41 页，116–123 页，134–143 页

沃尔夫冈·福斯特，《20 和 21 世纪的住宅》，纽约，2006 年，第 143 页

马里奥·甘德索纳斯和约翰·帕斯蒂尔，《西萨·佩里：1965—1990 年的建筑和项目》，纽约：里佐利国际出版集团，1990 年

加雷塔、阿德里亚纳·阿尔瓦雷兹，《摩天大楼》，墨西哥：图书工厂出版，2002 年 30–35 页，40–45 页，96–101 页，102–107 页，308–315 页，370–377 页，406–413 页，442–447 页，560–565 页，566–571 页

保罗·戈德伯格，《西萨·佩里：1965—1990 年的建筑和项目》，纽约：里佐利国际出版集团，1991 年

彼得·戈赛尔，《现代建筑百科》，洛杉矶：塔森出版社，2007 年，764–765 页

李·爱德华·格雷和大卫·沃尔特斯，《模式和环境，西萨·佩里论文集》，北卡罗来纳，夏洛特，1992 年

珍妮特·哈夫曼，《最高建筑》，纽约：Kidhaven 新闻出版社，2004 年

理查德·奈特，《沙里宁的探求：回忆录》，西萨·佩里作序里士满 CA：William Stout 出版社，2009 年

李晟敏，《国际建筑年鉴》，韩国首尔：建筑世界，2005 年，152–157 页

哈罗德·立顿，《组合设计》第三版，西萨·佩里作序纽约：W. W. Norton & Company，2004 年

哈罗德·立顿，《组合设计》第四版，西萨·佩里作序纽约：W. W. Norton & Company，2012 年

加文·麦克雷 – 吉布森，《建筑生命的秘密，美国的现代建筑神话》，伦敦和剑桥、马萨诸塞州：麻省理工学院出版社，1985 年，52–73 页

纳达夫·玛琳和尼古拉斯·简克，《炮台公园城，阳光华厦，绿化设计》，纽约州纽约市：炮台公园城政府，2005 年

吉塔·梅塔和迪安娜·麦克唐纳，《新日本建筑：世界一流建筑师最新作品》，西萨·佩里作序克拉伦登：塔托出版社，2015 年

卢卡·莫利纳里，《地图集：1990—2000 年北美建筑趋势》，（意大利萨索洛：马拉奇陶瓷集团，2001 年），36—41 页

中村敏夫，《西萨·佩里》，东京：A + U 出版有限公司，1985 年

奥赫达、奥斯卡·里埃拉，《西萨·佩里：国家机场航站楼》，保罗·戈德伯格撰写了序言单体建筑系列——建筑工作的过程，马萨诸塞州格洛斯特：洛克波特出版社，2000 年

奥赫达、奥斯卡·里埃拉，《美国新式住宅》，纽约：惠特尼设计文库出版社，1995 年，76–87 页

《东京羽田国际机场 2 号航站楼》，日本：Shin kenchiku–Sha 出版社，2005 年

约翰·帕斯蒂尔，《西萨·佩里》，纽约：惠特尼设计文库出版社，1980 年

西萨·佩里，《夏洛茨维尔建筑师纪录》，杰奎琳·罗伯特森撰写序言纽约：里佐利国际出版集团，1985 年，108–115 页

西萨·佩里，《年轻建筑师的观察》，纽约：莫纳塞利出版社，1999 年

西萨·佩里和迈克尔·J. 克洛斯比，《国油双子塔：高层结构的建筑》，霍博肯市：Wiley–Academy 出版社，2001 年

西萨·佩里主编的《耶鲁大学建筑研讨会，第二卷》，纽黑文，耶鲁大学，1981 年，89–114 页

凯瑟琳·M. 彼得里尼，《国油双子塔》，纽约：布莱克布里奇新闻出版社，2004 年

汤姆·波特和约翰·尼尔，《建筑的超级模式》，英国牛津：建筑出版社，2000 年，26，28–29.1

杜安·普雷布尔和莎拉·普雷布尔，《艺术形式》，“三维空间”，新泽西：普伦蒂斯·霍尔出版社，2002 年，49 页

拉尔夫·拉普森，《拉尔夫·拉普森：世界各地的草图和制图》，西萨·佩里作序阿夫顿：阿夫顿出版社，2002 年

约翰·塞勒尔，《伟大的建筑师：与菲利普·约翰逊、约翰·伯吉、迈克尔·格拉夫斯、西萨·佩里、赫尔穆特·扬、约翰·波特曼和德尔·斯科特的访谈》，里弗埃奇：贸易通出版社有限公司，1991 年

安娜·M. 桑科主编的《纽黑文的文化景观：变化中的人与地》，康涅狄格州纽黑文：建筑资源中心，2001 年，74 页

齐亚丁·萨达尔，《吉隆坡的消费》，伦敦：Reaktion 图书有限公司，2000 年，第 39 页

海伦·西林，《全新的美国艺术博物馆》，纽约惠特尼博物馆展览目录伯克利，加利福尼亚和伦敦，加利福尼亚大学出版社，1983 年，78–86 页

罗尼·塞尔夫，《艺术博物馆的建筑，十年设计：2000—2010 年》，阿宾顿：劳特利奇出版社，2004 年

铃木池内，《实践环节》，劳·尔巴伦齐主编，Bruce Mau 设计公司设计，约瑟夫·吉奥瓦尼尼、铃木池内、奥斯特菲尔德恩 – 鲁伊特提供论文，德国：Hatje Cantz Verlag 出版社，2004 年

安东尼奥·特拉诺瓦，《摩天大楼》，意大利 白星出版社（韩国印刷），2003 年，第 17 页，190–193 页，198–209 页，244–259 页

亚历山大·佐尼斯、利恩·勒费夫尔和理查德·戴蒙德主编的《北美建筑》，伦敦：泰晤士河哈德逊有限公司，1995 年，156–159 页；248–251 页

《大阪国立美术馆》，日本建筑丛书日本：皇家制作，2005 年

克里斯·范·乌费伦，《2006 体育场》，德国：Verlagshaus Braun 出版社，2006 年，126 页，135 页

展览精选

1992：西萨·佩里回顾展，夏洛特北卡罗来纳大学建筑学院展馆

1994：西萨·佩里：建筑的回响，德尔菲研究公司主办，日本东京

1998–2000：世纪末：百年建筑，洛杉矶现代艺术博物馆主办地点：东京、墨西哥城、芝加哥、科隆、洛杉矶

2000–2002：新千年的摩天大楼，伊利诺伊州芝加哥艺术学院主办地点：旧金山、华盛顿特区、纽约、毕尔巴鄂城市的转型，伊利诺伊州芝加哥艺术学院主办

2000：西萨·佩里：1965—2000 年的建筑设计，康涅狄格州纽黑文　耶鲁建筑学院

2001–2002：西萨·佩里回顾展，华盛顿特区，国家建筑博物馆

2005：西萨·佩里事务所的实践环节，俄克拉荷马州塔尔萨市菲尔布鲁克艺术博物馆主办

2008：建筑的生命，阿根廷布宜诺斯艾利斯，雷科莱塔文化中心友好协会主办

2008–2009：垂直城市：香港和纽约，纽约州纽约市摩天大楼博物馆主办

2011–2012：佩里，从草图到剪彩——佩里－克拉克－佩里事务所回顾展墨西哥城，墨西哥大学艺术和科学博物馆

2012：建筑：艺术、科学和能源，康涅狄格州布里奇波特市发现博物馆

2013–2014：香港、首尔、上海、新加坡和东京的全球都市主义展乔纳森·D·所罗门主办，纽约市美国建筑师协会建筑中心

影片

2016 年：《美国大师：看到未来的建筑师——埃罗·沙里宁》，导演：彼得·罗森

2005 年：《世界最高的建筑师：西萨·佩里纪实》，导演：塞巴斯蒂安·内维利

2000 年：《摩天大楼：直指云霄》，导演：库尔特·萨扬加

精选视频

“与西萨·佩里的晤面”，比斯开建筑师协会和毕尔巴鄂市长办公室 https://www.youtube.com/watch?v=HxtxYRQyX0Y. 2016 年 7 月 21 日上传，3 分钟

“与西萨·佩里的晤面”，建筑与城市规划专业委员会（CPAU），https://vimeo.com/115975742.2015 年上传，3 分钟

“阿尔伯莱达——回见设计师西萨·佩里”，阿尔伯莱达，https://www.youtube.com/watch?v=DPUGB0mnAJU. 2015 年 6 月 1 日上传，4 分钟

“西萨·佩里获得 2012 年 AIANY 总统奖”，美国建筑师协会纽约分会，建筑中心，阿巴克尔行业协会，https://vimeo.com/52293547.2012 年 10 月 27 日上传，2 分钟

“设计亮点：西萨·佩里”，国家建筑博物馆，https://www.youtube.com/watch?v=p8Ay_gtWr4I. 2012 年 3 月 23 日上传，1 小时 27 分钟

“美国最新建筑：西萨·佩里”，https://www.youtube.com/watch?v=pyZbB1mq5ik. 2011 年 10 月 5 日上传，1 小时 17 分钟

“佩里：摩天大楼的创造者”，Otro Tema，https://www.youtube.com/watch?v=8QCim69XNAM. 2011 年 2 月 19 日上传，23 分钟

相关文章

“25 位创新的玻璃设计师”，《玻璃杂志》，2004 年 4 月，46–52 页

“发展中的里程碑，锡德拉中心”，《海湾时报》，2007 年 3 月 8 日，第 2 页

“建筑成就”，《蓝图》，2001 年第 20 期，2–11 页

“2000 年 AIA 新英格兰设计奖”，《AIA 康涅狄格新闻》，2007 年冬季刊，第 7 页

莎拉·阿梅拉，“霓虹老虎”，《建筑记录》，2004 年 12 月，104–109 页

“艺术的回应”，《Outukumpu Factor》，2004 年 2 月，8–11 页

卢克·安德森，“良好实践的价值：与佩里－克拉克－佩里事务所的西萨·佩里访谈”，《Paprika》，http://yalepaprika.com/the-value-of-good-practice-interview-with-cesar-pelli-of-pelli-clarke-pelli/.

阿莱克·阿佩尔鲍姆，“绿巨人”，《大都市》，2001 年 10 月，58–62 页

荒谷真嗣，“定制建筑”，《纽约时报》，2002 年，571，18–22 页 .

“为阿德里安着陆区域的艺术科学中心选择的建筑师”，《The Day》，2004 年 9 月 25 日

“设计生活艺术的建筑师”，《华盛顿时报》，2006 年 9 月 19 日

“建筑的回应：西萨·佩里最新作品”，《空间设计》，1995 年 10 月，5–60 页

“米高梅集团高调的 ARIA”，《今日游戏》，2008 年 6 月 2 日

“爱宕的绿山：Mori 大厦和森林大厦”，《当代建筑》，2002 年 1 月，57–66 页

“爱宕的绿山：Mori 大厦和森林大厦”，《新建筑》，2001 年 11 月，184–7

埃里克·巴尔德，“大厦的未来”，《乡村之声》，2002 年 1 月 2 日，第 46 页

巴布罗·巴比尼，“魔幻现实主义”，《Gestion》，2005 年 9/10 月，14–19 页

奥德利·比顿，“佩里正在设计的引人注目的博物馆”，《建筑记录》，2004 年 12 月，第 44 页

迈克尔·贝鲁特，“佩里建筑事务所的实践环节”，《建筑》，2004 年秋季刊，第 17 页

安德雷斯·贝尼特斯，“建筑大师佩里”，《Capital》，2006 年 5 月 5–18 日，102–103 页

福尔维奥·贝尔塔米尼，“隐私的利益”，《建筑》，2005 年 10 月，16–21 页

伊夫斯·贝桑松，“科斯塔内拉中心，圣地亚哥的标志”，《Bora》，2006 年 5 月，58–61 页

伊夫斯·贝桑松和埃内斯托·巴雷达，“佩里－克拉克－佩里建筑事务所”，《Bora》，2006 年第 7 期，26–30 页

诺泽尔·巴鲁查，“戈德瑞集团在孟买的优质地产”，《TNN》，2010 年 4 月 14 日

“西萨·佩里事务所的大型城市项目：康涅狄格州哈特福德的科学和探索中心”，《国际房地产交易会建筑评论，未来项目奖》，2005年，第72页

“西萨·佩里事务所的大型城市项目：俄克拉荷马州塔尔萨的地区活动和会议中心”，《国际房地产交易会建筑评论，未来项目奖》，2005年，第71页

杰西卡·宾斯，“增高费城天际线的新大厦”，《土木工程》，2005年5月，31–33页

“布隆伯格：办公室设计增进了沟通交流”，《Eciffo》，2005年8月，24–31页

安德鲁·布鲁姆，“旧金山加利福尼亚大学的使命湾校园吸引了无数的建筑师”，《建筑记录》，2005年5月，第64页

迈克·博姆，“跨海湾项目的设计者将是西萨·佩里”，《洛杉矶时报》，2008年5月21日

里卡尔多·博伦吉，“华盛顿的圆顶建筑”，《Il Nuovo Cantiere》，2000年9月，24–29页

阿兰·布雷克，“佩里刷新了旧金山的天际线高度”，《建筑师报》，2007年10月3日，http://www.archpaper.com/e-board_rev.asp?News_ID=296.

阿隆·布里特，“迈阿密建议”，《居住》，2006年7月/8月，第116页

萨曼莎·布鲁克斯，“纽约的一个标志性住所”，《独家住宅》，2004年秋季刊，第34页

林赛·布朗，“伊顿市旧建筑的事后研究：西萨·佩里访谈”，《Ouno设计》，2015年3月2日，http://ounodesign.com/2015/03/02/cesar-pelli-eatons-building-nordstrom-vancouver/

尼尔·布鲁弗曼，“西好莱坞的红色建筑仍在升高”，《地产》，2010年1月4日

“平房”，《建筑与城市规划》，2000年4月/5月，16，no. 89：28–31页

坎迪斯·卡莱尔，“著名建筑师西萨·佩里的三个问题”，《达拉斯商务杂志》，2014年6月27 http://www.bizjournals.com/dallas/print-edition/2014/06/27/three-questions-with-famed-architect-cesar-pelli.html.

洛基·卡塞尔，“现在预定：墨西哥城双景坊大厦”，《纽约时报风格杂志》，2009年10月9日

阿里尔·卡斯蒂略，“大小不同的建筑：与时俱进的西萨·佩里”，《纵览佛罗里达》，2006年5月/6月，第50页

利塔F·卡迪内拉，“产品：金属罩面和处理：意大利一个与众不同的铜瓦覆盖屋顶”，《建筑记录》，2004年10月，第229页

克劳迪娅·塞拉亚，“波士顿银行，一个城市的新地标”，《建筑、工程、规划和设计》，2000年9月11日，6–7页

索菲亚·塞莱斯特，“意大利的时尚纪念碑”，《波士顿环球》，2005年6月18日，E1–E2

“核心规划”，《杜克大学杂志》，2008年5月–6月，杜克大学

“西萨·佩里——卡耐基音乐厅大厦”，东京《A+U》，1992年4月，110–117页

“西萨·佩里事务所”，《新千年建筑》，澳大利亚马尔格雷夫：视觉出版集团，2000年，54–55页

“温文尔雅的天才领导的西萨·佩里事务所”，《专栏》，2005年5月22日–6月17日，2–5页

“西萨·佩里建造塞维利亚最高的大厦”，《信息中枢：可持续性智能建筑》，2007年1月5日，第13页

“西萨·佩里”，东京《A+U》，1993年1月，102–36

“西萨·佩里”，《八角建筑和设计》，2000年，4–46页

“西萨·佩里：服务于城市的建筑设计”，东京《AT》，1990年7月，7–30页

“西萨·佩里：背景和关联”，《瓦萨尔评论》130期，2002年春季，1–2页

“西萨·佩里：现代艺术博物馆”，《Zoo4》，伦敦，弗雷利出版社，2000年1月，116–117页

“西萨·佩里：试图触摸天堂的建筑师”，《观点》，2001年9月，87–91页

“西萨·佩里：建筑大师”，《Estilo Propio Revista 2》，2007年4月

阿纳亚·塞斯佩德斯，“西萨·佩里：触摸天空的大师”，智利《房屋装修》，2006年4月1日，62–65页

菲比·周，“2004年阿卡汗建筑奖‘大厦力量’部分”，《建筑评论》，2005年1月，62–83页，74–75页

安娜·西里洛，“Vi racconto come sarà la mia piazza del silenzio”，《共和国报》，2004年7月30日，第5页

“城市中心，拉斯维加斯”，《Premiere》，2007年

瓦斯科·纳瓦罗建筑师事务所，“Concurso de Ideas para laOrdenacion de la zona Ab和oibarra del P.G.O.U. de Bilbao”，《建筑师》，130，no. 93/4，42–50页

G.斯坦利·科利尔，“两座城市的述说，迈阿密和代顿”，《竞赛》，2004年夏季刊，2–3页

G.斯坦利·科利尔，“开发商的竞争”，《竞赛》，2004年夏季刊，16–21页

G.斯坦利·科利尔，“创造正确的关系”，《竞赛》，2004年夏季刊，22–31页

“色彩的协调：佩里的红色建筑揭开面纱”，《建筑记录》，2004年5月，第42页

“西萨·佩里的高度”，《Doquier》，2005年9月，24–28页

“美国哈特福德的康涅狄格科学和探索中心”，《德国规划》，德国弗莱堡，2005年3月，33–34页

“康涅狄格最好的建筑”，《纽黑文商务》，2005年12月26日，封面，17–20页

茱莉亚·库克，“革新运动”，《大都市》，2008年10月

吉尔·克里齐利，“岩板为办公大楼提供了‘优雅独特的皮肤’”，《石艺》，2001年6月，60–68页

迈克尔·J. 克罗斯比，“耶鲁大学的新天主教中心”，《信仰和形式》，XXXVIII，no. 4，2005，第31页

韦恩·柯蒂斯，“我们共同走向Deco，MiMo”，《保护》，2004年7月/8月，29–32页

托马斯·达戈尼诺，“佩里的各类展览”，《建筑杂志》，2000 年 11 月 1 日，星期三

托马斯·达戈尼诺，“西萨·佩里访谈”，阿根廷《Todo Obras》，2006 年 1 月，6–9 页

查尔斯·大卫，“绿色大苹果”，《多户家庭趋势》，华盛顿特区：城市土地学会，2001 年封面，第 19 页

南希·M. 戴维斯，“佩里的雕刻立柱：穿透天窗的钢管”，《玻璃杂志》，2005 年 9 月，86–87 页

“结构太平洋设计中心”，《前沿》，2008 年 4 月 22 日，第 51、52 页

“聚焦设计师：西萨·佩里”，《变革》，2017 年 4 月 25 日

http://revolutionprecrafted.com/blog/designer-spotlight-cesar-pelli/.

“国油管弦乐厅”，《马来西亚建筑》，2000 年 5 月 /6 月，第 32、33 页

玛利亚·克里斯蒂娜·多纳蒂，“Progetti: De Resident, Aja, Ol 和 a”，《Costruire inLaterizio》，13 月 /4 月，12–18 页

雷默·德里加蒂，“海洋生命”，《方舟》，意大利米兰：l' Arca Edizioni spa，2000 年 6 月，20–25 页

“杜克大学选择佩里－克拉克－佩里建筑事务所作为中心校园的主设计者”，杜克大学：新闻和通信办公室，2007 年 7 月 17 日

邓恩、戴安·韦弗，“选定哈特福德令人惊叹的地标”，《哈特福德商业期刊》，2004 年 9 月 27 日

“共和国大厦”，《Summa+23》，布宜诺斯艾利斯，1997 年 2 月 /3 月，46–53 页

“Octogono para la Fe”，《历代建筑》，阿根廷首都联邦：2000 年 3 月 22 日星期三，第 1、6、7 页

“特刊：西萨·佩里”，《A+U》，1985 年 7 月

“终极任务”，《PDN 杂志》，2007 年 10 月，46–45 页

彼得·费尔利，“在美国，建筑师正在提升光伏技术的设计能力”，《建筑记录》，2004 年 3 月，161–164 页

吉勒米娜·法内里，“公共空间的力量”，《城市 2》，2004 年 5 月 /6 月，第 38、39 页

“特色：高层建筑”，日本《A+U》，2005 年 7 月，12–13，84–85 页，114–115 页

迈克尔·C.Y. 费，“论实践，与西萨·佩里和弗雷德·克拉克的谈话”，《对话》，2005 年 3 月，82–95 页

托马斯·费舍尔，“建筑体态艺术，尼阿波利斯的三座新建筑展示了它们的外部表面”，《建筑》，2005 年 3 月，58–61 页

本杰明·福盖，“西萨·佩里的礼物：首都的门户”，《华盛顿邮报》，1997 年 7 月 27 日，G1，G7

拉塞尔·福特迈耶，“高科技医院的新时代”，《建筑记录》，2007 年 9 月，151–158 页

“弗朗西丝·雷曼·洛布艺术中心，瓦萨尔学院”，《A+U》302，1995 年 11 月，110–119 页

罗伯特·加尔布雷思，“城市复兴正在改变米兰”，《国际先驱论坛报》，2007 年 7 月 11 日，第 10 页

“芝加哥大学杰拉尔德·C. 拉特纳体育中心”，《体育商业》，2004 年 6 月，第 112 页

“杰拉尔德·拉特纳体育中心”，《现代钢结构》，2004 年 4 月，35–37 页

凯蒂·格芬，“西萨·佩里事务所：康涅狄格州哈特福德的康涅狄格科学和探索中心”，《建筑》，2004 年 12 月，第 69 页

布尔·吉尔亚德，“Speaking Volumes”，《展示》，2002 年 3 月，38–43 页

弗拉迪米尔·金托夫，“聚光：西萨·佩里”，《每日建筑》，2016 年 10 月 12 日，http://www.archdaily.com/555428/spotlight-cesar-pelli.

保罗·戈德伯格，“建筑视野：西萨·佩里追求完美的摩天大厦”，《纽约时报》，1989 年 1 月 15 日，http://www.ny 蒂姆 es.com/1989/01/15/arts/architecture-view-cesar-pelli-seeks-the-perfect-skyscraper.html.

保罗·戈德伯格，“哈德逊河的上海”，《纽约人》，2004 年 8 月 2 日，76–78 页

琼·德·纳塔尔·格林，“与西萨·佩里畅聊”，《哈特福德报》，2005 年 6 月 24 日，H1，H10

维基·瓜佐内，“El éxito hace daño”，《新闻周刊》，2015 年 10 月 6 日 http://noticias.perfil.com/2015/10/06/cesar-pelli-el-exito-hace-dano/.

“致敬西萨”，《纽黑文商务》，2004 年 11 月 1 日，第 3 页

彼得·霍尔，“幕墙的背后”，《大都市》，2004 年 12 月，第 42 页

托马斯·哈兰德，“建筑师聚焦：西萨·佩里”，《洛杉矶杂志》，2015 年 8 月 31 日，http://www.lamag.com/citythinkblog/starchitect-spotlight-cesar-pelli/.

萨拉·哈特，“修长、健壮、高耸入云”，《建筑记录》，2004 年 11 月，36–41 页

埃里克·赫尔曼，“走向布鲁克林的帝国蓝色”，《纽约每日新闻》，2001 年 11 月 15 日

马克·欣肖，“使命宣言”，《景观建筑》，2004 年 1 月，76–83 页

保罗·霍金斯，“波动理论”，《海岸》，2006 年 4 月，110–116 页

“香港国际金融中心”，《对话》，2004 年 7 月，52–69 页

“荣誉奖：建筑：吉隆坡城市中心，一期”，《建筑记录》，2000 年 5 月，第 107 页

戴维·霍普，“白河之梦”，《Nuvo》，2001 年 8 月 9–16 日，12–14 页

C.J. 休斯，“佩里的建筑将取代毁于洪水的爱荷华剧院”，《建筑记录》，2010 年 10 月 21 日

托尼·伊利亚，“佩里设计的位于拉斯维加斯大道的赌场酒店将成为大规模开发的核心项目”，《建筑记录》，2005 年 5 月，第 66 页

“在现代的世界：日本大阪国立艺术博物馆”，《居住》，2005 年 4 月 /5 月，第 52 页

克莱尔·朱伯特，“西萨的宫殿”，《Mpls St Paul》，2006 年 5 月，84–86 页

米格尔·胡拉多，“采访西萨·佩里”，《Arq, Clarin Diaro de Arquitectura》，2005 年 8 月 23 日，第 8、9 页

布莱尔·卡明，“芝加哥的回归”，《建筑记录》，2004 年 5 月，109–113 页

爱德华·基冈，“一座城市的两个故事”，《建筑》，2003 年 12 月，第 67、68 页

爱德华·基冈，“街头表演”，《建筑》，1996 年 11 月，120–7，第 192 页

约瑟夫·丹尼斯·凯利，“费城在林立的高楼大厦中崛起”，《建筑记录》，2005 年 12 月，第 40 页

约瑟夫·丹尼斯·凯利，“来自边缘的明信片”，《大都市》，2004 年 5 月，42–46 页

约瑟夫·丹尼斯·凯利，“通过照明实现统一”，《建筑照明》，2005 年 3 月，40–43 页

约瑟夫 II·凯利，“通讯员资料：通过重新定义政府的角色，费城开辟了振兴之路”，《建筑记录》，2004 年 10 月，73–78 页

科纳·莱顿，“新季节”，《旅行和休闲》，2004 年 11 月，173–178 页

约翰·金，“跨海湾枢纽站设计合同确定”，《旧金山纪事报》，2008 年 5 月 16 日，B3

约翰·金，“十年回顾：旧金山十大建筑”，《旧金山纪事报》，2009 年 12 月 30 日

本杰明·克莱恩，“本杰明和玛丽安·舒斯特表演艺术中心”，《建筑记录》，2003 年 10 月，134–137 页

戴维·诺尔斯，“西萨·佩里的跨海湾转运大厦将很快成为密西西比河以西的最高建筑，重新塑造了旧金山的天际线”，《每日新闻》，2013 年 4 月 6 日 http://www.nydailynews.com/news/national/cesar-pelli-transbay-transit-tower-soar-61-stories-san-francisco-article-1.1308926.

安娜·库什，“天空的极限”，《新闻周刊》，2008 年 3 月 17 日

“马德罗港的 YPF 大厦”，阿根廷《Todo Obras》，2006 年 1 月，封面，第 10、11 页

“La Torre y la Diana”，《国际建筑与设计杂志，阿奎因》，2006 年春季刊

“活动的实验室”，《住宅》，1971 年 3 月，6–10 页

斯蒂夫·雷克迈耶，“引领城市改造的新舞台”，NewsOK 新闻网，2008 年 7 月 3 日

马克·莱克特，“赌定红色”，《洛杉矶》，2008 年 4 月 1 日

丹尼斯·莱蒂宁，“触摸星星”，《NFPA 期刊》，2001 年 5 月 /6 月，64–67 页

玛利亚·M. 拉梅拉斯，“小小的梦想”，《乔治亚理工学院校友杂志》，2000 年夏季刊，26–37 页

海蒂·兰戴克，“科学社区：华盛顿 / 西雅图大学的物理学和天文学大楼”，《建筑》，1995 年 2 月，76–85 页，107，112–113 页

菲利普·兰登，“耶鲁建筑学院的重塑”，《哈特福德报》，2008 年 3 月 23 日

珍妮佛·勒克莱尔，“在预算紧张的情况下，佩里的迈阿密表演艺术中心开工”，《建筑记录》，2002 年 4 月，第 38 页

特拉维斯·莱斯纳，“卡塔尔未来的医疗保健”，《医疗设计》7，2007 年 10 月，第 8 期，59–63 页

劳尔·莱普利，“A Garibaldi–Varesine nasce un'altra Milano”，《房地产》，2005 年 11 月，地 38、39 页

“主体的生命”，《芝加哥大学杂志》，2003 年 12 月，32–39 页

查尔斯·利恩，“佩里设计的华盛顿特区国家机场新航站楼驱散了旅客的疲惫”，《建筑记录》，1997 年 10 月，88–95 页

卡罗尔·帕莱多·洛佩兹，“迎接挑战”，《截瘫新闻》，2003 年 4 月，42–46 页

萨姆·卢贝尔和詹姆斯·默多克，“2004 年阿卡汗建筑奖：促进伊斯兰世界的卓越设计”，《建筑记录》，2004 年 12 月，94–102 页

萨姆·卢贝尔，“直刺天空的高层建筑”，《建筑记录》，2004 年 11 月，第 12–13 页

萨拉·林奇，“太平洋设计中心：红色建筑”，《加利福尼亚住宅和设计》，2006 年 6 月，第 91 页

阿里·麦克阿瑟，“接近天际”，《聚焦》，2000 年 8 月，no. 93，22–28 页

阿克·恩里克 H·马迪亚，“年轻建筑师的观察”，《伊比利亚美洲国际》，2000 年 11 月 16 日，第 10 页

乔纳森·马勒，“哥谭市的崛起”，《谈话》，2001 年 12 月，120–125 页，148–152 页

卡尔梅利纳·马丁内兹·德拉·克鲁兹，“蕾妮和亨利·塞格尔斯特罗姆音乐厅”，《视点：当代时尚文化和动机》，第 37 页，42–45 页

伊齐基尔·马丁内兹，“西萨·佩里：高层建筑专家”，《号角杂志》，1996 年 6 月 16 日，14–25 页

“用于高级研究的数学大楼和报告厅”，《A+U》302，1995 年 11 月，120–127 页

松浦隆行，“走近项目：引入公共空间的大阪国立艺术博物馆”，《日本建筑》，2004 年 12 月 27 日，8–17 页

弗农·梅斯，“新南方、新广场”，《建筑》，1993 年 5 月，64–73 页

汤姆·麦克格雷斯主编，“2005 年费城建设中的最佳作品”，《费城》，2005 年 8 月，123 页

莎伦·麦克休，“标志性建筑的最后篇章：西萨·佩里的西海岸圣地设计工作接近完成”，《世界建筑新闻》，2011 年 3 月 7 日，http://www.worldarchitecturenews.com/index.php?fuseaction=wanappln.projectvi%ED%AF%80%ED%B2%AB.

佐伊·麦金泰尔，“探索西萨·佩里令人惊叹的摩天大厦”，《文化之旅》，https://theculturetrip.com/south-america/argentina/articles/architect-cesar-pelli-height-above-all-else/.

布拉德福特·麦基，“为冲突不断的世界带来希望的灯塔”，《竞赛》，2003 年春季刊，4–17 页

“通过石头把医学院的校园统一起来”，《石头世界》，2002 年 4 月，122–130 页

杰恩·默克尔，“关于城市中心西部的建设共识”，《Oculus》，2001 年 2 月 /3 月，15–16 页

狄米彻拉·梅佐洛，“时尚城市，最后100米”，《自由》，2004年6月30日，第35页

“为迈阿密的新表演艺术中心奋斗”，《达拉斯新闻早报》，2008年1月3日

“明尼阿波利斯的现代化：西萨·佩里的明尼阿波利斯中心图书馆”，《美食和美酒》，2006年6月，156–161页

“现代与传统，从南到北”，《Summa+》，1991年4月，24–38页

西比尔·莫霍利－纳吉，“西萨·佩里：公众建筑师”，《建筑论坛》，1970年3月，42–47页

玛格特·莫利纳，“Una antorcha de cristal para Sevilla: El argentino César Pelliconstruirá una torre de 178 metros que será “respetuosa”con la Giralda,”，《El País》，2007年1月25日，43页

特雷莎·莫内斯特罗利，“西萨·佩里：‘鉴于欧洲公共空间的缺乏，垂直高耸的建筑将是米兰的未来’”，《米兰共和报》，2013年11月6日，http://milano.repubblica.it/cronaca/2013/11/06/news/milano_citt_intervista_architetto_incontri_architettura_politecnico_in_triennale_europa_spazi_cesar_pelli_creatore_della_t-70339976/.

吉赛尔·莫兰，“西萨·佩里：建筑世界的标志性人物”，《房地产市场和生活方式》20，2005年，24–32页

马可·莫里诺，“一座时尚之城”，《Il Sole–24 Ore》，2004年7月30日，第18页

“纽约，现代艺术博物馆的扩建”，GA文件，东京，1985年1月，29–42页

“博物馆大楼成为奥斯丁市中心第一个获得LEED认证的建筑”，《混凝土月刊》，2008年4月

“大阪国立艺术博物馆”，《Yapi》，2005年1月，69–76页

“大阪国立艺术博物馆”，《瑞丽家居设计》，2005年10月，第76页

“国立当代艺术博物馆”，《空间》16，2000年4月，第34页

“国家银行企业中心”，《l' Arca》31，2001年，10–17页

拉里·尼尔德，“获奖项目并未付诸实施”，《利物浦每日邮报》，2007年10月5日

朱迪斯·奈斯万德，“医学界奇迹”，《明尼苏达建筑》，2002年11月/12月，40–43页

《新建筑》，2000年7月，第4页

“新闻行业建筑”，《100%办公室》4，2004年，第14页

Lim Teng Ngiom，“新兴城市景观中的场所”，《马来西亚建筑》，2000年5月/6月，12–15页

马里·卡门·努诺，“建筑师的高度”，《艾丽装饰》，2006年9月，22–24页

“杰作”，《Vanidades》，2003年9月16日，50–61页

“建筑评论”，《SCA新闻短片》，2001年1月，第8页

小笠原昌丰，“东京的大型项目”，《Casa Brutus》，2005年1月，第224页

克劳蒂亚·奥尔京，“混合用途”，《房地产市场和生活方式》20，2005年，224页

卢卡·奥尼伯尼，“西萨·佩里和他的建筑理念”，ArchiObjects.org网，2014年6月28日，https://archiobjects.org/architecture-of-cesar-pelli/.

加布里埃拉·奥利格里亚，“西萨·佩里：‘Los countries son malsanos, dividen ala población’”，《民族报》，2016年4月21日，http://www.lanacion.com.ar/1891148-cesar-pelli-los-countries-son-malsanos-dividen-a-la-poblacion.

路易斯·奥特罗和亚伯拉罕·阿隆索，“新建筑：21世纪的建筑师”，《Muy Intersante》，2006年2月，第67、78页

“杰出建筑”，《AS & U》，2000年11月，308–309.1

皮埃尔·路易吉·潘扎，“投入6亿8千万欧元的时尚城市”，米兰《晚邮报》，2004年7月30日，第49页

约翰·帕斯迪尔，“技术概况：在大阪，一个标志性的入口和雕塑标志着一个大部分位于地下的博物馆”，《建筑记录》，2005年5月，281–283页

达尼埃拉·帕斯托，“全球化建筑”，《Controspazio》，2001年6月，4–29页

莫林·帕特森，“优秀的传统”，《建筑》，1997年9月，40–44页

罗布·帕特森，“科学项目：H大学扩建科学和工程综合楼”，《德克萨斯建筑》，2005年3月，17–19页

克利福德·A. 皮尔森，“从拉斯维加斯学到了什么？”，《建筑记录》，2005年5月，194–197页

马丁·C. 佩德森，“办公空间”，《大都市》，2004年11月，96–97页

乔治·佩尔蒂埃，“西萨·佩里：未来的建筑”，《佛罗里达》，2003年7月/8月，76–81页

“佩里－克拉克－佩里事务所为中国无锡设计绿色街区”，《中国商务展望》，2010年10月

“佩里－克拉克－佩里事务所探索新的领域”，《世界建筑新闻》，2010年2月11日

“佩里：设计UNSTA大学的校园”，《UNSTA新闻》，2001年，7月，第3页

克里斯蒂娜·多纳蒂采访西萨·佩里，“佩里的现代建筑观点在金丝雀码头项目中有所改变”，《Controspazio》，1993年5月，23–27页

西萨·佩里和伯纳德·汉森，“艺术和建筑师：与西萨·佩里的访谈”，《艺术现状》，1984年夏季刊，4–6页

西萨·佩里和戴安娜·巴尔莫里，“拉丁美洲对美国建筑的影响”，《美国新闻机构公报》，1979年3月

西萨·佩里和保尔汉斯·彼得斯，“美国的摩天大楼”，柏林《鲍迈斯特》，1984年2月，8–10、17–24页

西萨·佩里和威廉·贝利，“艺术和建筑：合作的历史与未来”，东京《A+U》，1982年5月，第108、109页

西萨·佩里和安德烈亚斯·帕帕达基斯，“西萨·佩里：背景中的巨大建筑”，伦敦《建筑设计》，1988年11月/12月，50–53页

西萨·佩里，“浅谈菲利普·约翰逊的建筑”，东京《A+U》增刊，1979年5月，第79页

西萨·佩里，“建筑的形式和建筑的传统”，《宾夕法尼亚大学建筑学院学报》，剑桥：宾夕法尼亚大学和麻省理工学院出版社，1985 年，145–160 页

西萨·佩里，“建筑的形式和建筑的传统”，东京《A+U》增刊，1985 年 7 月，26–32 页

西萨·佩里，“双年展的住宅项目”，东京《A+U》，1976 年 11 月，109–116 页
西萨·佩里，“西萨·佩里事务所：金丝雀码头的摩天大厦”，伦敦《建筑设计》，1988 年 11 月，40–49 页

西萨·佩里，“合作”，《日本景观》

西萨·佩里，“与西萨·佩里的谈话”，《纽黑文生活》，2013 年 7 月，36–39 页

西萨·佩里，“定义范式”，《透视 22：耶鲁建筑杂志》，1986 年，第 100、101 页

西萨·佩里，“色彩设计”，《建筑设计》120，1996 年，26–29 页

西萨·佩里，“谈话摘录”，《透视 19：耶鲁建筑杂志》，1983 年，127–37 页，第 184、185 页

西萨·佩里，“与周边环境相适应的四座建筑”，《A+U》，1993 年 1 月，第 104、105 页

西萨·佩里，“约瑟夫·帕克斯顿的水晶宫”，《A+U》，1980 年 2 月，3–14 页

西萨·佩里，《韩国建筑师》15，1997 年 2 月，54–71 页

西萨·佩里，“日产汽车大厦”，《A+U》，1972 年 12 月，15–27 页

西萨·佩里，“城市的碎片”，《建筑文摘》，1988 年 8 月，29–36 页

西萨·佩里，“墨西哥城的树上雕塑”，《Insite》，1994 年 7 月，第 10、11 页

西萨·佩里，“海鹰酒店及度假村”，《新建筑》，1995 年 6 月，285–295 页

西萨·佩里，“摩天大楼”，《透视 18：耶鲁建筑杂志》，1982 年，134–170 页

西萨·佩里，“陈述”，《A+U》，1990 年 2 月，第 63、64 页

西萨·佩里，“90 年代的挑战”，《青年建筑师论坛》，1991 年，22–30 页

西萨·佩里，“玻璃盒子：佩里的解释”，《建筑和工程新闻》，1969 年 11 月，34–36 页

西萨·佩里，“这很好，但是正确吗？”，本·法默和亨蒂·卢瓦主编的《当代建筑思想指南》，伦敦，劳特里奇出版公司，1993 年，第 500、501 页

西萨·佩里，“对路易斯·I. 卡恩的思考”，东京《A+U》，1983 年 11 月，216 页

西萨·佩里，“超级图形的思考”，《方法》，1971 年春季刊，12–31，第 38、39 页

西萨·佩里，“今天与明天”，《旧金山湾建筑师评论》，1983 年春季刊，12–15 页

西萨·佩里，“物理和感觉的透明性”和“双年展住宅项目”，《A+U》，1976 年 11 月，74–86 页

西萨·佩里，“建筑应用结构何时能成为建筑师的必要元素？”，《建筑与社会》，1994 年 11 月，47–50 页

西萨·佩里，“在亚洲和其他国家的工作”，《空间设计》，1995 年 10 月，第 8、9 页

西萨·佩里，“洛杉矶国际机场的 Worldway 邮政中心”，《Lotus》6，1969 年，252–257 页

西萨·佩里和戴安娜·巴尔莫里，“埃罗·沙里宁”，《A+U》增刊，1979 年 6 月，15–18 页

西萨·佩里和戴安娜·巴尔莫里，“埃罗·沙里宁”，《GA》6，1971 年，1–6 页

西萨·佩里，“对世界贸易中心的评论”，《日本建筑》23，2001 年 10 月，第 94 页

西萨·佩里，“关系”，摘自《青年建筑师的观察》，《纽约艺术国际版》no.2，2000 年 2 月，25–27 页

西萨·佩里，“埃罗·沙里宁”，《建筑艺术评论文集》，2002 年，128–137 页

西萨·佩里，《Gente》杂志对 1472 人的采访，1993 年 10 月 7 日，第 64、65 页

“佩里和海恩斯的团队被选为跨海湾项目的设计者”，《建筑记录》，2007 年 12 月，第 35 页

“国油双子塔”，《国际建筑年鉴》，视觉出版集团，2000 年，28–29 页

马里奥斯 C·福卡斯，“高层建筑结构”，柏林：Ernst & Sohn 出版社，237–243 页

菲莉娜，“矩阵经验，经验的回报”，《Vision》，2006 年 3 月，276–280 页

“华盛顿大学的物理学和天文学大楼”，《A+U》302，，1995 年 11 月，100–109 页

“华盛顿 / 西雅图大学的物理学和天文学大楼”，《建筑》，1994 年 5 月，152–153 页

马修·鲍尔，“体验那些场所”，《合唱团与风琴》，2004 年 3 月 /4 月，62–65 页

亨利·普利米奥克斯 III，“BOK 中心梦想成真”，《GTR 与联盟边界》，2008 年 6 月 15 日

汤姆·普里奥，“新科学中心的建筑师带来工作激情”，《哈特福德报》，2004 年 9 月 25 日

R.K，“图库曼的天才”，《Nuestra》，2000 年 3 月 17–23 日，1，4–7 页

“拉斐尔·佩里：环境设计师的演变”，《设计师 / 建设者》，2003 年 1 月 /2 月，24–36 页

汤姆·拉姆斯泰克，“广场 54 向上接近 GWU”，《华盛顿时报》，2008 年 5 月 22 日，第 8 页

“红色玻璃有助于 PDC 校园的定义”，《建筑师的玻璃指南》，2011 年 6 月，www.glassguides.com/index.php/archives/2148.

爱丽丝·雷德，“一种新的民族性”，《华盛顿邮报》，纪念特刊，1997 年 7 月 16 日，F1–16 页

迈克尔·雷斯，“用石灰石定义布鲁克林法院大楼”，《石头世界》，2003 年 10 月，108–112 页

格温·诺斯·赖斯，“趋于完美”，《保护》，2001 年 1 月 /2 月，第 50、52 页

莫托克·里奇，“目标瞄准下一个大型设施”，《纽约时报》，2003 年 11 月 13 日，F1，F13

萨拉·里奇，“旧金山交通枢纽的移动设计将重点放在轨道交通”，《快速公司》，2010 年 4 月 28 日

“一个巨大的雕塑”，《建筑杂志》，2008 年 7 月 /8 月，26–30 页

艾玛·罗伯森，“西萨·佩里：天空的渴望”，《谈话》，2017 年 3 月 22 日，http://the-talks.com/interview/cesar-pelli/.

“罗萨里奥，城市公园”，《Todo Obras》，2006 年 1 月，第 12 页

詹姆斯·S. 拉塞尔，“新的工作场所”，《建筑记录》，1992 年 6 月，70–75 页

尤兰达·布雷沃·桑塔纳，“垂直向上的趋势”，《作品》，2004 年 9 月，78–84 页

弗兰兹·舒尔茨，“明日的大厦”，《美国艺术》，2001 年 5 月，第 160、161 页

黛娜·舒尔茨，“西萨·佩里的建筑：场所感如何在纽约的天际线留下永久的标志”，6sqft 网，2014 年 8 月 14 日，https://www.6sqft.com/the-architecture-of-cesar-pelli-how-a-sense-of-place- 左 -a-lasting-mark-on-the-nyc-skyline/.

托马斯·舒马赫，“关注四位明星建筑师和让他们的国际实践成为可能的机场：书籍”，《建筑记录》，2005 年 5 月，101–106 页

“海鹰酒店及度假村”，《亚太地区室内空间》，2001 年，110 页

“实践环节：西萨·佩里建筑事务所”，《Azure》，2005 年 4 月 /5 月，127 页

“实践环节”，《城市》，2004 年秋季刊，第 27 页

劳丽·A. 舒斯特，“佩里设计的图书馆取得进展”，《土木工程》，2004 年 7 月，第 14、15 页

“锡德拉将成为建筑奇迹”，卡塔尔半岛电台，2007 年 3 月 8 日

宝拉·辛格尔，“西萨·佩里的低调建筑”，《表面》，2016 年 5 月 10 日，http://www.surfacemag.com/articles/cesar-pelli-architecture/.

《空中生活：现代高层公寓和多功能大厦》，2002 年，第 12、23、96、97 页

达科塔·史密斯，“红色的建筑罩面，三原色的聚会”，《洛杉矶地产》，2010 年 11 月 10 日，http://la.curbed.com/archives/2010/11/red_building_cladding_spotted_primary_colors_co.

达科塔·史密斯，“红色的崛起”，《洛杉矶地产》，2011 年 3 月 1 日，http://la.curbed.com/archives/2011/03/red_rising.php 5/5.

南希·B. 所罗门（AIA），“外来木料在美国得到普及”，《建筑记录》，2004 年 11 月，223–230 页

“特色：西萨·佩里”，《A+U》，1976 年 11 月，27–120 页

“特色：西萨·佩里的近期作品”，《A+U》，1990 年 2 月，63–148 页

“特色：世界超高层建筑”，《建筑世界》，2005/07，58–111 页

劳伦斯·斯派克，“园区”，《德克萨斯最佳场所：德克萨斯建筑师的特色》，2002 年 9/10 月，第 4、5 页

吉米·斯坦普，“佩里 – 克拉克 – 佩里事务所绿化内河码头”，2008 年 2 月 4 日

苏珊娜·斯蒂芬斯，“布隆伯格总部”，《建筑记录》，2006 年 3 月，138–143 页

威廉 F·斯特恩，“提高标准：西萨·佩里的科学工程研究和教学综合楼为波士顿大学设立了新标准”，引用：《休斯顿的建筑和设计评论》68，2006 年秋季刊，26–29 页

米歇尔·斯蒂纳德，“石头为耶鲁的校园增添了趣味”，《石头世界》，2006 年 4 月，82–92 页

布拉德·斯通，“雄心在握的市中心交通项目”，《纽约时报》，2010 年 1 月 3 日

马克·斯特劳斯，“新泽西的滨水地带：正确的做法”，《Oculus》，2004 年 7 月，32–34 页

希尔瓦诺·斯塔齐，“德克萨斯州休斯顿莱斯大学的赫林大厅”，《建筑行业》，1986 年 2 月，34–41 页

希尔瓦诺·斯塔齐，“纽约世界金融中心”，《建筑行业》，1988 年 11 月，38–49 页

“西萨·佩里设计的赌场酒店令人惊叹，包含了美术元素”，Artdaily.org，2008 年 6 月 11 日

霍华德·斯图兹，“市中心的赌场酒店被人们称为‘咏叹调’”，《拉斯维加斯评论报》，2008 年 5 月 20 日，1D，4D

A. 加西亚·赫雷拉·泰勒，“马德里的力量”，《技术和建筑》，2005 年 6 月 /7 月，24–31 页

瓦莱丽·高浜，“西萨·佩里”，《奥兰治县纪事报》，2006 年 9 月 15 日

保罗·塔利科内，“横向的总部：畅谈托莱多 — 欧文斯康宁公司的世界总部”，《设施设计与管理》，1997 年 7 月，33–37 页

罗兰多·莫亚·塔斯奎尔、伊芙利亚·佩拉尔塔和罗莫罗·莫亚·佩拉尔塔，“世界之家”，《厄瓜多尔：TRAMA》，2006 年，112–115 页，第 198 页

苏·坦，“高大精彩：亚洲的大厦”，《面向东方》2，2000 年 1 月 /2 月，86–93 页

“2004 年阿卡汗建筑奖”，《Yapi》，2005 年 1 月，45–57 页

“十大建筑”，《在线时间》，2007 年 12 月 8 日

克莉丝蒂·卡梅伦、阿里安娜·唐纳德、米里埃尔·海德、亚历山大·兰格、劳丽·曼弗拉、马克·佩德森和朱莉·塔拉斯卡，“布隆伯格的经验”，《大都市》，2005 年 11 月，81–126 页

“康涅狄格科学和探索中心的设计竞赛”《概念，结构与概念》《国际竞赛杂志》，2005 年，第 1、2 页

“天空的极限”，金丝雀码头，伦敦：康德纳斯特出版有限公司，2001 年，23–26 页

“垂直的挑战”，《Azure》，2005 年 3 月 /4 月，第 68 页

拉尔夫·托马斯，“高楼之城的西萨·佩里”，《建筑记录》，http://www.archrecord.com/Intrview/Pelli/Pelli1.asp.

拉尔夫·托马斯，“做正确的事”，《视角》，2000 年 4 月 /5 月，22–30 页

“双子大厦”，《Architector: Construir Segun Las Reglas》，2000 年 11 月，5–10 页

“大厦和摩天大厦”，《L' Arca Plus》，1997 年，14–19、76–93、102–109 页

“交通枢纽工程可以改变城市和更多的跨海湾地区”，《纽约时报》，2010 年 1 月 2 日

克里斯蒂娜·特劳斯维因，“适航”，《建筑照明》，2000 年 3 月 /4 月，60–63 页

“带有分歧的旅行”，《汇丰银行》，2001 年，第 46、47 页

杰奎琳·特雷斯科特，“踏足一流艺术”，《华盛顿邮报》，1996 年 6 月 18 日，B1，B6

“塔尔萨：新机遇”，《Convention South》，2008 年 3 月

尼古拉·特纳，“水上漫步”，《世界建筑》87，2000 年 6 月，56–59 页

“美国法院”，《纽约建筑评论》，2003 年，第 109 页

“东京美国大使馆”，《日本建筑》，1976 年 11 月，102–108，第 202 页

米奇约·乌拉塔，“海鹰度假酒店”，《日本建筑》，1995 年 6 月 12 日，38–50 页

吉安尼·维尔加，“米兰的成长”，《建筑世界》，2004 年 10 月，第 38、39 页

布鲁诺·维加诺，“宇宙的支柱：采访西萨·佩里”，《Habitat Ufficio》78，1996 年 2 月 /3 月，28–35 页

罗格·文森特，“市场火爆的迹象”，《洛杉矶时报》，2007 年 3 月 29 日

尼古拉斯·冯·霍夫曼，“西萨·佩里：创建具有相应功能的建筑和场所”，《建筑文摘》，2005 年 3 月，74–79 页

尼古拉斯·冯·霍夫曼，“西萨·佩里的建筑和设计”，《建筑文摘》，2005 年 2 月 28 日，http://www.architecturaldigest.com/story/pelli-article-032005.

艾丽莎·沃克尔，“投资 85 亿美元的拉斯维加斯城市中心采用了众多明星建筑师的设计”，《快速公司》，2009 年 11 月 30 日

汤姆·沃克尔，“对高度的恐惧不可能阻止建设者的步伐”，《亚特兰大宪法报》，2002 年 5 月 5 日，Q1，Q6

“多伦多滨水区揭示了东部海湾地区的湾畔规划”，《多伦多城市》，2010 年 8 月 19 日

迈克尔·威尔顿，“西萨·佩里的加利福尼亚大教堂”，《赫芬顿邮报》，2011 年 3 月 24 日，http://www.huffingtonpost.com/j-michael-welton/cesar-pellis-california-cathedrals_b_839848.html.

“向西，皇后区以西”，《Oculus》，2004 年 7 月，第 43 页

特雷西·威尔，“梅奥诊所 — 罗切斯特的新大门”，《今日梅奥》，2001 年 11 月，4–7 页

卡特·威斯曼，“飞行与幻想”，《ART 新闻》，1997 年 6 月，116–121 页

盖尔·沃兰德，“佩里对现代艺术博物馆华丽设计的反思”，《威斯康星州报》，2016 年 4 月 5 日，http://host.madison.com/wsj/entertainment/arts- 和 -theatre/pelli-returns-to-reflect-on-his-shining-mmoca-design/article_ba5ad61b-4957-5cf7-8ddd-1b5d2aedc9f3.html.

戈登·赖特，“佩里将他的想象力带到了塔尔萨的活动中心”，《建筑设计和施工》，2004 年 11 月，第 5 页

“建设中的耶鲁”，《耶鲁校友杂志》，2006 年 1 月 /2 月，28–39 页

丹尼尔·A. 延森主编，“回顾：建筑师西萨·佩里”，《建设》20，2000 年 8 月，11–15 页

丹尼尔·A. 延森主编，“回顾：建筑师西萨·佩里”，《建设》21，2000 年 9 月，7–11 页

丹尼尔·A. 延森主编，“回顾：建筑师西萨·佩里”，《建设》22，2000 年 10 月，4–7 页

丹尼尔·A. 延森主编，“回顾：建筑师西萨·佩里”，《建设》23，2000 年 11 月，5–9 页

丹尼尔·A. 延森主编，“回顾：建筑师西萨·佩里”，《建设》24，2000 年 12 月，3–7 页

丹尼尔·A. 延森主编，“回顾：建筑师西萨·佩里”，《建设》25，2001 年 1 月，3–7 页

丹尼尔·A. 延森主编，“回顾：建筑师西萨·佩里”，《建设》26，2001 年 2 月，3–7 页

丹尼尔·A. 延森主编，“回顾：建筑师西萨·佩里”，《建设》27，2001 年 3 月，3–7 页

丹尼尔·A. 延森主编，“回顾：建筑师西萨·佩里”，《Costos & Constuccion》35，2001 年 11 月，6–9 页

威尔·扎克曼，“为电池充电”，《环境设计和建设》，2002 年 3 月 /4 月，33–36 页

荣获奖项

1966 年：设计一等奖，城市核心项目，日落山公园，《进步建筑》杂志颁发

1968 年：嘉奖，美国通信卫星公司实验室，《进步建筑》杂志颁发

1968 年：荣誉奖，特利丹公司实验室，美国钢结构学会颁发

1969 年：优秀奖，第三街隧道扩建工程，美国建筑师协会南加州分会颁发

1969 年：一等奖，联合国城，国际建筑竞赛

1969 年：荣誉奖，Worldway 邮政中心，美国建筑师协会南加州分会颁发

1974 年：优秀奖，富国银行大楼，美国建筑师协会旧金山湾区分会颁发

1974 年：威廉·E. 雷曼建筑卓越奖，西部电气大厦

1975 年：荣誉奖，联邦办公大楼，美国建筑师协会南加州分会颁发

1975 年：荣誉奖，圣贝纳迪诺市政厅，美国建筑师协会南加州分会颁发

1975 年：优秀奖，公共和法院中心，美国建筑师协会南加州分会颁发

1975 年：优秀奖，富国银行大楼，美国建筑师协会南加州分会颁发

1976 年：嘉奖，福克斯山购物中心，美国建筑师协会南加州分会颁发

1976 年：荣誉奖，太平洋设计中心——蓝色大楼，美国建筑师协会南加州分会颁发

1977 年：嘉奖，彩虹中心购物中心和冬季花园，《进步建筑》杂志颁发

1978 年：阿诺德·W. 布鲁纳纪念奖，西萨·佩里，美国艺术和文学学院颁发

1984 年：嘉奖证书，西萨·佩里，洛杉矶市政府颁发

1984 年：修复和扩建奖，现代艺术博物馆和住宅大楼，大纽约建筑业主和管理者协会颁发

1984 年：证书，美国室内设计师协会颁发

1985 年：嘉奖，西萨·佩里，美国工业设计学会颁发

1985 年：设计奖，赫林大厅，美国建筑师协会康涅狄格州分会颁发

1985 年：优秀奖，现代艺术博物馆和住宅大楼，城市土地学会颁发

1985 年：优秀证书，世界金融中心，纽约市政艺术协会颁发

1986 年：芝加哥奖，西萨·佩里，美国建筑师协会伊利诺伊州分会/《建筑记录》杂志颁发

1986 年：杰出建筑师奖，西萨·佩里，《明尼苏达州房地产》杂志颁发

1986 年：荣誉奖，克里尔诊所大楼，美国建筑师协会颁发

1986 年：荣誉奖，赫林大厅，美国建筑师协会颁发

1987 年：联合国费德里科·维拉里尔·勒·柯布耶奖，西萨佩里

1987 年：设计奖，莱伊学生中心，美国建筑师协会康涅狄格州分会颁发

1987 年：设计奖，太平洋设计中心——绿色大楼，《进步建筑》杂志颁发

1987 年：国家设计学会合作者

1988 年：多米诺 30 名顶级建筑师

1988 年：未建造工程奖，哥伦布环岛，美国建筑师协会康涅狄格州分会颁发

1988 年：卓越设计奖，现代艺术博物馆和住宅大楼，美国建筑师协会纽约州分会颁发

1988 年：美化奖、地标建筑奖，太平洋设计中心——绿色大楼，西洛杉矶商会颁发

1988 年：嘉奖，西萨·佩里事务所，康涅狄格州艺术委员会颁发

1988 年：杰出建筑成就奖，西萨·佩里事务所，港务局西班牙裔协会颁发

1988 年：最佳项目大奖，世界金融中心冬季花园，《室内景观》杂志颁发

1989 年：年度建筑奖（100 000 平方英尺面积以下），世纪行政公园总体规划与办公楼，康涅狄格建筑业主和管理者协会颁发

1989 年：优秀砖石工程奖，世纪行政公园总体规划与办公楼，康涅狄格州砖石工程学会颁发

1989 年：多米诺 30 名顶级建筑师，西萨·佩里

1989 年：嘉奖，赫林大厅，美国砖块制造协会颁发

1989 年：嘉奖，富国银行中心，全国工业和办公园区协会明尼苏达州分会颁发

1989 年：大型办公楼优秀奖，富国银行中心，城市土地学会颁发

1989 年：优秀奖，太平洋设计中心——绿色大楼，美国建筑师协会康涅狄格州分会颁发

1989 年：事务所奖，西萨·佩里建筑事务所，美国建筑师协会颁发

1990 年：未建造工程奖，米格林－贝特勒大厦，美国建筑师协会康涅狄格州分会颁发

1990 年：优秀奖，富国银行中心，美国建筑师协会康涅狄格州分会颁发

1990 年：优秀奖，太平洋设计中心——绿色大楼，美国钢结构学会颁发

1990 年：优秀奖，太平洋设计中心——绿色大楼，全国住宅建设者协会（NAHB）、全国商业建设者委员会和建筑设计与建设协会颁发

1990 年：优秀奖，世界金融中心，美国建筑师协会康涅狄格州分会颁发

1990 年：设计奖，世界金融中心，美国注册建筑师协会颁发

1990 年：设计 100 编委奖，耶尔巴·布埃纳大厦，《都市评论》杂志颁发

1991 年：设计奖，博耶分子医学中心，美国建筑师协会康涅狄格州分会颁发

1991 年：设计奖，卡耐基音乐厅大厦，美国建筑师协会康涅狄格州分会颁发

1991 年：优胜者第一名，卡耐基音乐厅大厦，纽约和长岛砖石工程学会颁发

1991 年：荣誉奖，广场大厦，美国建筑师协会奥兰治县分会颁发

1991 年：优秀设计证书，广场大厦，南加州爱迪生公司颁发

1991 年：设计奖，圣·卢克医疗大厦，现代医疗协会/美国建筑师协会颁发

1991 年：被选为美国最有影响的十位在世建筑师之一，美国建筑师协会

1992 年：优秀奖，西麦迪逊 181 项目，芝加哥照明学会颁发

1992 年：最高荣誉：市中心的最新结构，777 大厦，市中心早餐俱乐部颁发

1992 年：钢结构设计奖励计划嘉奖，金丝雀码头大厦，英国建筑钢结构协会颁发

1992 年：特别奖，卡耐基音乐厅大厦，纽约城市俱乐部颁发

1992 年：年度设计奖，克利夫兰万豪酒店、社会中心，独立生活服务机构颁发

1992 年：优秀奖，米格林－贝特勒大厦，芝加哥照明学会颁发

1992 年：优秀奖，广场大厦，北美照明工程协会颁发

1992 年：建筑奖，广场大厦，“美丽洛杉矶”组委会颁发

1992 年：Bard 荣誉奖，世界金融中心，纽约城市俱乐部颁发

1993 年：最佳高层商业建筑奖，777 大厦，洛杉矶商业委员会颁发

1993 年：优秀建筑将，卡耐基音乐厅大厦，美国建筑师协会新英格兰分会颁发

1993 年：入围本尼迪克奖决赛，国家银行企业中心创始人大厅，AIA/ACSA 建筑研究委员会、国际建筑师联盟和杜邦公司主办

1993 年：大学建筑优秀奖，高级研究所，国际砖石工程学会/新泽西砖石工程中心颁发

1993 年：荣誉奖，里根国家机场北航站楼，社区外观联盟颁发

1993 年：入围本尼迪克奖决赛，世界金融中心，AIA/ACSA 建筑研究委员会、国际建筑师联盟和杜邦公司主办

1993 年：荣誉奖，私家住宅，美国木材委员会颁发

1994 年：美化奖，777 大厦，洛杉矶商业委员会颁发

1994 年：荣誉奖，卡耐基音乐厅大厦，美国建筑师协会颁发

1994 年：优秀设计奖，卡耐基音乐厅大厦，美国建筑师协会纽约州分会颁发

1994 年：威特鲁威奖，共和国大厦，阿根廷文化事务局和 CAYC 颁发

1994 年：荣誉奖，弗朗西丝·雷曼·洛布艺术中心，美国建筑师协会韦斯特切斯特/中部麦迪逊分会颁发

1994 年：优秀证书，弗朗西丝·雷曼·洛布艺术中心，纽约州执行委员会颁发

1994 年：优秀奖，高级研究所，美国建筑师协会新英格兰分会颁发

1994 年：第十二届 CRSI 设计奖优胜者，国家银行企业中心，钢筋混凝土学会主办

1994 年：优胜者，国家银行企业中心，德州咨询工程师委员会颁发

1994 年：嘉奖，国家银行企业中心，国际照明设计师协会颁发

1994 年：荣誉证书，国家银行企业中心，伊利诺伊州结构工程师协会

1994 年：年度办公大楼奖，富国银行中心，业主与管理者协会颁发

1994 年：年度建筑奖，圣·卢克医疗大楼，休斯敦建筑业主和经理协会颁发

1995 年：金牌奖，西萨·佩里，美国建筑师协会颁发

1995 年：嘉奖，高级研究所，美国建筑师协会／美国砖块制造协会颁发

1995 年：查尔斯·布尔芬奇奖，高级研究所，美国建筑师协会／美国砖块制造协会颁发

1995 年：流明奖，国家银行企业中心，照明工程学会纽约分会颁发

1996 年：年度办公大楼奖，777 大厦，业主与管理者协会颁发

1996 年：优秀设计奖，阿罗诺夫艺术中心，美国建筑师协会辛辛那提分会颁发

1996 年：设计奖，弗朗西丝·雷曼·洛布艺术中心，美国建筑师协会康涅狄格州分会颁发

1996 年：嘉奖，弗朗西丝·雷曼·洛布艺术中心，纽约州保护联盟颁发

1996 年：最佳奖，里弗赛德加州大学的人文和社会科学大楼第一单元，美国建筑师协会加州内陆分会／美国规划协会加州分会颁发

1996 年：年度办公大楼奖，国家银行企业中心，业主与管理者协会颁发

1996 年：优秀设计奖，华盛顿／西雅图大学的物理学和天文学大楼，建筑预制协会颁发

1996 年：成就奖，西萨·佩里，伊利诺伊大学校友会颁发

1996 年：嘉奖，西萨·佩里，国家科学院／建筑师协会颁发

1997 年：优秀证书，1900K 大街项目，建设者和承包商联合会颁发

1997 年：设计奖，阿罗诺夫艺术中心，美国建筑师协会康涅狄格州分会颁发

1997 年：荣誉奖，阿罗诺夫艺术中心，美国剧院技术学会颁发

1997 年：入围决赛，里根国家机场北航站楼，砖石工程学会颁发

1997 年：设计奖，NTT 新宿总部，美国建筑师协会康涅狄格州分会颁发

1997 年：保罗·沃特伯里卓越奖优秀奖，旧金山市场街项目，国际照明协会颁发

1997 年：流明奖，旧金山市场街项目，照明工程学会纽约分会颁发

1997 年：本尼迪克奖证书，欧文斯康宁公司世界总部，美国建筑师协会／杜邦公司颁发

1997 年：绘图奖，太平洋设计中心——绿色大楼，美国建筑师协会康涅狄格州分会颁发

1997 年：卓越工程证书，国油双子塔，纽约咨询工程师协会颁发

1997 年：优秀奖，国油双子塔，伊利诺伊州结构工程师协会颁发

1997 年：荣誉证书，国油双子塔，伊利诺伊州结构工程师协会颁发

1997 年：砖石工程奖，华盛顿／西雅图大学物理学和天文学大楼，美国建筑师协会颁发

1997 年：荣誉一等奖，路德会总医院维克多·亚克特曼儿童馆，美国室内设计师协会颁发

1997 年：第十二届室内设计奖第一名，路德会总医院维克多·亚克特曼儿童馆，美国室内设计师协会／《休斯敦纪事报》主办

1998 年：Premio FV-Ferrum 奖，共和国大厦，第七届布宜诺斯艾利斯国际建筑双年展

1998 年：设计奖，里根国家机场北航站楼，美国建筑师协会康涅狄格州分会颁发

1998 年：一等奖，里根国家机场北航站楼，天花板与室内系统建设协会颁发

1998 年：流明奖，里根国家机场北航站楼，照明工程学会纽约分会颁发

1998 年：优秀证书，纽约布鲁克林美国联邦法院大楼，美国建筑师协会／《司法设施评论》颁发

1998 年：路德会总医院维克多·亚克特曼儿童馆，美国景观建筑师协会伊利诺伊分会颁发

1999 年：最佳新办公楼开发项目奖，投资大厦，《华盛顿商报》颁发

1999 年：设计奖，吉隆坡城市中心一期，美国建筑师协会康涅狄格州分会颁发

1999 年：优秀奖，勒纳研究所，克利夫兰工程学会设计和施工部门颁发

1999 年：荣誉奖，里根国家机场北航站楼，美国建筑师协会新英格兰分会颁发

1999 年：流明奖，国油双子塔，照明工程学会纽约分会颁发

1999 年：名誉奖，西萨·佩里，科尔多瓦省建筑师协会颁发

1999 年：荣誉奖，吉隆坡城市中心一期，美国建筑师协会新英格兰分会颁发

2000 年：荣誉奖，吉隆坡城市中心一期，美国建筑师协会颁发

2000 年：国家交通运输设计奖荣誉奖，里根国家机场北航站楼，美国运输部颁发

2000 年：年度专业人士，西萨·佩里，阿根廷布宜诺斯艾利斯《建筑师》杂志颁发

2001 年：大洋洲、中美洲、南美洲大理石建筑奖提名，波士顿银行

2001 年：大翻新优胜者，格林威治图书馆，建设康涅狄格奖

2001 年：总统奖，神奇水族馆，金属结构协会颁发

2001 年：企业合作奖，西萨·佩里建筑事务所，纽黑文公共教育基金会颁发

2001 年：成就奖，陶西格癌症中心，《北俄亥俄生活》颁发

2002 年：优秀证书，25 加拿大广场，混凝土协会颁发

2002 年：金泥刀奖：J. 德鲁卡纪念奖，格林威治图书馆扩建和改造项目，国际石工学会颁发

2002 年：工艺奖，投资大厦，华盛顿建筑代表大会颁发

2002 年：最佳建筑，投资大厦，《华盛顿商报》颁发

2002 年：大翻新优胜者，佩恩·惠特尼体育馆，建设康涅狄格奖

2002 年：露西·G. 摩西保护项目奖，世界金融中心，纽约地标建筑保护协会颁发

2003 年：卓越奖，阿塔戈绿山项目，城市土地学会颁发

2003 年：美国无障碍奖，里根国家机场北航站楼，美国退伍军人协会颁发

2003 年：25 年奖，太平洋设计中心——蓝色大楼，美国建筑师协会洛杉矶分会颁发

2003 年：建设俄亥俄奖，舒斯特表演艺术中心，总承包商协会颁发

2004 年：设计奖，戏剧与电影中心，美国建筑师协会康涅狄格州分会颁发

2004 年：卓越工程荣誉奖，杰拉德·拉特纳体育中心，美国工程公司委员会颁发

2004 年：杰出工程奖，杰拉德·拉特纳体育中心，美国钢结构学会颁发

2004 年：杰出设计奖，杰拉德·拉特纳体育中心，伊利诺伊州咨询工程师委员会颁发

2004 年：优秀工程奖，杰拉德·拉特纳体育中心，伊利诺伊州咨询工程师委员会颁发

2004 年：优秀荣誉奖，贡达实践综合楼，梅奥诊所，明尼苏达州混凝土和石工承包商协会颁发

2004 年：工艺奖，贡达实践综合楼，梅奥诊所，国际砖匠联合会和工匠联盟颁发

2004 年：顶级优秀奖，贡达实践综合楼，梅奥诊所，美国大理石学会颁发

2004 年：2004 年最佳，序曲艺术中心，《中西部建设》颁发

2004 年：阿卡汗建筑奖，国油双子塔

2004 年：美国建筑奖，舒斯特表演艺术中心，总承包商协会颁发

2004 年：十大绿色项目，阳光华厦，美国建筑师协会 / 环境委员会颁发

2004 年：优秀奖证书，两个国际金融中心，香港质量建设局颁发

2004 年：优秀结构工程奖，韦伯音乐厅，全国结构工程师协会理事会颁发

2004 年：Bybee 奖，西萨·佩里，建筑石材研究学会颁发

2004 年：图库曼省市长卓越奖，西萨·佩里，图库曼省颁发

2005 年：优秀奖，莱克星顿大道 731/One Beacon Court，城市土地学会颁发

2005 年：杰出领导奖，西萨·佩里，康涅狄格建筑基金会颁发

2005 年：域外优秀奖，马隆工程中心，混凝土工业委员会罗格 H. 科贝塔奖计划

2005 年：路易斯·沙利文奖，西萨·佩里，国际砖匠联合会和工匠联盟颁发

2005 年：嘉奖，格林威治图书馆，康涅狄格州优秀公共图书馆建筑奖

2005 年：设计奖，大阪国立艺术博物馆，美国建筑师协会康涅狄格州分会颁发

2005 年：年度奖，纽约布鲁克林美国联邦法院大楼，混凝土工业委员会罗格·H. 科贝塔奖计划

2006 年：嘉奖，西萨·佩里，法明顿运河铁路协会颁发

2006 年：工程奖，Cira 中心，畸形儿基金会颁发

2006 年：美国建筑奖，明尼阿波利斯中央图书馆，美国建筑师协会康涅狄格州分会颁发

2006 年：金泥刀优秀奖，科学、工程与教学楼，休斯敦石工承包商协会颁发

2006 年：建设布鲁克林奖，公共作品，纽约布鲁克林美国联邦法院大楼，布鲁克林商会颁发

2006 年：国家领导奖，西萨·佩里，梅里奇美国梦基金会颁发

2006 年：终生成就奖，西萨·佩里，CEMEX 建筑奖活动颁发

2007 年：水磨石荣誉奖，迈阿密代德县艾德里安·阿什特表演艺术中心，全国水磨石和马赛克协会颁发

2007 年：终生成就奖，西萨·佩里，设计之星

2007 年：流明奖，明尼阿波利斯中央图书馆儿童阅览室，照明工程学会纽约分会颁发

2007 年：荣誉提名，蕾妮和亨利·塞格尔斯特罗姆音乐厅和萨穆埃利剧院，美国建筑师协会康涅狄格州分会颁发

2007 年：美国遗产奖，西萨·佩里，ACE 导师计划颁发

2008 年：顶级商业化外观设计奖，迈阿密代德县艾德里安·阿什特表演艺术中心，美国大理石学会颁发

2008 年：美国建筑奖，迈阿密代德县艾德里安·阿什特表演艺术中心，芝加哥文艺协会颁发

2008 年：林恩·S. 比德尔奖，西萨·佩里，高层建筑与城市住宅委员会颁发

2008 年：终身成就·专业人士奖，西萨·佩里，阿根廷房地产卓越奖组委颁发

2008 年：伊利诺伊州建筑勋章，西萨·佩里，伊利诺伊大学香槟分校建筑学院颁发

2008 年：设计奖，马隆工程中心，美国建筑师协会康涅狄格州分会颁发

2008 年：国际建筑奖，阳光华厦，芝加哥文艺协会颁发

2008 年：设计奖，序曲艺术中心，美国建筑师协会康涅狄格州分会颁发

2008 年：美国建筑奖，序曲艺术中心，芝加哥文艺协会颁发

2008 年：优秀奖，序曲艺术中心，城市土地学会颁发

2008 年：优秀奖，蕾妮和亨利·塞格尔斯特罗姆音乐厅和萨穆埃利剧院，埃德温·F. 古思室内照明奖组委颁发

2008 年：优秀奖，蕾妮和亨利·塞格尔斯特罗姆音乐厅和萨穆埃利剧院，国际照明设计师协会颁发

2008 年：流明奖优秀奖，蕾妮和亨利·塞格尔斯特罗姆音乐厅和萨穆埃利剧院，照明工程协会颁发

2008 年：大奖，远见高级公寓，纽约城市绿色建筑竞赛组委颁发

2009 年：年度项目奖，迈阿密代德县艾德里安·阿什特表演艺术中心，城市土地学会佛罗里达东南 / 加勒比地区委员会颁发

2009 年：钢结构 (IDEAS2) 工程和建筑创新设计奖，BOK 中心，美国钢结构学会颁发

2009 年：卓越奖，MGM 城市中心，Novum 设计

2009 年：图书馆建筑奖，明尼阿波利斯中央图书馆，美国建筑师学会／美国图书馆协会颁发

2009 年：住宅荣誉奖，远见高级公寓，美国建筑师协会纽约分会和波士顿建筑师协会的建筑类型奖组委颁发

2009 年：设计奖，托马斯·E. 戈登中心，美国建筑师协会康涅狄格州分会颁发

2010 年：设计奖（金属附件），ARIA 赌场酒店，《金属建筑》杂志颁发

2010 年：美国建筑奖，ARIA 赌场酒店，芝加哥文艺协会颁发

2010 年：200 周年奖章，西萨·佩里，布宜诺斯艾利斯市颁发

2010 年：美国建筑奖，城市中心，芝加哥文艺协会颁发

2010 年：建筑优秀奖，蕾妮和亨利·塞格尔斯特罗姆音乐厅和萨穆埃利剧院，美国剧院技术协会颁发

2010 年：优秀奖，赛富时转运中心和赛富时大厦，美国建筑师协会纽约分会颁发

2011 年：设计奖，BOK 中心，美国建筑师协会新英格兰分会颁发

2011 年：建筑杰出成就奖，西萨·佩里，美国剧院技术学会颁发

2011 年：大师奖，查尔斯·本森·贝尔 39 娱乐和运动中心，爱荷华州建筑大师(MBI)

2011 年：绿色开发奖，海洋金融中心，东南亚房地产奖组委颁发

2011 年：最佳新开发或改造的公共建筑奖，序曲艺术中心，《商业》杂志商业设计奖组委颁发

2011 年：设计奖，东京美国俱乐部，美国建筑师协会康涅狄格分会颁发

2011 年：年度团队奖，太平洋设计中心——红色大楼，美国建筑师协会洛杉矶分会颁发

2012 年：美国建筑奖，BOK 中心，芝加哥文艺协会颁发

2012 年：Konex de Brillante 奖，西萨·佩里，Konex 基金会颁发

2012 年：Konex de Platino 建筑奖：2007—2011 五年，西萨·佩里，Konex 基金会颁发

2012 年：新加坡最佳高层商业开发项目，海洋金融中心，2012—2013 亚太房地产奖组委颁发

2012 年：新加坡最佳办公建筑，海洋金融中心，2012—2013 亚太房地产奖组委颁发

2012 年：新加坡最佳办公开发项目，海洋金融中心，2012—2013 亚太房地产奖组委颁发

2012 年：亚太地区(正在建设中的建筑)绿色建筑和新建筑奖，海洋金融中心，香港绿色建筑委员会颁发

2012 年：世界最佳高层商业开发项目，海洋金融中心，2012—2013 国际房地产奖组委颁发

2012 年：巅峰奖——商业内饰——优秀奖，海洋金融中心，美国大理石学会颁发

2012 年：全球卓越奖，大道，城市土地学会颁发

2012 年：Premio Menciόn Asprima 奖，伊比德罗拉大厦，asprima（马德里房地产开发商协会）颁发

2012 年：安波利斯十大摩天大厦奖（第 8 名），加里波第新门的意大利联合信贷银行总部，安波利斯地产数据库颁发

2012 年：中国多用途建筑好评奖，武汉江景广场，国际房地产奖组委颁发

2012 年：中国零售建筑好评奖，武汉江景广场，国际房地产奖组委颁发

2012 年：中国高层建筑五星奖，武汉江景广场，国际房地产奖组委颁发

2012 年：总统奖，Heritage Ball 领奖人，西萨·佩里，美国建筑师协会纽约分会颁发

2012 年：优秀奖，希尔豪斯大道人行天桥，美国建筑师协会康涅狄格分会颁发

2013 年：BCA 建设优秀奖，海洋金融中心，建筑和建设管理局颁发

2013 年：最大垂直花园（绿墙）奖，海洋金融中心，吉尼斯世界纪录颁发

2013 年：工作场所安全与健康表现奖，海洋金融中心，人力、工作场所安全与卫生部颁发

2013 年：优秀奖，海洋金融中心，新加坡国家公园委员会，天空绿化奖(SGA)

2013 年：AL 照明和最佳日光利用设计奖，圣凯瑟琳·德雷克塞尔教堂，《建筑照明》杂志颁发

2013 年：流明奖，圣凯瑟琳·德雷克塞尔教堂，照明工程协会颁发

2013 年：中国高层建筑五星奖，地标建筑，国际房地产奖组委颁发

2013 年：中国多用途建筑五星奖，地标建筑，国际房地产奖组委颁发

2013 年：智利高层建筑好评奖，科斯塔内拉大厦，国际房地产奖组委颁发

2013 年：智利办公建筑五星奖，科斯塔内拉大厦，国际房地产奖组委颁发

2013 年：设计奖——建筑优秀奖，科斯塔内拉大厦，美国建筑师协会康涅狄格分会颁发

2013 年：优秀流明奖，科斯塔内拉大厦，照明工程协会颁发

2014 年：多家庭住宅优秀奖，第 1214 大道，美国建筑师协会纽约州分会颁发

2014 年：进入亚洲和澳洲最佳高层建筑决赛，阿倍野大厦，高层建筑与城市住宅委员会主办

2014 年：路易斯·康奖，比尔和梅林达·盖茨计算机科学综合楼，美国学校与大学建筑作品评选

2014 年：金泥刀江提名，比尔和梅林达·盖茨计算机科学综合楼，德克萨斯中部石工承包商协会颁发

2014 年：索莱维特雕塑金泥刀奖，比尔和梅林达·盖茨计算机科学综合楼，德克萨斯中部石工承包商协会颁发

2014 年：钢结构（IDEAS2）工程和建筑创新设计奖，布鲁克菲尔德广场入口展馆，美国钢结构学会颁发

2014 年：嘉奖，艺术与人文合作高中，美国建筑师协会康涅狄格分会颁发

2014 年：最具创新的绿色建筑（金奖），海洋金融中心，亚洲国际房地产大奖组委颁发

2014 年：洛杉矶建筑奖，太平洋设计中心——红色大楼，洛杉矶商业委员会颁发

2014 年：嘉奖，圣凯瑟琳·德雷克塞尔教堂，美国建筑师协会康涅狄格分会颁发

2014 年：荣誉提名，戏剧学院，美国建筑师协会康涅狄格分会颁发

2014 年：业主选择的优秀奖，戏剧学院，芝加哥建筑代表大会颁发

2014 年：杰出设计奖，戏剧学院，美国学校与大学建筑作品评选

2014 年：优秀奖，North Point，绿色建筑奖组委颁发

2014 年：终生成就奖，西萨·佩里，大纽黑文艺术委员会颁发

2015 年：最高奖（K-12），Choate Rosemary 大厅，Lanphier 中心，建筑中的砖石结构

2015 年：宗教建筑荣誉奖：新设施，圣凯瑟琳·德雷克塞尔教堂，《信仰与形式：宗教、艺术与建筑之间的信仰》杂志颁发

2015 年：优秀流明奖，布鲁克菲尔德广场入口展馆（库格勒宁照明设计），纽约照明工程协会颁发

2015 年：杰出建筑类型荣誉奖，戏剧学院，美国建筑师协会芝加哥分会颁发

2015 年：荣誉奖，戏剧学院，美国剧院技术协会颁发

2016 年：医疗保健最佳项目，费城儿童医院伯格高级儿科护理中心，大西洋中部地区 ENR 颁发

2016 年：项目领导奖——银奖，化学与生物分子工程与化学大楼，美国建筑业主协会颁发

2016 年：优秀奖，医疗专业创新中心，克利夫兰工程协会颁发

2016 年：毕尔巴鄂比斯卡亚建筑奖，西萨·佩里，比斯卡亚建筑师协会和毕尔巴鄂市长办公室颁发

2016 年：国际建筑奖，耶鲁博雅学院，芝加哥文艺协会、建筑和设计博物馆、欧洲建筑艺术设计和城市研究中心颁发

2016 年：最佳高层建筑奖，One West End 项目，美国房地产奖组委颁发

2017 年：全国最佳医疗保健优胜者，费城儿童医院伯格高级儿科护理中心，ENR 颁发

2017 年：优秀奖，汉彻大礼堂，国际照明设计师协会颁发

2017 年：优秀奖，费城儿童医院伯格高级儿科护理中心，医疗设计奖组委颁发

2017 年：威拉德·劳斯奖，希拉中心南侧的 FMC 大厦，费城城市土地学会颁发

2017 年：大西洋中部高等教育 / 研究优秀奖，罗伯茨儿科研究中心，ENR 颁发

2017 年：荣誉奖，乔治·S. 和多洛丽丝·多伦·埃克尔斯剧院，美国建筑师协会康涅狄格分会设计奖组委颁发

2017 年：荣誉奖，兰菲尔数学与计算机科学中心，美国建筑师协会康涅狄格分会设计奖组委颁发

2017 年：办公建筑优胜奖，麦金尼和奥利弗项目，美国房地产奖组委颁发

2017 年：创新奖，麦金尼和奥利弗项目，北德克萨斯城市土地学会颁发

2017 年：最佳住宅 / 多功能 / 办公空间项目，希拉中心南侧的 FMC 大厦，建筑总承包商协会优秀建筑奖组委颁发

2017 年：最佳临床医疗项目，罗伯茨儿科研究中心，建筑总承包商协会优秀建筑奖组委颁发

图片版权信息

介绍部分

© Tim Griffith/ESTO II;
© Jeff Goldberg/ESTO V;
© Tim Hursley/ESTO VI;
© courtesy of PCPA XII (left, middle, right), XIV (top, bottom left, bottom middle, bottom right), XV (top, bottom), XVI, XVII (top, middle, bottom), XVIII (top, middle, bottom), XX (top, bottom left, bottom right), XXI (top, middle, bottom), XXII (top left, top right, bottom), XXV (top, bottom);
© Nancy Lee Katz XXVI–XXVII

文章部分

Cesar Pelli's California Decade
© courtesy of PCPA XXVIII, XXXII;
© Balthazar Korab XXX–XXXI

Reflections of an Apprentice
© courtesy of PCPA 100, 104;
© Balthazar Korab 102

Celebrating Pelli
© courtesy of PCPA 208, 212;
© Gustavo Sosa Pinilla 210–1

My Father, My Mentor
© Jeff Goldberg/ESTO 370, 372–3;
© Cervin Robinson 374

Watching the Teacher Learn
© courtesy of PCPA 516–17;
© Mason Miller 518

Reflections
© Victoria Sambunaris 644

Acknowledgments
© courtesy of PCPA 667

项目部分

Abandoibarra Master Plan
© courtesy of PCPA 300, 302 (top, bottom left, bottom right), 304 (top, bottom), 305 (top, bottom), 306, 307, 308–9;
© Cesar Pelli 303;
© Jeff Goldberg/ESTO 310–11

Adrienne Arsht Center for the Performing Arts
© Jeff Goldberg/ESTO 390, 396 (top, bottom), 397, 398, 399, 400, 401 (top, bottom), 402–3, 405, 406, 407 (top, bottom), 408 (top), 409, 410–11, 412–13;
© courtesy of PCPA 392, 394, 395, 404, 408 (bottom);
© Cesar Pelli 393

ARIA Resort and Casino
© Jeff Goldberg/ESTO 464, 466–7, 469, 472 (top), 473, 474, 475, 476–7;
© Cesar Pelli 468;
© courtesy of PCPA 470, 471;
© Scott Frances 472 (bottom)

Aronoff Center for the Arts
© Jeff Goldberg/ESTO 184, 186 (bottom), 192, 193, 194, 195 (top, bottom);
© courtesy of PCPA 186 (top), 187, 188–9, 190, 191;
© J. Miles Wolf 196, 197

Biennale House
© courtesy of PCPA 80, 82, 83, 84 (top, bottom), 85 (top, bottom)

BOK Center
© Jeff Goldberg/ESTO 446, 448–9, 451, 453 (top), 454–5;
© courtesy of PCPA 448 (top, bottom), 452, 453 (bottom);
© Cesar Pelli 550 (top, bottom), 543

Carnegie Hall Tower
© Jeff Goldberg/ESTO 150, 152 (left), 153, 155;
© courtesy of PCPA 152 (right), 154 (left, top, bottom)

Cira Centre
© Jeff Goldberg/ESTO 346, 349, 351, 352–3;
© courtesy of PCPA 348;
© Cesar Pelli 350

COMSAT Laboratories
© courtesy of PCPA 18, 20, 21, 22 (top, middle, bottom), 23, 24, 25;
© Steven Hill 26–7

Connecticut Science Center
© Jeff Goldberg/ESTO 478, 480–1, 483, 485, 486, 488 (top left, top right, bottom), 489, 490–1;
© courtesy of PCPA 480, 487;
© Cesar Pelli 482, 484

Cooperative Arts and Humanities High School
© Jeff Goldberg/ESTO 492, 495, 497, 498, 499, 500–1;
© courtesy of PCPA 494 (top, bottom);
© Judy Sirota Rosenthal 496 (top, bottom)

Crile Clinic Building
© Jeff Goldberg/ESTO 118, 121, 122, 123;
© courtesy of PCPA 120 (top, bottom)

Edificio República
© Daniel Casoy Photography 214;
© courtesy of PCPA 216, 217 (top, middle, bottom), 218 (bottom);
© Gustavo Sosa Pinilla 219, 220, 221;
© Cesar Pelli (bottom) 218

Hancher
© Jeff Goldberg/ESTO 580, 582–3, 584 (top), 585 (top, bottom), 586, 587 (top, bottom), 588–9, 591, 592–3;
© courtesy of PCPA 584 (bottom), 590 (top, bottom)

Herring Hall
© courtesy of PCPA 94, 96 (bottom), 98;
© Paul Hester Photography 96 (top), 99;
© Andrew Gordon Photography 97 (top, bottom)

Hillhouse Avenue Pedestrian Bridge
© Richard Barnes 510, 513;
© courtesy of PCPA 512;
© Wes Wright/courtesy of PCPA 513 (bottom left, bottom right)

International Finance Center
© Tim Griffith/ESTO 324, 327;
© courtesy of PCPA 328 (top, bottom), 329, 330–1, 331;
© Virgile Simon Bertrand 332–3

JPMorgan Chase Building
© Timothy Griffith/ESTO 278, 281, 282, 283;
© courtesy of PCPA 280 (left, right)

Kukui Gardens
© David Franzen/ESTO 28, 31 (top);
© courtesy of PCPA 30 (top, bottom), 31 (bottom), 32, 33

Malone Engineering Center
© Jeff Goldberg/ESTO 354, 358, 359, 360, 361, 362–3, 364, 366 (top, bottom), 367, 368–9;
© courtesy of PCPA 356 (top, bottom);
© Cesar Pelli 357

Maral Explanada
© Juanjo Martinez 594;
© courtesy of PCPA 596 (top, bottom), 597 (top, bottom)

Minneapolis Central Library
© Jeff Goldberg/ESTO 414, 416 (top), 417, 418–19, 420, 421, 422–3, 424–5, 427;
© courtesy of PCPA 416 (bottom), 424 (top, bottom);
© Paul Crosby 426

Museum of Modern Art Expansion and Tower
© Cervin Robinson 106, 112–13, 114, 117;
© courtesy of PCPA 108 (top, bottom left, bottom right), 109 (top, middle, bottom), 110 (top, bottom), 111 (top, bottom), 116, 117;
© Kenneth Champlin 115

National Museum of Art
© Jeff Goldberg/ESTO 334, 339, 340 (top), 341, 342, 243, 344–5;
© courtesy of PCPA 336, 338, 340 (bottom);
© Cesar Pelli 337 (top);
© Roberto Espejo/courtesy of PCPA 337 (bottom)

North Terminal, Reagan National Airport
© courtesy of PCPA 240, 242, 243, 248–9 (top and middle), 255 (bottom), 264 (top);
© Cesar Pelli 244–5 (top and bottom);
© Jeff Goldberg/ESTO 246–7, 248 (bottom), 249 (bottom), 250–1, 252–3, 254, 256, 257, 258, 259, 260, 261, 262–3, 263 (top), 264 (bottom), 264–5, 266 (left), 266 (right), 267 (left), 268 (top, bottom), 269 (top, bottom), 270–1;
© Kenneth Champlin 255 (top);
© Isaac Campbell 267 (right)

NTT Headquarters
© Mitsuo Matsuoka 198, 202, 203, 207;
© courtesy of PCPA 200 (top, bottom), 201;
© Kaneaki Monma 204, 206;
© Tohru Waki 205

One Canada Square Tower and Docklands Light Railway Station
© courtesy of PCPA 156, 159, 160 (top, bottom), 161 (top, middle, bottom), 162 (top, bottom), 163;
© Miller Hare Limited 164–5

Overture Center for the Arts
© Jeff Goldberg/ESTO 428, 432–3, 435, 436 (top), 437 (top), 438 (top, bottom), 439 (left, right), 440, 441, 442, 443 (top, bottom), 444, 445;
© Cesar Pelli 430, 431;
© courtesy of PCPA 434 (top, bottom), 436 (bottom), 437 (bottom)

Pacific Design Center
© Michael LeRoy 44;
© Cesar Pelli 46 (bottom), 47 (top, bottom);
© courtesy of PCPA 46 (top), 48, 49, 50 (top, bottom), 51, 52 (top), 53, 54, 55, 59 (top, bottom);
© Adrian Velicescu 52 (bottom);
© Jeff Goldberg/ESTO 56–7, 58, 60 (bottom), 61, 62–3;
© Jeffrey Milstein 60 (top)

Petronas Towers
© Jeff Goldberg/ESTO 222, 230, 231, 232, 236, 238, 239;
© courtesy of PCPA 224, 226, 227, 228, 233, 234 (bottom left);
© Kenneth Champlin and Associates 225;
© Cesar Pelli 229;
© Fred Byfield 234 (top);
© John Apicella 235, 237

Plaza Tower
© John Connell Photography 166, 169, 170, 171;
© courtesy of PCPA 168

Porta Nuova Garibaldi and UniCredit Headquarters
© courtesy of PCPA 554, 556 (top, bottom left, bottom right), 557 (bottom left, bottom right), 562;
© Gabriel Bekerman Arquitectos 557;
© Stefano Gusmeroli 558–9;
© Jeff Goldberg/ESTO 560, 561, 563, 564–5, 566–7

Private Residence
© Scott Frances/ESTO 172, 174–5, 178, 179, 180, 182 (top), 183;
© courtesy of PCPA 176 (top, middle), 181, 182 (bottom left, bottom right);
© Rafael Pelli 176;
© Cesar Pelli 177

Rainbow Center Winter Garden
© Norman McGrath 86, 88, 90, 91, 92, 93;
© courtesy of PCPA 89 (top, bottom)

Renée and Henry Segerstrom Concert Hall and Samueli Theater
© Cristian Costea 387
© Tim Hursley/ESTO 376, 378–9, 380–1, 382 (top), 383, 385, 388, 388–9;
© courtesy of PCPA 378 (left), 382 (bottom), 384, 386

Salesforce Tower
© Jason O'Rear 620, 623, 624–5, 628–9;
© Cesar Pelli 622, 624;
© courtesy of PCPA 626 (left);
© Vittoria Zupicich 626–7

Salesforce Transit Center
© Steelblue 630, 634, 635, 642–3;
© courtesy of PCPA 632–3 (top), 632 (bottom), 637 (top, bottom left), 638–9, 641 (bottom);
© Gregory Vasquez 636 (top);
© Vittoria Zupicich 636 (bottom), 637 (bottom right), 640–1, 641 (top)

San Bernardino City Hall
© Balthazar Korab 64, 66, 70–1;
© courtesy of PCPA 67 (top, bottom), 68 (top, bottom), 69

Schuster Performing Arts Center
© Jeff Goldberg/ESTO 294, 297, 298, 299;
© courtesy of PCPA 296 (top, bottom)

South Coast Repertory
© Jeff Goldberg/ESTO 272, 275 (top), 276–7;
© courtesy of PCPA 274 (top, bottom), 275 (bottom)

St. Katharine Drexel Chapel, Xavier University of Lousiana
© Jeff Goldberg/ESTO 520, 522, 523, 524, 525, 527, 528–9, (top), 530, 532, 533, 534–5
© courtesy of PCPA 522 (top), 526, 531 (top, bottom)

Sunset Mountain Park
© courtesy of PCPA 2, 4–5, 6, 7, 8–9

Teledyne Labs
© Julius Shulman 10, 12 (top; bottom), 13 (top), 16–17;
© courtesy of PCPA 13 (bottom), 14–15

The Theatre School, DePaul University
© Jeff Goldberg/ESTO 536, 538, 539, 540–1, 542, 543, 544 (bottom), 545, 546 (top, bottom), 547, 548 (top, bottom), 549 (top, bottom), 550, 551, 552–3;
© courtesy of PCPA 540, 544 (top)

Torre Banco Macro
© Gustavo Pinilla 616, 618 (bottom left), 619;
© courtesy of PCPA 618 (top left, top right)

Torre Costanera
© Jeff Goldberg/ESTO 568, 572, 575, 576, 577, 578–9;
© Pablo Blanco 570–1;
© courtesy of PCPA 573, 574

Torre Iberdrola
© Jeff Goldberg/ESTO 312, 315, 316, 318–19, 322–3;
© courtesy of Iberdrola AIE 314;
© courtesy of PCPA 314 (bottom), 320;
© Cesar Pelli 317;
© Josep Ma. Molinos/Wenzel 321

Torre Libertad
© Jeff Goldberg/ESTO 502, 504 (top), 505, 507, 508–9;
© courtesy of PCPA 504 (bottom), 506 (left, right)

Torre Sevilla
© courtesy of PCPA 606, 609, 610, 611, 612 (top, bottom), 613, 615;
© Cesar Pelli 608;
© Axel Zemborain/courtesy of PCPA 614

Torre YPF
© Gustavo Sosa Pinilla 456, 459, 461, 462–3;
© courtesy of PCPA 458;
© Cesar Pelli 460

UN City
© courtesy of PCPA 34, 36, 37, 38–9, 40, 41, 42–3

US Embassy
© courtesy of PCPA 72, 75 (top, bottom), 76 (bottom), 77, 78–9;
© Masao Arai/The Japan Architect 74–5;
© Mitsuo Matsuoka/The Japan Architect 76 (top)

Weber Music Hall
© courtesy of PCPA 284, 286, 287, 289;
© Jeff Goldberg/ESTO 288–9, 290–1, 292, 293

Wells Fargo Center
© George Heinrich 140;
© courtesy of PCPA 142, 146, 148 (right);
© Steven Bergerson Photography 143;
© Balthazar & Christian Korab 144, 145, 147, 148 (left), 149

Wintrust Arena
© Jeff Goldberg/ESTO 598, 600 (top), 604, 605 (top, bottom);
© courtesy of PCPA 600 (bottom), 601, 602–3 (top, bottom)

World Financial Center
© Timothy Hursley Photography 124;
© courtesy of PCPA 126 (top, bottom), 128,129, 130–1, 132 (top, bottom), 134 (bottom);
© Jon Pickard 127;
© Jeff Goldberg/ESTO 131, 133, 134 (top), 135, 138–9;
© M. Paul Freidberg & Partners 136;
© Jeff Perkell 137

致谢

我非常幸运地在世界各地设计了众多的建筑，我要感谢我的客户、合作事务所、佩里－克拉克－佩里建筑事务所和所有参与这些独特项目的设计师和顾问人员，我们在过去 40 多年的时间里共同创造的作品令我感到荣幸和自豪。我还要感谢迈克尔·克罗斯比，他与我进行过无数次的合作，并将我的工作和生活书写得引人入胜。

对于我的儿子——与我共同工作超过 45 年时间、最近成为合作伙伴的拉斐尔·佩里，我想说的是，对你取得的一切成就我都感到无比骄傲。对于同我一起创立事务所的合作伙伴弗雷德·克拉克，我要感谢你无价的创造力和敏锐的商业头脑。对于事务所的主要负责人——威廉·巴特勒、戴维·陈、米切尔·赫希、格雷格·琼斯、增冈真理子、马克·休梅克等人，从事务所建立初期就与我进行广泛的合作，我要感谢你们为事务所的成功和我们设计的项目所贡献的聪明才智和专业技能。

我还要感谢巴勃罗·曼德尔的设计专长；出版此书的视觉出版集团；协调和管理整个过程的珍妮特·尤德；让老照片栩栩如生的肯·卡尔森；编辑和组织最终材料的梅丽莎·克莱比和扎克·休博尔－詹德尔；以及那些花费时间阅读本书的热心读者。

——西萨·佩里

事务所的合伙人、主管负责人和高级主管助理，从左至右：马克·R. 休梅克、格雷格·E. 琼斯、米切尔·A. 赫希、威廉·E. 巴特勒、增冈真理子、弗雷德·W. 克拉克、达林·C. 库克、苏珊娜·拉·波尔塔·德拉戈、拉斐尔·佩里、西萨·佩里、爱德华·迪翁和戴维·P. 陈

撰稿人

西萨·佩里(FAIA)于1977年创立了自己的事务所，并在同年成为耶鲁大学建筑学院的院长。他设计的建筑遍布全球，其作品赢得了无数的国际大奖。1995年，美国建筑师协会授予佩里AIA金奖——协会的最高荣誉。佩里先生撰写了大量关于建筑问题的文章和著作，并在1999年编辑成书。此外，他还在世界各地的建筑院校、专业和公共集会以及研讨会上进行讲学活动。

迈克尔·J.克罗斯比(FAIA)是哈特福德大学的建筑学教授，也是《信仰与形式：宗教、艺术与建筑之间的信仰》杂志的主编。克罗斯比博士是40多部关于建筑、设计和实践方面书籍的作者或贡献者，并在国际范围内发表了数以百计的相关文章，同时还在美国和世界各地进行建筑方面的讲座活动。作为一名注册建筑师，克罗斯比博士还在2015年成为美国天主教大学建筑和规划学院的沃尔顿客座评论家。

约翰·帕斯蒂尔自从20世纪60年代就从事于与建筑、城市规划和设计相关的新闻策划工作。他是《洛杉矶时报》的资深建筑评论家，为大量的出版刊物撰稿。他在1980年撰写了第一部关于西萨·佩里的专著。此外，他还先后在加州大学伯克利分校、加州大学洛杉矶分校、德克萨斯大学奥斯丁分校、麦吉尔大学和华盛顿大学任教。

约翰·J.卡斯巴利安(FAIA)是国际公认的、屡获大奖的塔夫特建筑设计事务所的合伙创始人。他是美国罗马学院的研究人员和荣誉院长，莱斯大学建筑学院负责外部活动的主任。2002年，他创立并继续指导莱斯建筑学院的巴黎计划。在1969年至1970年期间，他曾在西萨·佩里的领导下为洛杉矶的格伦建筑事务所工作。

贝托·冈萨雷斯·蒙塔纳尔是一位建筑师，也是FADU–UBA(布宜诺斯艾利斯大学建筑规划设计学院)的兼职教授和《号角》杂志ARQ建筑增刊的主编。此外，他还是目前热播的电视节目《城市编年史》的主持人。

拉斐尔·佩里(FAIA)是佩里–克拉克–佩里建筑事务所的合伙人，并在建于2000年的纽约分部指导工作。他一直注重在事务所的工作中融入可持续性设计，并在这一领域取得了重大成就，创造了众多的获奖作品。他广泛宣讲事务所设计可持续性建筑的承诺，并作为多家董事会的成员促进了可持续性建筑的设计和建造。

弗雷德·W.克拉克(FAIA)是事务所的共同创始人。作为高级设计负责人，他指导了纽黑文和亚洲工作室所有的项目实施。克拉克还是一位长期的职业教师和作家，在耶鲁大学和莱斯大学以及洛杉矶的加利福尼亚大学任教，并发表了大量的著作，内容涉及城市复兴、可持续性发展、公共艺术与建筑和高层建筑等领域。此外，他还在世界范围内的很多专业组织担任设计评委的工作。